Unser Sonntagsausflug

Für Bernd

Ingeborg Müller

Unser Sonntagsausflug

Vorschläge für 52 Wanderungen
rechts und links der Weser
von den Bückebergen bis in den Solling
mit heimatkundlichen Informationen

CW Niemeyer
Buchverlage

Impressum

Bibliografische Information der Deutschen Nationalbibliothek
Die Deutsche Nationalbibliothek verzeichnet diese Publikation in der Deutschen Nationalbibliografie; detaillierte bibliografische Daten sind im Internet über http://dnb.d-nb.de abrufbar.

www.niemeyer-buch.de

Umschlagbild und Fotos
Ingeborg Müller

Kartengrundlage
Topografische Karten Maßstab 1:50.000 (1 cm der Karte entspricht 500 m der Natur) aus den Blättern L3720, L3722, L3920, L3922, L4120, L4122, L4124, L4322 und Übersichtskarte 1:500.000 (ÜKN500)

Vervielfältigt mit Erlaubnis der LGN
Landesvermessung und Geobasisinformation Niedersachsen (D14146)

Herstellung und Gestaltung
CW Niemeyer Buchverlage GmbH

Lithos
REPROColor, Cremlingen

Druck
CW Niemeyer Druck GmbH Hameln

ISBN
978-3-8271-9271-4

Inhalt

Rundwanderungen links der Weser

Einführung

Vor fünf Jahren konnten wir den Wanderern der Region dieses grüne Buch in einer total überarbeiteten Form neu präsentieren, so dass vorübergehend alle drei Wanderbücher in den Farben Grün, Blau und Rot verfügbar waren. Inzwischen ist es auch in der dritten Auflage bereits wieder vergriffen. Für die Neuauflage wurde es nun erneut aktualisiert, da sich in diesen Jahren die Anfahrtsmöglichkeiten zu unseren Ausgangspunkten mit öffentlichen Verkehrsmitteln, aber auch das Gaststättenangebot und sogar Besonderheiten am Wegrand zum Teil verändert haben.

Gültigkeit besitzt aber nach wie vor die in der Einführung zur dritten Auflage gemachte Feststellung, dass dieses Wanderbuch gemeinsam mit den beiden anderen der gleichen Reihe den gesamten Bereich abdeckt von den Bückebergen im Norden bis zum Solling im Süden und vom Lipperland im Westen bis zum Leinebergland im Osten, ob es sich dabei um die schönsten Wanderwege handelt oder um Informationen über Land und Leute.

In mancherlei Hinsicht sind die Voraussetzungen für das Wandern in den letzten Jahren eher schwieriger als besser geworden. Buslinien wurden reduziert, Gaststätten geschlossen. Und in den Forsten bemühen sich Verwaltungen und rührige Heimatvereine zwar nach wie vor um zuverlässige Markierungen der Wanderwege, der Zustand dieser Wege hat sich jedoch in manchen Wäldern spürbar verschlechtert. Zum Glück lassen sich wanderfreudige Leute dadurch nicht abschrecken und umgehen oder übersteigen gelegentliche Hindernisse. Praktische Kleidung ist ohnehin angesagt.

Ungeachtet dieser geringen Einschränkungen erfreut sich das Wandern zunehmender Beliebtheit. „Die neue Lust am Wandern" heißt die Schlagzeile auf einer Titelseite des Wochenend-Magazins „Im Strom der Zeit". Darin wird einmal mehr der „Wander-Guru" Rainer Brämer zitiert, der als Natursoziologe mit seiner Forschungsgruppe an der Universität Marburg die neue Art des Wanderns wissenschaftlich erforscht. Die stellt sich heute zunehmend als Individualsport dar entsprechend der Erkenntnis, dass sich die Natur am besten allein, mit Partner oder in kleinen Gruppen genießen lasse. Wandern sei heute der beliebteste Ausdauersport, meint Brämer, der sich auf Untersuchungen von Sportmedizinern beruft. „Ein Wanderer entdeckt längst verschüttete Sinne wieder, spürt seine Muskeln und bringt seinen Kreislauf und Hormonhaushalt ins Lot." Als Wandergebiete sind nach Studien des Wander-Forschers schöne Landschaften mit weiten Aussichten und naturnahe Wege in mittleren Höhen gefragt.

Beides finden solche „Genuss-Wanderer" gerade im Weserbergland. Für sie sind die vorliegenden „Sonntagsausflüge" gedacht, die – so stand es in der Einführung zu unserem allerersten Wanderbuch – „nicht nur Rundwege in empfehlenswerten Landschaften beschreiben, sondern auch Kenntnisse vermitteln über Geschichte und Geschichten und über Denk- und Sehenswürdiges am Wegesrand".

Für unsere Wanderungen rechts und links der Weser haben wir die jeweils 5. Auflagen der topographischen Karten 1:50.000 mit Wanderwegen „Naturpark Weserbergland Schaumburg-Hameln" und „Naturpark Solling-Vogler" benutzt. Herausgeber der beiden Kartenwerke ist die Landesvermessung und Geobasisinformation Niedersachsen. Hilfreich sind außerdem zusätzliche örtliche Wanderkarten, meist im Maßstab 1:25.000, die es für viele Gebiete gibt. Eine Anbindung der vorgeschlagenen Ziele an den öffentlichen Nahverkehr ist zwar in den meisten Fällen gegeben, für den Wanderer gestaltet sich die Anreise jedoch manchmal schwierig. Wir veröffentlichen deshalb die Telefonanschlüsse der einzelnen im Text angegebenen Verkehrsunternehmen zur möglichen Information.

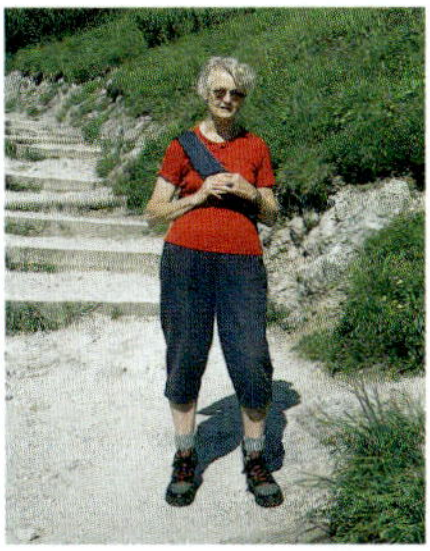

Und nun:
Frohes Wandern
im schönen
Weserbergland!

Frühjahr 2008
Ingeborg Müller

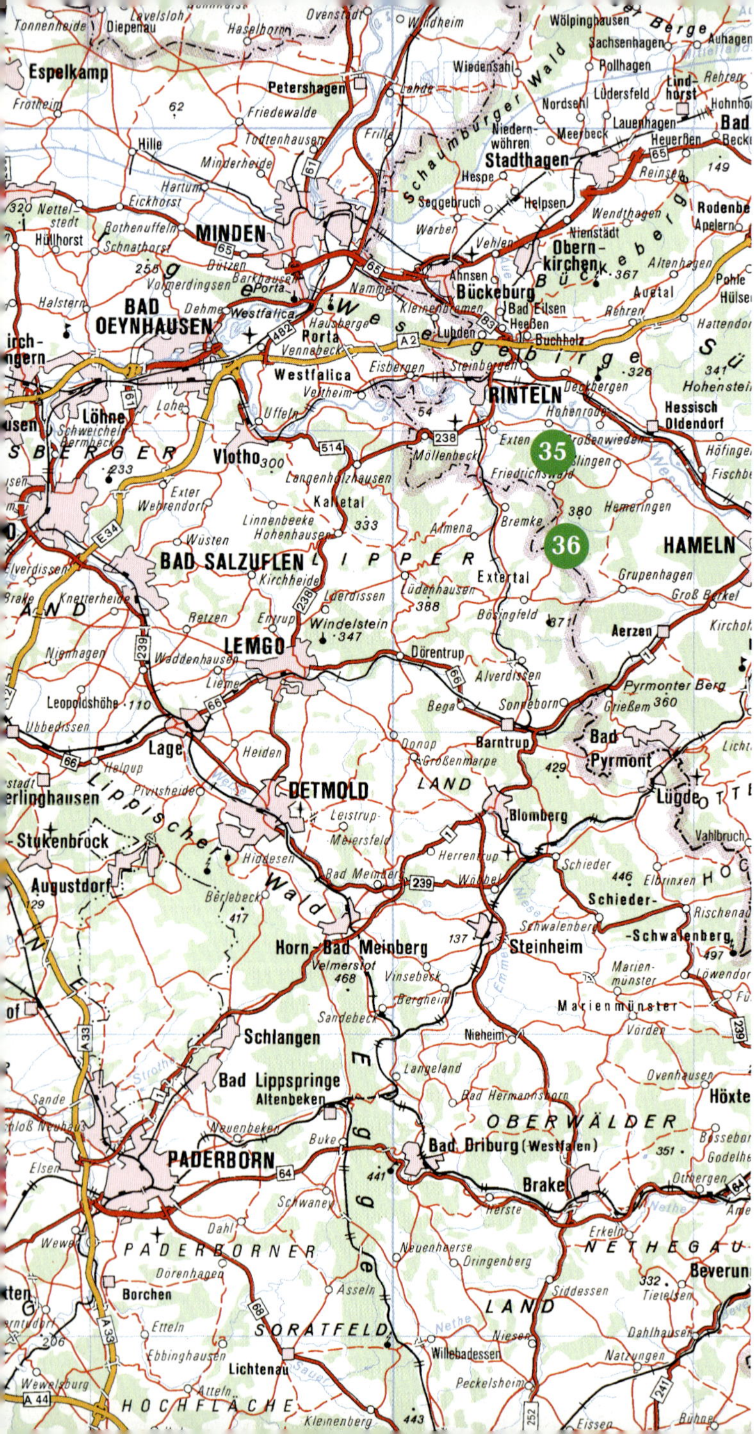

Tonnenheide
Diepenau
Levelsloh
Haselhorn
Ovenstädt
Windheim
Wölpinghausen
Berge
Sachsenhagen
Auhagen
Espelkamp
Petershagen
Lahde
Wiedensahl
Pollhagen
Lüdersfeld
Lindhorst
Rehren
Frotheim
62
Friedewalde
Schaumburger Wald
Nordsehl
Lauenhagen
Bad
Hille
Todtenhausen
Frille
Niedernwöhren
Meerbeck
Heuerßen
Beckedorf
Minderheide
61
Stadthagen
65
149
Hartum
Hespe
Reinsen
Nettelstedt
Eickhorst
Seggebruch
Helpsen
Rodenberg
Apelern
320
Bothenuffeln
MINDEN
Werber
Wendthagen
Hüllhorst
Schnathorst
Nienstädt
65
Vehlen
Obernkirchen
Bückeberge
255
Dützen
Altenhagen
Pohle
Volmerdingsen
Barkhausen
Ahnsen
367
Porta
Nammen
Bückeburg
Auetal
Hülsede
Halstern
BAD OEYNHAUSEN
Dehme
Westfalica
Kleinenbremen
Bad Eilsen
Rehren
Hausberge
Heeßen
Hattendorf
Porta
B83
Luhden
Buchholz
482
A2
Vennebeck
Wesergebirge
Westfalica
Eisbergen
Steinbergen
326
Süntel
341
Hohenstein
Veltheim
RINTELN
Deckbergen
Löhne
61
Lohe
54
Hohenrode
Hessisch Oldendorf
Schweicheln-Bermbeck
Uffeln
238
Exten
Großenwieden
Vlotho
300
514
Möllenbeck
35
Segelhorst
Höfingen
Fischbeck
233
Langenholzhausen
Friedrichswald
Exter
Wehrendorf
Kalletal
380
Hemeringen
Linnenbeeke
Hohenhausen
333
Almena
Bremke
E34
Wüsten
36
HAMELN
BAD SALZUFLEN
LIPPER
Extertal
Grupenhagen
Elverdissen
Kirchheide
Lüdenhausen
Knetterheide
Lüerdissen
Groß Berkel
238
388
Retzen
Entrup
Windelstein
Bösingfeld
371
Aerzen
Kirchohsen
347
Nienhagen
239
Waddenhausen
LEMGO
Dörentrup
Lieme
66
Alverdissen
Pyrmonter Berg
Leopoldshöhe
110
Griessem
360
66
Bega
Sonneborn
Ubbedissen
Barntrup
Bad Pyrmont
Lage
Heiden
Donop
Großenmarpe
429
Helpup
66
LAND
Lügde
Oerlinghausen
Pivitsheide
DETMOLD
Leistrup-Meiersfeld
Blomberg
Lippischer Wald
Stukenbrock
Hiddesen
1
Herrentrup
Vahlbruch
Schieder
Bad Meinberg
239
Wöbbel
446
Elbrinxen
Augustdorf
Berlebeck
Schieder-Schwalenberg
Rischenau
129
417
Schwalenberg
Horn-Bad Meinberg
137
Steinheim
497
Velmerstot
Vinsebeck
Marienmünster
Löwendorf
468
Bergheim
Emmer
Sandebeck
Marienmünster
Vörden
239
A33
Schlangen
Nieheim
Langeland
Ovenhausen
Strothe
Bad Lippspringe
Höxter
Sande
Altenbeken
Bad Hermannsborn
Schloß Neuhaus
Neuenbeken
OBERWÄLDER
Bosseborn
Buke
Bad Driburg (Westfalen)
351
Godelheim
PADERBORN
Eggegebirge
64
441
Brake
Ottbergen
Elsen
64
Schwaney
Herste
Nethe
Amelunxen
Dahl
Erkeln
Wewer
PADERBORNER
Neuenheerse
NETHEGAU
Dörenhagen
Dringenberg
Beverungen
Borchen
68
Asseln
332
Siddessen
Tietelsen
LAND
Etteln
SORATFELD
Nethe
Dahlhausen
206
Ebbinghausen
Niesen
Willebadessen
Natzungen
A33
Lichtenau
Sauer
Wewelsburg
Peckelsheim
241
Atteln
A44
HOCHFLÄCHE
252
Kleinenberg
443
Eissen
Bühne

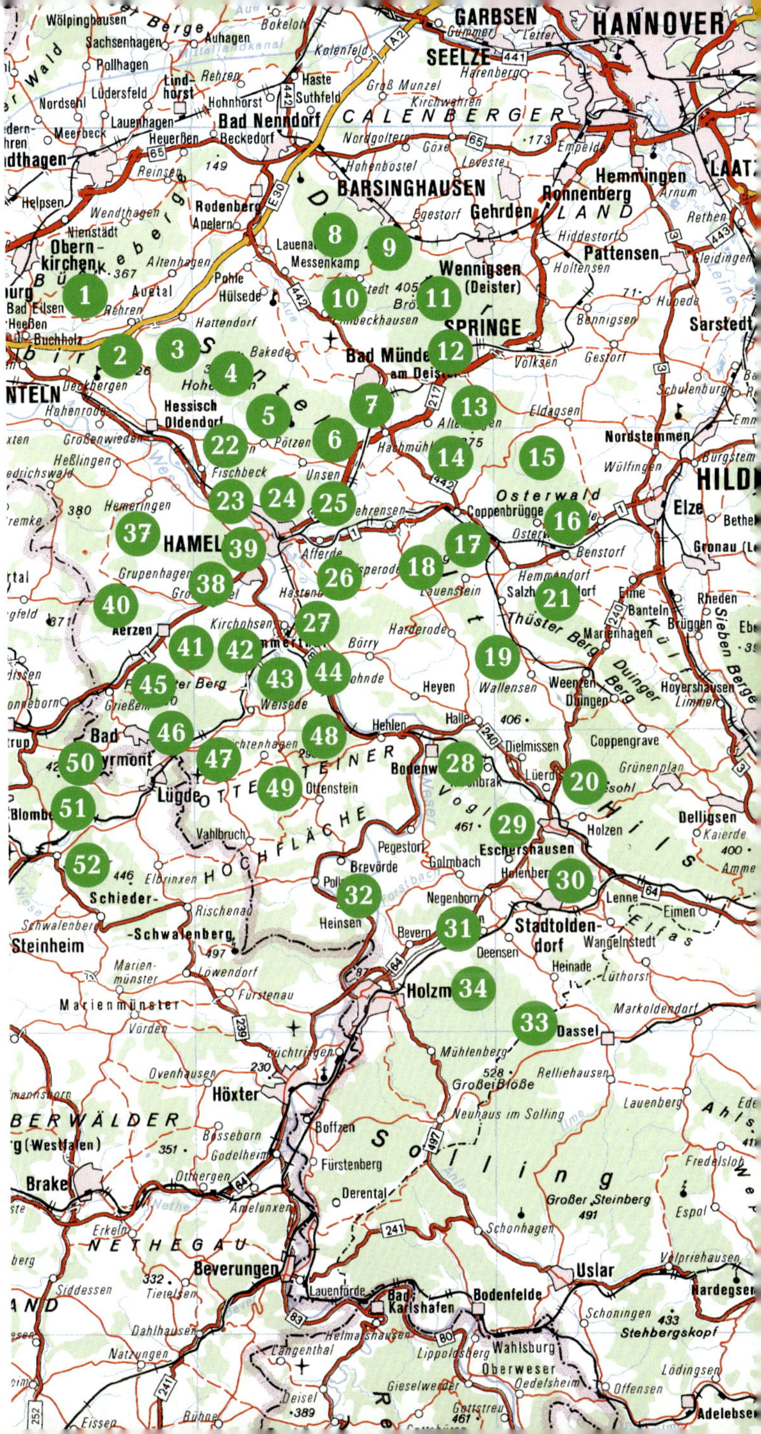

HANNOVER
GARBSEN
SEELZE
Wölpinghausen
Sachsenhagen
Auhagen
Bokeloh
Pollhagen
Lüdersfeld
Lindhorst
Rehren
Haste
Suthfeld
Nordsehl
Hohnhorst
Bad Nenndorf
CALENBERGER
LAND
Lauenhagen
Meerbeck
Heuerßen
Beckedorf
Nordgoltern
Gehrden
Empelde
Hemmingen
Ronnenberg
Arnum
Rethen
BARSINGHAUSEN
Hohenbostel
Egestorf
Reinsen
Rodenberg
Apelern
Helpsen
Wendthagen
Nienstädt
Obernkirchen
Lauenau
Messenkamp
Wennigsen (Deister)
Hiddestorf
Pattensen
Holtensen
Altenhagen
Pohle
Hülsede
Auetal
Rehren
Bad Eilsen
Heeßen
Buchholz
Hattendorf
Eimbeckhausen
SPRINGE
Bennigsen
Hüpede
Sarstedt
Bakede
Bad Münder am Deister
Völksen
Gestorf
Deckbergen
Hohenrode
Hessisch Oldendorf
Großenwieden
Heßlingen
Fischbeck
Pötzen
Unsen
Hachmühlen
Eldagsen
Nordstemmen
Schulenburg
Wülfingen
Burgstemmen
Elze
Osterwald
Coppenbrügge
Bessingen
Benstorf
Gronau
Hemeringen
HAMELN
Afferde
Grupenhagen
Hastenbeck
Lauenstein
Hemmendorf
Salzhemmendorf
Eime
Banteln
Rheden
Brüggen
Aerzen
Kirchohsen
Emmerthal
Börry
Harderode
Thüster Berg
Marienhagen
Duinger Berg
Hoyershausen
Sieben Berge
Lichtenhagen
Weisede
Heyen
Wallensen
Weenzen
Duingen
Limmer
Grießem
Bad Pyrmont
Hehlen
Halle
Dielmissen
Coppengrave
Grünenplan
Bodenwerder
Kirchbrak
Vogler
Lüerdissen
Eschershausen
Holzen
Delligsen
Kaierde
Ammensen
Lügde
OTTENSTEINER HOCHFLÄCHE
Ottenstein
Vahlbruch
Pegestorf
Golmbach
Brevörde
Polle
Heinsen
Negenborn
Holenberg
Lenne
Eimen
Elfas
Blomberg
Elbrinxen
Schieder-Schwalenberg
Rischenau
Schwalenberg
Steinheim
Bevern
Stadtoldendorf
Deensen
Wangelnstedt
Heinade
Lüthorst
Marienmünster
Löwendorf
Fürstenau
Holzminden
Markoldendorf
Dassel
Vörden
Lüchtringen
Mühlenberg
Relliehausen
Großer Blöße
Ovenhausen
Höxter
Neuhaus im Solling
Lauenberg
Ahlsburg
Boffzen
WESERBERGLAND
Bosseborn
Godelheim
Fürstenberg
Solling
Fredelsloh
Brakel
Ottbergen
Derental
Großer Steinberg
Espol
Amelunxen
NETHEGAU
Erkeln
Schönhagen
Beverungen
Uslar
Volpriehausen
Siddessen
Tietelsen
Lauenförde
Bad Karlshafen
Bodenfelde
Hardegsen
Dahlhausen
Helmarshausen
Schoningen
Stehbergskopf
Natzungen
Langenthal
Lippoldsberg
Wahlsburg
Oberweser
Lödingsen
Gieselwerder
Oedelsheim
Offensen
Deisel
Gottstreu
Adelebsen
Eissen
Bühne
1
2
3
4
5
6
7
8
9
10
11
12
13
14
15
16
17
18
19
20
21
22
23
24
25
26
27
28
29
30
31
32
33
34
37
38
39
40
41
42
43
44
45
46
47
48
49
50
51
52

Die Verkehrsunternehmen der in diesem Buch erwanderten Region und ihre Telefonanschlüsse

Mobilitätszentrale Hameln-Pyrmont, zuständig für alle Nahverkehrs-Verbindungen ✆ 0 51 51 / 788 988

Regiobus Braunschweig GmbH (RBB), Geschäftsstelle Holzminden ✆ 0 55 31 / 93 07 17 ✆ 0 55 31 / 1 94 49

Schaumburger Verkehrs-GmbH (SVG) Stadthagen ✆ 0 57 21 / 40 37

Verkehrsgesellschaft Lippe mbH (VGL) ✆ 0 52 31 / 97 77 82

1 Vom Süden aus zu den Bückebergen

Mammutbäume und Sandsteinquader

Die Bückeberge im Norden des Weserberglands sind in erster Linie durch ihre gewaltigen Steinbrüche bekannt. Und das zu Recht, denn ohne den dort gebrochenen Obernkirchner Sandstein gäbe es vermutlich die Weserrenaissance nicht, jenen eigenständigen Stil, den unsere Region zur abendländischen Baukunst beigetragen hat. Schlösser, Bürgerhäuser und Repräsentativbauten entstanden im 16. und frühen 17. Jahrhundert in diesem Baustil aus dem seiner hellen Farbe, seiner feinkörnigen Beschaffenheit und seiner Witterungsbeständigkeit wegen beliebten Stein.

Diese hervorragenden Eigenschaften machten ihn weltweit berühmt. Über die Weser wurde er als „Bremer Stein" verschifft und als Baumaterial für bekannte Gebäude genutzt. So entstanden unter anderem der Hamburger „Michel", das alte Rathaus in Bremen, die Siegessäule in Berlin, die Türme des Kölner Doms, die Börse in Königsberg, das Berner Münster, der Friedenspalast in Den Haag, Schloss Rosenborg in Kopenhagen und die Kathedrale in Baltimore aus diesem Sandstein, der vor rund 130 Millionen Jahren in der Kreidezeit entstand.

Unsere Rundwanderung hat die nach wie vor beeindruckenden Steinbrüche auf dem Kamm der Bückeberge zum Ziel. Zwar führt eine Fahrstraße hinauf zu dem ehemaligen beliebten Berggasthaus Walter unweit der Brüche, reizvoller ist es jedoch, hinaufzuwandern. Wir schlagen die schmale, dafür aber steiler ansteigende Südflanke vor. Dort gibt es nördlich von Rehren einen großzügig angelegten Wanderparkplatz oberhalb von Kathrinhagen, vor allem aber beim Forsthaus Borstel eine botanische Sehenswürdigkeit, näm-

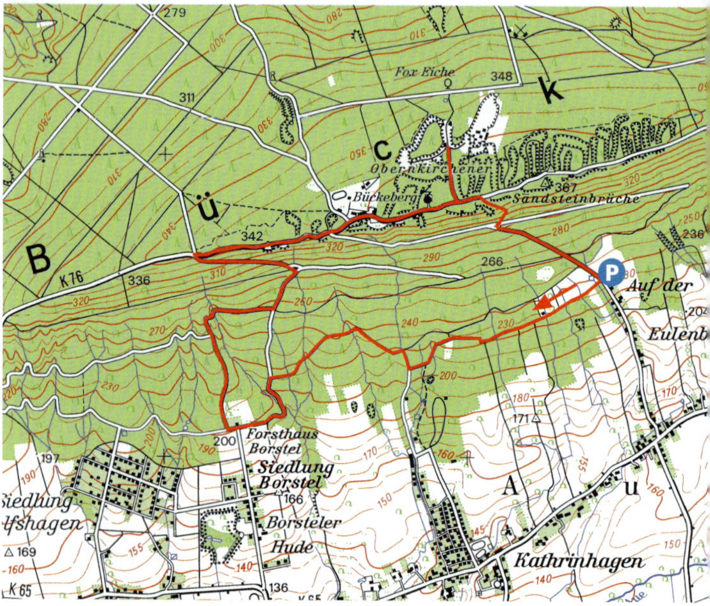

lich eine hektargroße Versuchsfläche mit den in deutschen Wäldern sehr seltenen Mammutbäumen. Sie wurde Mitte der achtziger Jahre dort von der Forstversuchsanstalt Escherode bei Hann. Münden angelegt, weil in unmittelbarer Nähe zwei 1960 gepflanzte Exemplare bereits eine stattliche Höhe erreicht hatten. Die Bäumchen der neuen Anlage waren zur Pflanzzeit drei Jahre alt und kamen aus unterschiedlichen Herkunftsländern.

Beide Orte, Borstel und Kathrinhagen, werden von der Buslinie 2021 Rinteln–Rehren der Schaumburger Verkehrs-GmbH (SVG) Stadthagen angefahren; Rinteln wiederum liegt an der Strecke der Weserbahn Hildesheim–Bünde. „Auf der Eulenburg" heißen sowohl der Wanderparkplatz als auch die zu Kathrinhagen gehörende Siedlung, auf die der Kraftfahrer nach der Unterquerung der Autobahntrasse, von Rehren kommend, stößt. Dort biegen wir nach rechts und sogleich

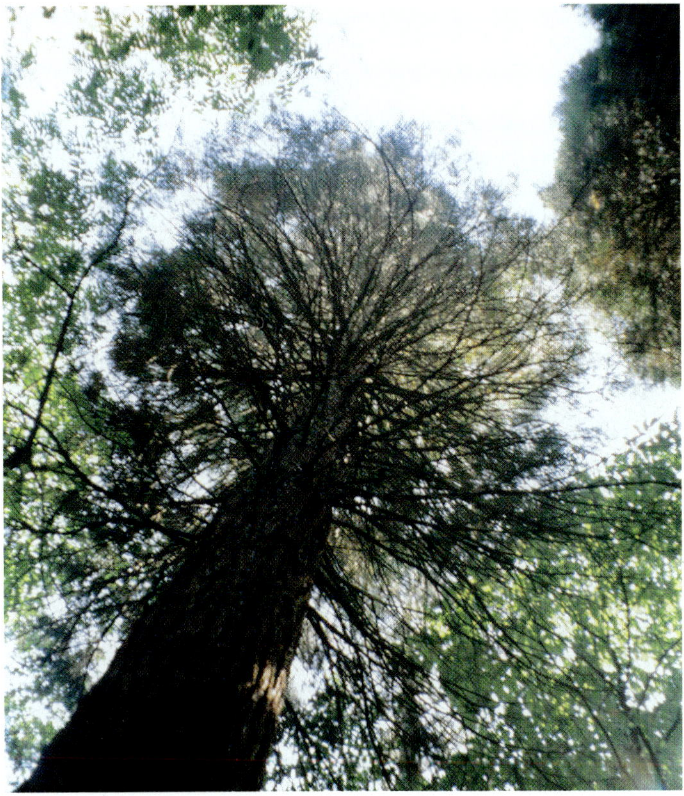

Vorbei an den Mammutbäumen beim Forsthaus Borstel erwandern wir den Kamm der Bückeberge

wieder nach links in die Straße gleichen Namens ein und fahren bergan bis zu dem Platz mit der eindrucksvollen „Eichenhütte".

Nach einer Orientierung auf der dortigen Wanderkarte wählen wir den Weg unterhalb des Parkplatzes, der uns entlang der Wiese und dann durch den zunächst von Fichten dominierten Mischwald nach Westen führt. Bei einem Querweg geht es nach rechts berg-

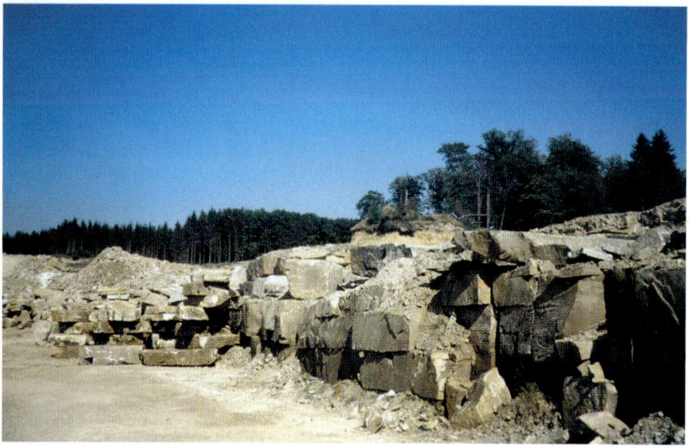

Immer wieder beeindruckend sind die mächtigen Quader des Obernkirchner Sandsteins

an weiter. Eingeschnittene Täler beleben den Wanderweg, der uns zu einer asphaltierten Forststraße und auf dieser nach links zu den hübschen Gebäuden des Forsthauses Borstel hoch über den zum gleichnamigen Ort gehörenden Häusergruppen führt. Weit reicht von hier der Blick über das Auetal auf das jenseitige Wesergebirge. Wir umlaufen das Gelände des Forsthauses und lassen uns von einem besonders schönen, bergwärts führenden Weg überraschen, der eine große Vielzahl unterschiedlichster Baumarten, vor allem prächtiger Koniferen, aufweist. Dazu gehören auch die besagten beiden Mammutbäume, die wir nach wenigen Metern links unmittelbar neben einem Bienenhaus finden. Beim weiteren Anstieg gehen wir direkt auf die Plantage mit den jüngeren Mammutbäumen zu, deren unterschiedlicher Wuchs das Bild belebt.

Unser Forstweg beschreibt später einen Rechtsbogen, verläuft ein Stück weit eben und stößt auf einen Querweg, auf dem wir nach links weiter ansteigen. Bei einer zu einem kleinen Platz gestalteten Gabelung geht es wiederum nach links bergan, so dass wir schließlich die Fahrstraße auf dem Kamm erreichen. Um sie zu meiden, wählen wir den jenseits nach rechts führenden schmalen, recht romantischen Wanderweg, der uns zum Haus des Jugendzentrums bringt. Nachdem wir den Aussichtsplatz gegenüber genutzt haben, gehen wir auf der Fahrstraße etwa einen halben Kilometer bis zu dem Eingang in den Steinbruch, um uns die gewaltigen Steinquader anzuschauen. Abgebaut wird in diesem vorderen Bereich der Brüche nicht mehr. Auf die Fahrstraße zurückgekehrt, wandern wir noch etwa 200 Meter auf der jetzt schmaleren Kammstraße weiter, bis auf der rechten Seite nach einer Leitplanke ein schmaler Weg hinunterführt, der nach Kathrinhagen beschildert ist. Auf ihm steigen wir ab, wählen bei einer Kreuzung mehrerer Wege den geschotterten nach links bergab, der uns überraschend schnell zurück zu unserem Ausgangspunkt bringt.

Die einschließlich eines Abstechers in den Steinbruch etwa zehn Kilometer lange Rundwanderung ist unbedingt empfehlenswert. Wir haben einen Höhenunterschied von 160 Metern zu überwinden und sind knapp drei Stunden unterwegs.

Wanderaufzeichnungen / Notizen

2 Zum höchsten Punkt des Wesergebirges

Zwei Burgen mit Fernsicht

Wie ein schmales Band zieht sich das Wesergebirge zwischen Hessisch Oldendorf und Minden nördlich der Weser entlang, dort den Süntelkamm fortsetzend, hier von dem Wiehengebirge jenseits der Weser abgelöst. Nur selten steigt der häufig schmale Gebirgskamm auf über 300 Meter Höhe an. Die höchsten Erhebungen liegen im Osten des Gebirgszugs. Hier wurde in 336 Meter Höhe die Paschenburg erbaut, die sich einer großartigen Fernsicht über das Wesertal rühmen kann. Diesen nicht nur geographischen „Höhepunkt" wollen wir bei diesem Ausflug erwandern, dazu die tiefer gelegene geschichtsträchtige Schaumburg, um dann am Waldrand zurückzugehen.

Genau genommen handelt es sich nur bei der Schaumburg um eine wirkliche Burg, denn die Paschenburg hoch oben auf dem Wesergebirgskamm ist ein ehemaliges Forsthaus. Heute beherbergt sie eine mit dem Auto erreichbare Gaststätte. Die Schaumburg dagegen, erbaut auf dem Nesselberg, einem Vorsprung des Wesergebirges, ist als Sitz der einflussreichen Grafen von Schaumburg in der ersten Hälfte des letzten Jahrtausends eng mit der Geschichte unserer Region verbunden. Auch bei der Erforschung der Rattenfängersage spielen diese eine Rolle. Denn neben der Rodung und Besiedlung des Schaumburger Landes mit zahlreichen Städte- und Dorfgründungen machte sich das Rittergeschlecht um die Urbanisierung des ehemals deutschen Ostens verdient. Zur Zeit des als sicher geltenden Auszugs der hämelschen Kinder im Jahr 1284 war Bruno von Schaumburg Bischof im mährischen Olmütz und die Vermutung, dass er einen möglicherweise bunt gekleideten und Flöte spielenden Werber in des Land seines Bruders, des

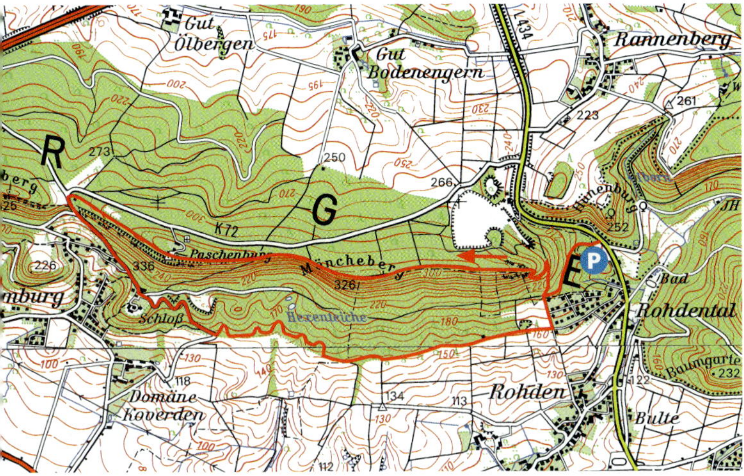

Grafen Adolf IV. von Schaumburg, erfolgreich zur Anwerbung junger Kolonisten schickte, ist durchaus glaubhaft.

Wir beginnen unsere Rundwanderung im bevorzugt am Ostrand des Mönchebergs gelegenen Hessisch Oldendorfer Ortsteil Rohdental an der Zubringerstraße von Hessisch Oldendorf zur Autobahnauffahrt Rehren. Nach dem Ortsausgangsschild liegt in einer Linkskurve beiderseits ein Parkplatz.
Für Benutzer des öffentlichen Nahverkehrs bieten sich die Buslinien 20 oder 25 des Nahverkehrs Hameln-Pyrmont nach Hessisch Oldendorf und von dort die Linie 27 nach Rohdental an. Am Anfang unseres Wanderwegs an der westlichen Straßenseite finden wir eine Wandertafel und Wegweiser. Überhaupt ist das Gelände rund um die Schaumburg recht gut markiert. An einem Waldspielplatz vorbei steigen wir an bis zu einer gepflasterten Straße am Ortsrand. Auf ihr – oder auf dem geradeaus weiterführenden Wanderweg – werden wir am Ende zurückkommen. Jetzt müssen wir jedoch von der Kreuzung aus gut 20 Meter zurückge-

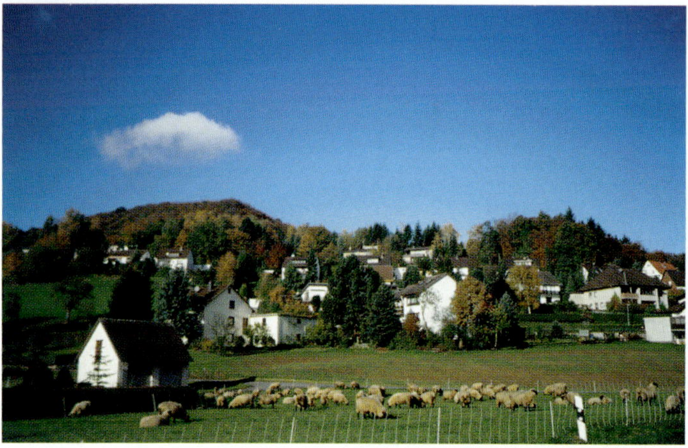

Im bevorzugt gelegenen Hessisch Oldendorfer Ortsteil Rohdental beginnt unsere Wanderung

hen, denn dort bog ein schmaler Weg bergwärts ab, dessen Wegweiser zur Paschenburg leicht zu übersehen ist.

Nun beginnt der eigentliche Aufstieg, zunächst auf unserem schmalen, dann nach links auf einem breiten Wanderweg. In einer leichten Rechtskurve werden wir jedoch sehr bald von dem Andreaskreuz des Fernwanderwegs auf einen Zickzackweg nach rechts hinauf zum Kamm gewiesen. Das in Abständen an die Stämme gemalte weiße X sorgt dafür, dass wir uns nicht verlaufen, bis wir schließlich auf einer malerischen Steintreppe den Kammweg erreichen. Hübsch ist es hier oben auf dem schmalen Grat mit abwechslungsreichem Wald und hin und wieder mit Durchblicken nach Norden und Süden. Und bei der Paschenburg gibt es viel zu sehen: Neben dem großartigen Fernblick über das weite Wesertal können wir verschiedene Bildhauerarbeiten im Gelände betrachten, die zu dem Skulpturenpark und Atelier jenseits der Gaststätte gehören, oder die von ihrer Geschichte her anrührende kleine Kriegsgräberstätte an der rechten Seite der Fahrstraße.

Auf dem Kamm wandern wir dann weiter, von nun an bergab. Bei einer Schutzhütte und Sitzgruppen erreichen wir die von Deckbergen über den Kamm führende Fahrstraße, die wir nach links einschlagen, um jenseits der Kurve auf den oberhalb der Straße verlaufenden Weg, witzigerweise „Füßleins Ruh" genannt,

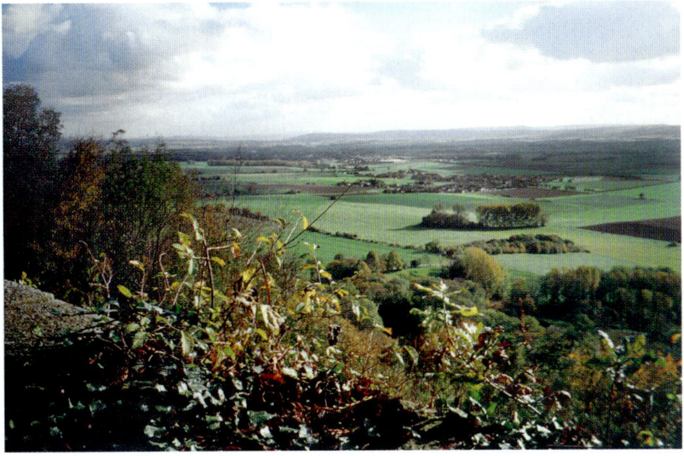

Von der Paschenburg aus schaut der Wanderer ins weite Wesertal

zum Ort Schaumburg zu gelangen. Cafés und Gaststätten beweisen, dass es sich hier um eine Touristen-Attraktion handelt. In jedem Fall lohnt es sich, vom Burgplatz mit der uralten, an die unrühmliche Zeit der Hexenprozesse erinnernden Linde hinaufzusteigen zum eigentlichen Burggelände mit seiner aus unterschiedlichen Epochen stammenden Bebauung. Und wieder fasziniert der Blick über das Tal. Für den Rückweg können wir entweder den direkten Weg durch den Wald wählen, vorbei an den Hexenteichen, oder aber den besonders empfehlenswerten Waldrandweg.

Dazu sind wir allerdings gezwungen, bis zum Waldrand die Fahrstraße zu benutzen. Dort biegt bei einer Bank unser nach Rohden beschilderter Wanderweg scharf nach links ab und bringt uns zu jener Straße westlich von Rohdental, die wir auf dem Hinweg sahen. Von hier aus haben wir in kurzer Zeit wieder unseren Ausgangspunkt erreicht.

Die Wanderung ist neun Kilometer lang bei einem Höhenunterschied von rund 185 Metern. Wir sind einschließlich des Abstechers zur Schaumburg drei Stunden unterwegs. Einkehrmöglichkeiten gibt es in der Paschenburg, in Schaumburg und in Rohdental. Die Rundwanderung ist auch für einen ausgedehnten Familienausflug geeignet.

Wanderaufzeichnungen / Notizen

3 Durchs Höllental zum Schrabstein und Krähenstein

Niedersachsens einziger natürlicher Wasserfall

Dass der einzige natürliche Wasserfall Niedersachsens in unserer Region zu finden ist, wird vermutlich wenig bekannt sein. Und doch: 15 Meter tief stürzt das Wasser des Langenfelder Wasserfalls im westlichen Süntel hinunter in das Höllental. Es fällt über eine natürliche Felsbarriere, die hier einen beeindruckenden Talschluss bildet – ein Schulbeispiel sozusagen für alle Geographen. Die Wasserfälle im Harz dagegen sind von Menschenhand geschaffen. Oberhalb jener Felsbarriere liegt die ehemalige Höllenmühle am gleichnamigen Bach, die bis 1922 in Betrieb war. Schon 1664 soll die Wassermühle gegründet worden sein. Der dazugehörende Mühlenstauteich wurde in den Jahren 1985 und 86 wieder hergerichtet und bildet mit dem inzwischen als Wohnhaus genutzten Mühlengebäude ein hübsches Ensemble. – Die Höllenmühle ist jedoch nicht das einzige Ziel dieser Süntelwanderung. Vielmehr wollen wir von dort aus zunächst hoch über dem Höllental und dem Schneegrund an der Steilkante des Ibergs mit Schrabstein und Krähenstein entlanggehen, um später den Steilabfall noch einmal von unten zu bestaunen.

Ausgangspunkt ist der dem Schneegrund nahegelegene Wanderparkplatz Amelungsberg an der über den Süntelkamm führenden Straße von Segelhorst nach Langenfeld. Nach Segelhorst gelangt der Autofahrer auf der in Hessisch Oldendorf von der Bundesstraße 83 nach Rehren abzweigenden Fahrstraße. Der Parkplatz liegt an einer Rechtskurve und ist an dem grünen Schild mit Hinweis auf den Amelungsberg zu erkennen. Benutzer des öffentlichen Nahverkehrs müssen den Ausflug allerdings in Rohdental beginnen und zu-

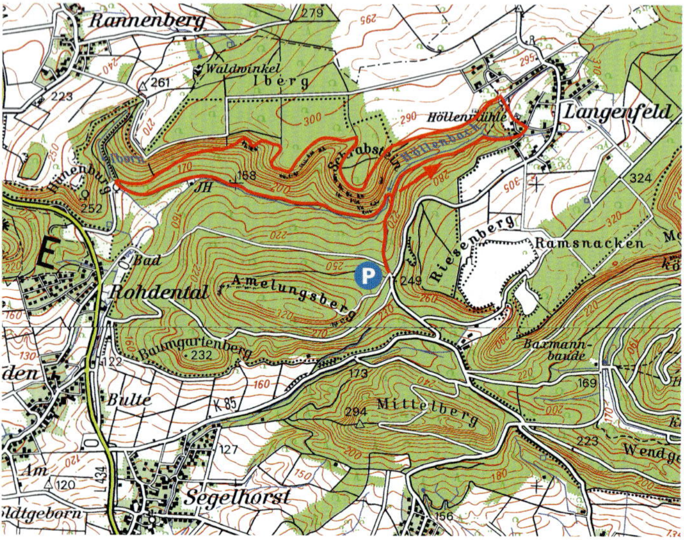

nächst den Schneegrund durchwandern. Rohdental liegt an der Buslinie 27 Hessisch Oldendorf–Langenfeld des Nahverkehrs Hameln-Pyrmont. Nach Hessisch Oldendorf fahren ab Hameln die Linien 20 und 25.

Vom Parkplatz Amelungsberg aus beginnt unsere Wanderung auf der talwärts führenden Forststraße. Diese biegt sehr bald nach links ab, während wir weiter geradeaus wandern, jetzt auf einem Wiesenweg. Über uns ragen die Dolomitklippen des Schrabsteins auf, vor uns fließt unten der Höllenbach. Zu ihm gelangen wir bei einer Brücke – auf dem darüber führenden Weg nach links werden wir am Schluss unserer Rundwanderung zurückkehren. Denn wir lassen uns jetzt nach rechts von dem Wegweiser zum Wasserfall leiten und steigen im schmalen Tal an, schließlich in Serpentinen rechts hinauf zur Höhe. Wir erreichen den Waldrand und gehen, vorbei an den ersten Häusern von Langenfeld, bis zur Fahrstraße. Nach links kommen wir zum Friedhof und von dort wiederum nach links zur Höllenmühle. Mit dem von Wasserlinsen überzo-

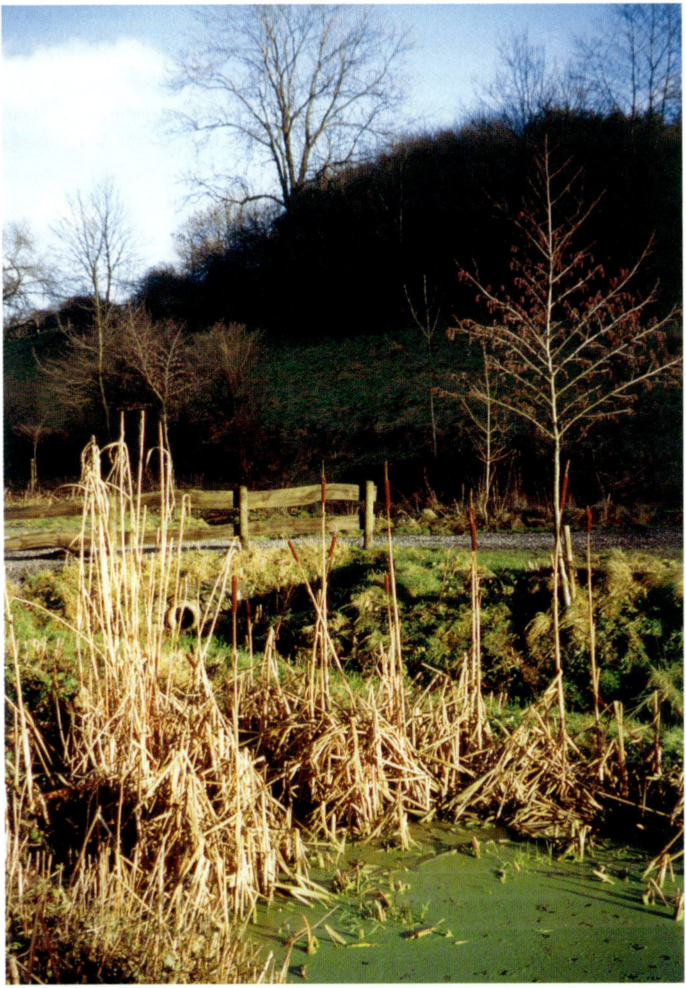

Der ehemalige Stauteich der Höllenmühle wurde zum Biotop

genen Mühlteich vermittelt sie vor der Kulisse hoher Buchen einen hübschen Anblick. Jenseits des Teiches geht es über ein Brückchen; dann stehen wir oberhalb des Wasserfalls in 298 Meter Höhe.

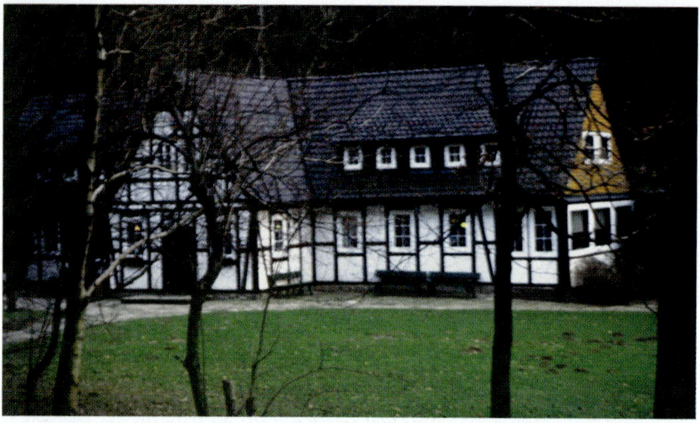

An Sonn- und Feiertagen kann nachmittags im Naturfreundehaus eingekehrt werden

Anschließend wandern wir am Steilhang entlang, vorbei an der Feldflur von Langenfeld. Bei einer markanten Buche geht von dem markierten Weg nach links ein Pfad ab, der vor zu den Klippen des Schrabsteins und im Bogen wieder auf den eigentlichen, nach Rohdental beschilderten Wanderweg führt. Auch beim nächsten Wegweiser geht ein schmalerer Weg nach links ab. Diesmal bringt er uns zum Krähenstein, einem weiteren Klippenvorsprung des Ibergs. Der Blick hier ist fast noch beeindruckender als jener von den Schrabsteinen aus. Wir schauen über den Schneegrund hinweg hinüber zum Amelungsberg und nach Rohdental am Ende des Tals.

Zum Hauptweg zurückgekehrt, beginnt für uns der Abstieg. Unten sehen wir, dass dieser Weg bezeichnenderweise „Langer Jammer" heißt. Wir biegen scharf nach links in den Fernwanderweg zum Naturfreundehaus ein. Hier beginnt der Rundweg für jene Wanderer, die in Rohdental starteten. Einladend liegt das Naturfreundehaus auf der rechten Seite. Sonn- und feiertags kann man hier von 14 bis 17 Uhr zu Kaffee und Kuchen einkehren, an anderen Tagen nach Voranmeldung mittags und nachmittags. Dann nimmt uns der Anblick des schönen Tals gefangen. Der in Mäandern verlaufende Bach rauscht und sprudelt, bildet kleine Inseln und Wasserfälle. Und links über uns steigt steil der Iberg mit jenen Klippen an, auf denen wir soeben noch standen. Schließlich sind wir wieder bei der kleinen Brücke angekommen, von der aus wir auf kürzestem Weg zurück bei unserem Wanderparkplatz sind.

Die Wanderung ist rund acht Kilometer lang bei einem Höhenunterschied von 130 Metern. Sie gehört zu den schönsten Süntelwanderungen und eignet sich auch als Familienausflug. Während der Laubfärbung ist sie besonders empfehlenswert, aber auch dann, wenn der unbelaubte Wald die Aussicht von und zu den Klippen begünstigt. Wir sind etwa zweieinhalb Stunden unterwegs. Einkehrmöglichkeiten bestehen in Langenfeld oder zur angegebenen Zeit im Naturfreundehaus. Gutes Schuhwerk ist anzuraten.

Wanderaufzeichnungen / Notizen

4 Durch das untere Blutbachtal zum Hohenstein

In Hessisch Oldendorf erwacht Baxmann zu neuem Leben

Die Einwohner von Hessisch Oldendorf – so schien es zumindest bisher – haben ein zwiespältiges Verhältnis zu ihrer berühmten Sagenfigur, dem Ratskellerwirt Cordt Baxmann. Dabei ist jener, im Gegensatz beispielsweise zum Hamelner Rattenfänger, eine historische Persönlichkeit, wenn auch eine von vielen Sagen umwobene.

War er nun der Bösewicht, dem trotz klerikalem Beistand aus Paderborn selbst nach dem Tod zunächst nicht beizukommen war? Angeblich gelang es jedoch zwei Mönchen, ihn an jene Quelle zu Füßen des Hohenstein zu bannen, die heute nach ihm benannt ist. Bekanntlich konnte er den Bann lösen, als er sich in einem strengen Winter seines anscheinend unerfüllbaren Auftrags entledigte, die Quelle mit einem Sieb auszuschöpfen. Er zerschlug einfach das Eis und kehrte in sein Haus zurück. Das hätte er nicht tun sollen, denn fortan wurde er verflucht, die Quelle mit einem Fingerhut leer zu schöpfen. Das ist die eine Version der Sage.

Die andere berichtet von einem Edelmann, der sich den Hass seiner Gegner und Neider zuzog und nun unverdient die Verbannung erleiden muss. Wie dem auch sei, der Baxmann ist eine interessante und schillernde Persönlichkeit mit einer großen Werbewirksamkeit.

Am Fuß des Hohenstein, unserem heutigen Wanderziel, ist er stets gegenwärtig, denn dorthin wurde er schließlich verbannt. Der Kiosk am gleichen Platz, der allerdings nur bei Bedarf geöffnet ist, heißt deshalb auch Baxmann-Baude. In ihr erfährt man Näheres über die Sagenfigur.

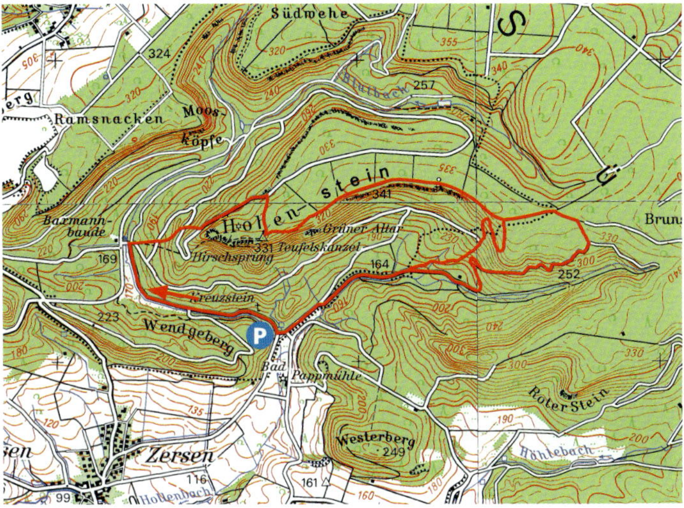

Unsere Rundwanderung beginnt jedoch bereits am Parkplatz Kreuzsteinquelle unweit der beliebten Ausflugsgaststätte Pappmühle. Dorthin gelangt der Pkw-Fahrer von der Bundesstraße 83, wenn er in Krückeberg in Richtung Zersen abbiegt und dem Wegweiser zur Pappmühle in die Kneippstraße folgt. Das einladend wirkende Gebäude lassen wir allerdings zunächst rechts liegen und fahren geradeaus zu besagtem Parkplatz.

Mit den Öffis erreicht man den Parkplatz „Kreuzsteinquelle“ mit der Linie 25 Hameln-Hessisch Oldendorf des Nahverkehrs Hameln von der Haltestelle „Abzweigung Pappmühle“ aus. Seinen Namen hat der große Wanderparkplatz nach dem Steinkreuz, das wir nach etwa 200 Metern auf dem Weg ins Blutbachtal rechts am Waldrand bewundern können. Da die Schrift heute kaum mehr zu entziffern ist, klärt ein Schild den Wanderer darüber auf, dass hier – entgegen der gewohnten Ordnung – im Jahr 1584 ein Knecht des Grafen Adolf zu Schaumburg von einem Wildschwein „erlegt“ wurde.

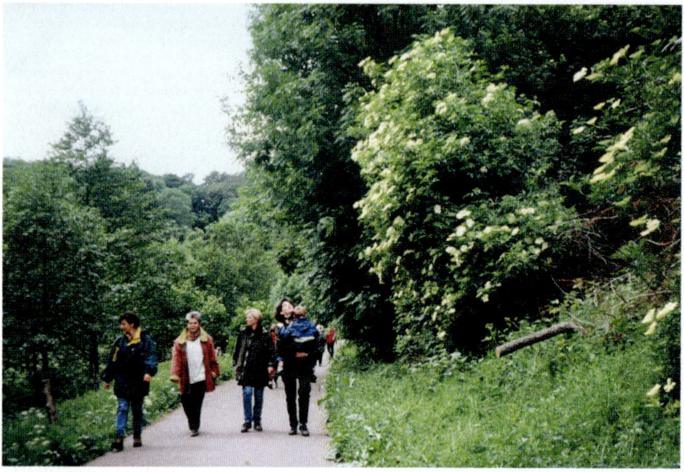

Durch das Blutbachtal geht es in das Hohensteingebiet

Es ist ein besonders lieblicher Wanderweg, der uns zunächst durch lichten Wald, dann an einer hoch über dem Bach gelegenen Raststätte mit uralten Buchen vorbei ins breite Bachtal führt. Die Ufer des sich durch die Wiesen windenden Blutbachs stehen unter Naturschutz. Nach knapp anderthalb Kilometern haben wir die Baxmannquelle erreicht. Hier erwartet uns, wie schon am Parkplatz, eine Übersichtstafel über das gesamte Hohensteingebiet, eins der beliebtesten Ziele unserer Region. Die Stadt Hessisch Oldendorf hat einen Rundweg zuverlässig beschildert. Ehe wir ihm nach rechts bergwärts folgen, lassen wir uns noch von dem Schild am Blutbach darüber belehren, dass sich der Bach bei der Schlacht zwischen Sachsen und Franken im Jahr 782 vom Blut der Krieger rot gefärbt haben soll.

Auf den steinernen Treppen steigen wir dann an und überqueren dabei zweimal die Serpentinen der Forststraße. Schließlich stoßen wir auf diese und folgen ihr ein Stück. Links von uns sehen wir jenseits des Tals

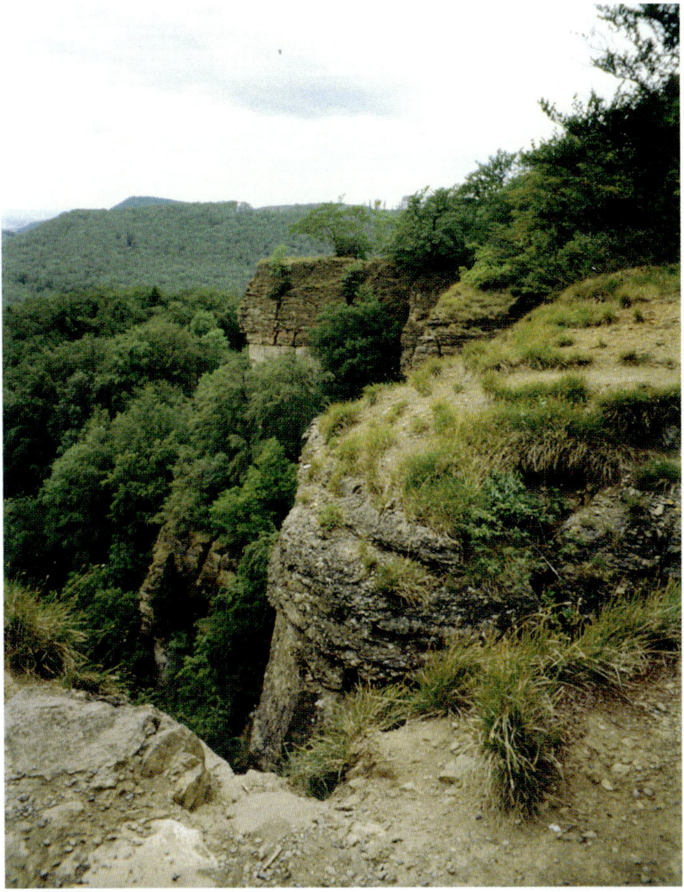

Wer sich bis an den Rand der 60 Meter tief abstürzenden Klippen wagt, sollte schwindelfrei sein

die Klippen der Mooskópfe am Ramsnacken und weiter rechts die der Südwehe aufragen. Dann führt uns unser Rundwanderweg im rechten Winkel hinauf zum Kamm, jetzt wieder über Stufen. Ein hoher Drahtzaun auf der rechten Seite begrenzt ein streng geschütztes Reservat, das der Erhaltung einer äußerst seltenen

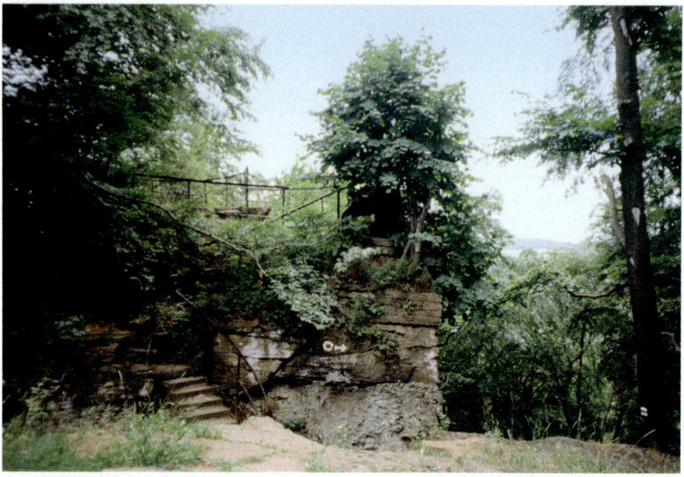

Am Grünen Altar sollen die heidnischen Sachsen Kulthandlungen vollzogen haben

Flora mit zum Teil nur hier vorkommenden Relikten einer nacheiszeitlichen Pflanzenwelt dient. Die Bemühungen um ihren Schutz hatten lange Zeit zu Kontroversen zwischen Naturschützern und alpinen Bergsteigern geführt, für die der Hohenstein ein ideales Klettergelände darstellt. 1972 wurden dann die Übungsgebiete auf den östlichen Teil des Massivs beschränkt.

Jenseits des Bergkamms erwartet uns in 330 Meter Höhe ein geradezu atemberaubender Blick, vergleichbar mit der Sicht von einem der nördlichen Alpenberge ins Voralpenland. Schwindelfrei sollte sein, wer sich bis an den Rand der 60 Meter hohen, jäh abstürzenden Klippen wagt. Nach einer sich um einen weißen Hirsch rankenden Sage heißt diese natürliche Plattform aus Dolomitgestein Hirschsprung. Bedeutsamer ist die Tatsache, dass es sich beim Hohenstein um eines der Hauptheiligtümer der heidnischen Sachsen handelte, das sie erbittert verteidigten. Ehe wir den Rundwanderweg entlang des Steilhangs fortführen, lohnt sich noch ein Blick auf den steinernen Tisch mit den darin eingeschnittenen Fernzielen. Dann kommen wir an einer weiteren Felsengruppe vorbei, dem so genannten Grünen Altar, der auch Teufelskanzel genannt wird. Hier werden sich vermutlich kultische Handlungen abgespielt haben.

Nach etwa einem Kilometer erreichen wir dann noch einmal eine Ausblickstelle, diesmal auf den später im Rechtsbogen zum Süntelturm hin verlaufenden Kamm. Auf einem Bergvorsprung steht hier ein Findlingsstein, dessen anrührende Inschrift die Eltern ermahnt, auf ihre Kinder Acht zu geben, denn: „An dieser Stelle verunglückte unser Kind..." Den Daten nach war dieses 13 Jahre alt, als das Unglück 1956 geschah. Dann führt unser Weg auf eine Gabelung. Unsere Beschilderung „Rundwanderweg Hohenstein" weist nach links auf den Weg in Richtung Süntelturm und bringt uns nach zwei Rechtsabbiegungen mal mehr, mal weniger steil im Bogen abwärts ins Tal des Hollenbachs und zurück zum Ausgangspunkt.

Die Rundwanderung ist achteinhalb Kilometer lang und dauert knapp zweieinhalb Stunden. Der Höhenunterschied beträgt 210 Meter. Einkehrmöglichkeiten bieten sich in der Pappmühle oder bei Öffnung – am Parkplatz angezeigt – in der Baxmannbaude. Wer den Ausflug auf das Hohensteinplateau beschränken will, kann für den Abstieg die bequeme Forststraße zurück zur Baxmannquelle wählen.

5 Um Oster- und Westerberg im Süntel

Wie Perlen auf einer Schnur

Breitrückig – vor allem im Vergleich zu dem flussabwärts sich anschließenden Wesergebirge mit seinem schmalen Kamm – zieht sich der Süntel nördlich von Hameln und Hessisch Oldendorf parallel zur Weser hin, jedoch in gebührender Entfernung von dem Strom. Ein welliges Ackerland reicht bis an den Fuß des Gebirges, unterbrochen von hübschen Dörfern, die sich ihren eigenen Charakter bewahrt haben. Und ehe der Wald ansteigt bis zum Süntelkamm, sind eine Reihe hoher Vorberge dem Gebirge vorgelagert wie Perlen auf einer Schnur: der Mittelberg bei Barksen, der Wendgeberg bei Zersen, Wester- und Osterberg bei Bensen und schließlich der Hasseln zwischen Haddessen und Pötzen. Sie machen den besonderen Reiz des Südabhangs dieses ohnehin vielfältigen Gebirgszugs aus und laden ein zu einer lohnenden Wanderung ohne den mühevolleren Steilanstieg zum Kamm.

Wir wollen bei diesem Ausflug den Wester- und den Osterberg umwandern, jenes Bergpaar westlich und östlich des Höhlebachs, das von seinen Waldrandwegen aus den Wanderer mit Weitblicken in das Wesertal und zum Süntelkamm hin verwöhnt. Dazu starten wir beim Wanderparkplatz oberhalb von Bensen in der Nähe des Forsthauses. Bensen lässt sich am besten von dem Ort Höfingen aus erreichen, der wiederum aus Fischbeck oder Pötzen angefahren werden kann. Etwa einen halben Kilometer westlich von Höfingen geht von der Straße in Richtung Weibeck nach rechts jene nach Bensen ab. Sie heißt im Ort Unter den Höfen und führt hinauf zum Forsthaus und zum Parkplatz. Zur Anfahrt nach Bensen können die Linien 23 und 25 des Nahverkehrs Hameln-Pyrmont genutzt werden.

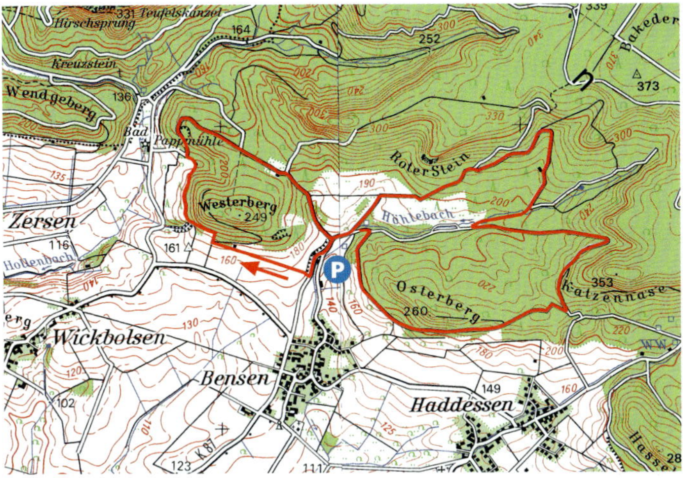

Vier Rundwege sind auf der Wanderkarte am Parkplatz angegeben, wir werden jeden bei unserer Rundwanderung auf jeweils einem Abschnitt erwandern. Die Beschilderung dieser Rundwege ist vorbildlich. Abweichend von dem Richtungspfeil am Parkplatz gehen wir zu Beginn unseres Rundwegs um den Westerberg zunächst auf der Fahrstraße zurück bis zu jenem Feldweg mit Fahrverbotsschild und Hinweis auf das Wasserschutzgebiet, der nach rechts abzweigt und leicht ansteigt. Schon hier können wir die weite Sicht genießen über das breite Wesertal und hin zu dies- und jenseits des Flusses aufsteigenden Höhenzügen. Schließlich werden wir bei einer Waldecke im rechten Winkel bergan geführt, um dann wieder in der bisherigen Richtung entweder am Waldrand entlang oder etwas höher im Wald weiter zu gehen. Bei dem besonders schön gelegenen Sitzplatz „An der Kuckucksbuche“ erreichen wir den westlichen Waldrand. Von hier aus schauen wir nach Wickbolsen und Zersen und zu dem darüber aufsteigenden Wendgeberg.

Auf dem weiteren Weg sehen wir den Süntel vor uns und schließlich die Gebäude der Pappmühle vor

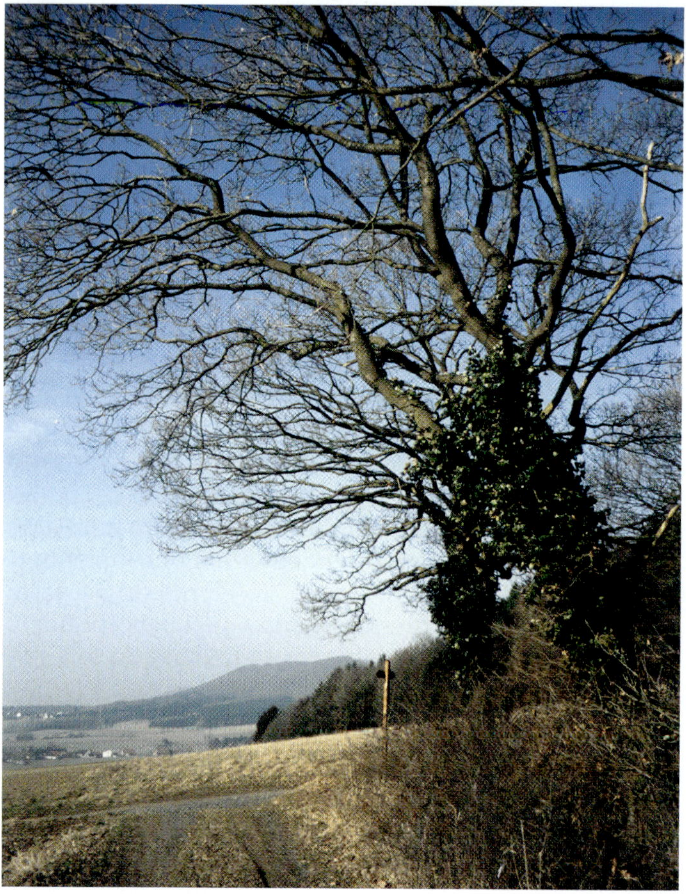

Der Waldrandweg am Westerberg ist ein guter Einstieg in unsere Rundwanderung

dem imposanten Hohensteinmassiv links von uns liegen. Zur Pappmühle können wir bei dem Zeichen für das Wasserschutzgebiet absteigen, sofern wir dort einkehren wollen, sonst gehen wir nach rechts weiter hinauf in den Wald. Wir umwandern einen kleinen Steinbruch und bleiben auf dem Hauptweg. Durch hohen Mischwald mit eindrucksvollen Laubbäumen kommen wir zu einem Grillplatz mit größerem Holzhaus und gehen in der bisherigen Richtung weiter bis zum Waldrand.

Unser asphaltierter Forstweg würde uns nach rechts zurück zum Parkplatz bringen, doch wir wandern weiter geradeaus durch die Feldflur. Vor uns überragt jetzt der Süntelturm den Hauptkamm, schräg links sind die Felsen des Roten Steins gut zu erkennen. Auf dieses Massiv gehen wir zu. Am Waldrand klärt uns eine Tafel darüber auf, dass auf diesem Weg die Bewohner der diesseitigen Sünteldörfer täglich über den Gebirgskamm zu ihren Arbeitsstätten gehen

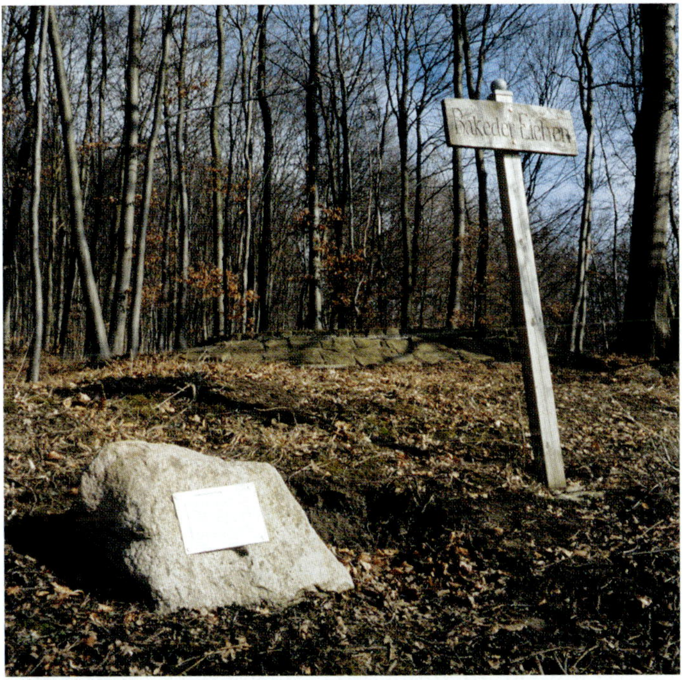

Auf dem Weg zum Roten Stein erinnert ein Schild bei den Bakeder Eichen an die schweren Arbeitsbedingungen vergangener Jahrzehnte

mussten. Und das bei Wind und Wetter und bei einer Arbeitszeit von 12 Stunden! Wir steigen ebenfalls unterhalb der Felsen an, allerdings nur bis zur Gabelung unseres Wegs. Dort werden wir von einem Schild auf den Rundweg Höhlebach nach rechts gewiesen. Auch hier geht es noch weiter bergauf, bis wir schließlich nach einer Haarnadelkurve nach rechts absteigen. Es ist ein recht abwechslungsreiches Waldstück mit kleinen Tälern, durch das wir nach einem erneuten Rechtsbogen in Richtung unseres Ausgangspunktes zurücklaufen. Auf diesem Weg ließe sich die Wanderung beenden. Wollen wir allerdings noch den Osterberg umrunden, müssen wir bei dem Hinweisschild zum Rundweg Osterberg scharf nach links abbiegen.

Wieder steigen wir an, bis steil vor uns die Katzennase aufragt. Nach einer scharfen Rechtskurve wandern wir an diesem Süntelvorsprung entlang und steigen dann ab. Wenn die Forststraße ziemlich steil nach Haddessen hinunter führt, lassen wir uns von dem Schild nach rechts führen und erreichen schließlich den südlichen Waldrand des Osterbergs. Ihn umrunden wir nun oberhalb von Bensen, vorbei an der Sängerbank und über die Seufzerallee, auf der wir zu dem liebevoll gestalteten früheren Wanderparkplatz hinunter laufen. Auf der Forststraße geht es dann nach links rasch zum Ausgangspunkt zurück.

Die Rundwanderung ist in der längeren Version knapp zehn Kilometer lang, in der kürzeren acht. Der Höhenunterschied beträgt rund 120 Meter – allerdings müssen wir mehrfach an- und absteigen. Wir sind insgesamt zweieinhalb bis drei Stunden unterwegs, bei Abkürzungen weniger. Eingekehrt werden kann bei einem Abstecher in der Ausflugsgaststätte Pappmühle. Der Ausflug im Süntelvorland ist recht vielseitig und sollte – vor allem bei guter Sicht – auch „Wandermuffeln“ Spaß machen.

6 Von Unsen zum Süntelturm

Ein Jubilar auf der Hohen Egge

Über 100 Jahre ist er alt, der heutige Süntelturm auf der Hohen Egge, der mit 440 Meter höchsten Erhebung im Süntel. Zwanzig Jahre zuvor war schon sein hölzerner Vorgänger von einem hannoverschen Bürgerverein in der Nähe des heutigen Aussichtsturms erbaut worden. Er wurde jedoch rasch morsch, so dass sich die Hannoveraner – inzwischen war der Hannoversche Wander- und Gebirgsverein als neuer Träger zuständig – zum Neubau entschlossen. Bald folgten Anbauten mit Räumen, in denen sich die Wanderer stärken konnten. Und in den letzten Jahrzehnten wurden nicht nur der Turm selbst, sondern auch die Gebäude gründlich saniert, vor allem an das Strom-, Wasser- und Kanalnetz angeschlossen. Mit seiner bei entsprechendem Wetter großartigen Fernsicht und mit den einladenden Gasträumen bildet der Süntelturm heute neben den Klippen des Hohensteins das attraktivste Ziel des Gebirges.

Der Anstieg zur Hohen Egge lässt sich besonders gut von den so genannten Sünteldörfern, den nördlichsten Hamelner Ortsteilen, her bewältigen, die auch verkehrsmäßig gut angebunden sind. Wir starten für unsere Rundwanderung beim Waldbad in Unsen. Dort gibt es für die Autofahrer reichlich Parkraum. Die Linie 5 des Nahverkehrs Hameln-Pyrmont hält dort allerdings nur während der Badesaison. Sonst empfiehlt sich die Haltestelle „Waldhofweg“ in Unsen, die der Straße Sandbrink, auf der wir von der Pötzer Straße aus unseren Aufstieg beginnen, sogar noch näher liegt. (Wir können jedoch auch direkt vom Parkplatz aus den Waldrand und dort, ein Stück nach rechts gehend, unseren eigentlichen Wanderweg erreichen.)

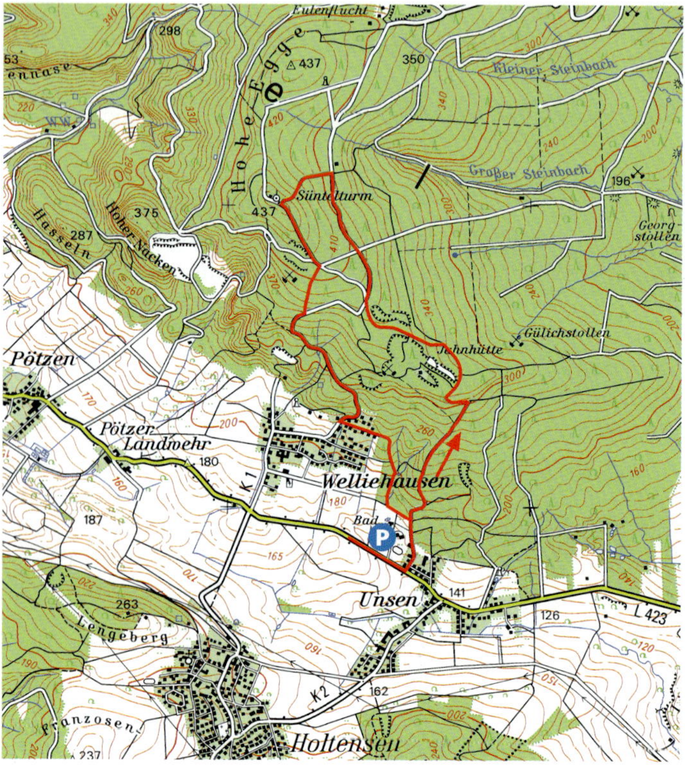

Wir steigen auf dem mit einem Andreaskreuz markierten Europäischen Fernwanderweg 1 zügig an. Laub- und Fichtenwald wechseln sich ab, und Bänke laden zu Verschnaufpausen ein. Bei einer Kreuzung weist uns ein hölzerner Wegweiser nach links. Eine geradezu märchenhaft wirkende, zerklüftete Landschaft erwartet uns hier.

Bei einer Rechtskurve des Wegs bietet sich geradeaus ein Abstecher zur Jahnhütte an oder, genauer gesagt, zu jenem Plateau, auf dem das als Jugendherberge genutzte, 1979 abgerissene Gebäude stand. Aus seinen Steinen wurde die jetzige Schutzhütte gebaut. An die recht bedeutenden Steinbrüche und an früheren

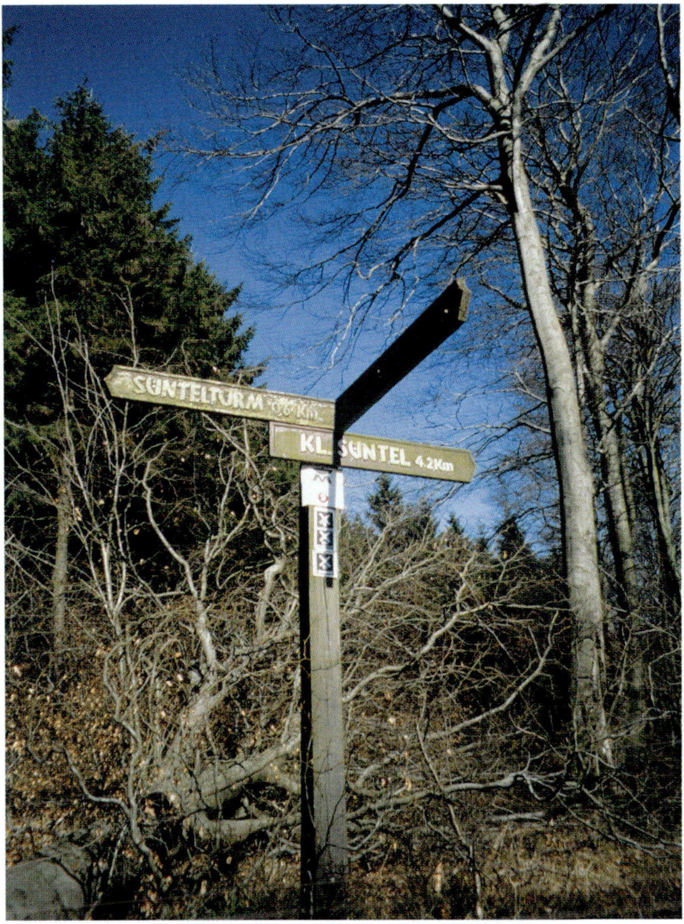

Viele Wanderwege führen über den Süntel

Bergbau erinnert nur noch die bewegte Landschaft rings um die große Bergwiese.

Zum Hauptweg zurückgekehrt, wandern wir in Richtung Süntelturm weiter auf dem jetzt nicht mehr befestigten Weg. Oberhalb eines tief abfallenden Steinbruchgeländes führt uns der Wanderweg zu einer

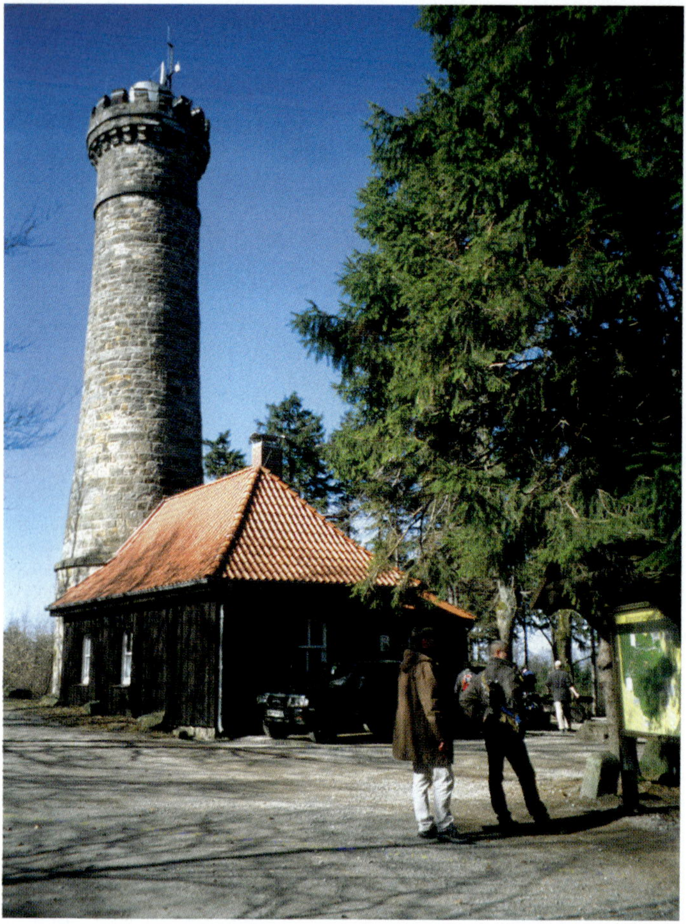

Der Süntelturm ist immer wieder eine Wanderung wert

platzartig gestalteten Kreuzung mit Wegweisern. Hier folgen wir noch nicht dem empfohlenen Weg nach links zum Süntelturm, sondern gehen geradeaus weiter auf dem so genannten Hamelschen Pfad bis zur übernächsten Kreuzung. Dort kommt von rechts ein Weg im Steinbachtal herauf, nach links führt uns der

Wegweiser zu unserem Ziel, das wir jetzt im Linksbogen erreichen. Fast unvermittelt steht der steinerne Turm vor uns, der über die Wendeltreppe recht gut zu besteigen ist. In den gemütlichen Räumen oder auf Tischen und Bänken davor trifft man dann nahezu immer auf Gruppen und Einzelwanderer.

Beim Rückweg gehen wir rechts an der Wanderkarte vorbei. Drei Fernwanderwege verlaufen hier. Bei einem alten Steinbruchgelände auf der rechten Wegseite treffen wir auf einen Querweg, dem wir nach links folgen. Große Felsstücke liegen geröllartig unterhalb des Wegs, später sind vier alte Grenzsteine am Wegrand aufgestellt. Bei einer rotweißen Schranke weist uns ein Wegweiser rechts nach Welliehausen. Hier steigen wir auf einem romantischen Wanderweg ab. Er trifft später auf die Schleife einer asphaltierten Forststraße, der wir nach rechts folgen. Sie führt uns an einem kleinen Teich vorbei zu den ersten Häusern von Welliehausen. Vom Jahnhüttenweg biegen wir nach links in den Plackenweg ein und wandern im Rechtsbogen durch den Wald bergab zurück zu unserem Ausgangspunkt.

Die Rundwanderung ist siebeneinhalb Kilometer lang bei einem Höhenunterschied von fast 300 Metern. Wir sind zweieinhalb bis drei Stunden unterwegs und können uns am Süntelturm (Montag Ruhetag) stärken. Zwar setzt die Wanderung eine gewisse Kondition voraus, sie wird aber auch gehfreudigen Kindern Spaß machen.

7 Zur Bergschmiede im östlichen Süntel

Bergbau und Steinbrüche prägen das Landschaftsprofil

Der östliche Süntel ist ein beliebtes Wandergebiet. Das beweist nicht zuletzt der besonders große Wanderparkplatz bei der Bergschmiede, einem günstigen Ausgangspunkt auch zum Süntelturm. Fernblicke gibt es hier in dem „Münderschen Reihebürgerforst" ansonsten nur von den Waldrändern aus, dafür ist das Landschaftsprofil umso interessanter. Aufgeschüttete Halden sind Zeugnisse Jahrhunderte langen Steinkohleabbaus, während begrünte kleine Täler und Schluchten von ehemaligen Steinbrucharbeiten erzählen. Beides, Steinkohle und Sandstein, stammen aus der nach der englischen Stadt Weald benannten Wealdenzeit, einer Erdperiode der unteren Kreidezeit. Vor rund 130 Millionen Jahren brachten träge Flüsse Unmengen von Sand in das küstennahe Gebiet und begruben eine üppige Vegetation unter sich. Der Sand wurde zu feinstem Sandstein, die Bäume der Sumpfwälder darunter durch Luftabschluss und Druck zu unterschiedlich mächtigen Steinkohleflözen.

Die seit Mitte des 19. Jahrhunderts betriebenen Steinbrüche im münderschen Süntel beschäftigten bis zu 60 Arbeiter, das Material war wegen seiner Güte und Härte sehr beliebt. Das mündersche Bergwerk ist noch ein halbes Jahrhundert älter, es belieferte vor allem die in Süntelnähe gelegenen Glashütten, aber auch die Saline in Münder und viele andere Abnehmer, darunter das Hamelner Gefängnis und die Weserdampfschifffahrts-Gesellschaft. Bis zu 200 Personen waren im Bergwerk tätig, dazu kamen andere benötigte Gewerke wie Handwerker, Sägemüller oder Fuhrleute. Das „Aus" brachte nicht zuletzt die 1872 eingeweihte neue Bahnstrecke, die zwar den Transport er-

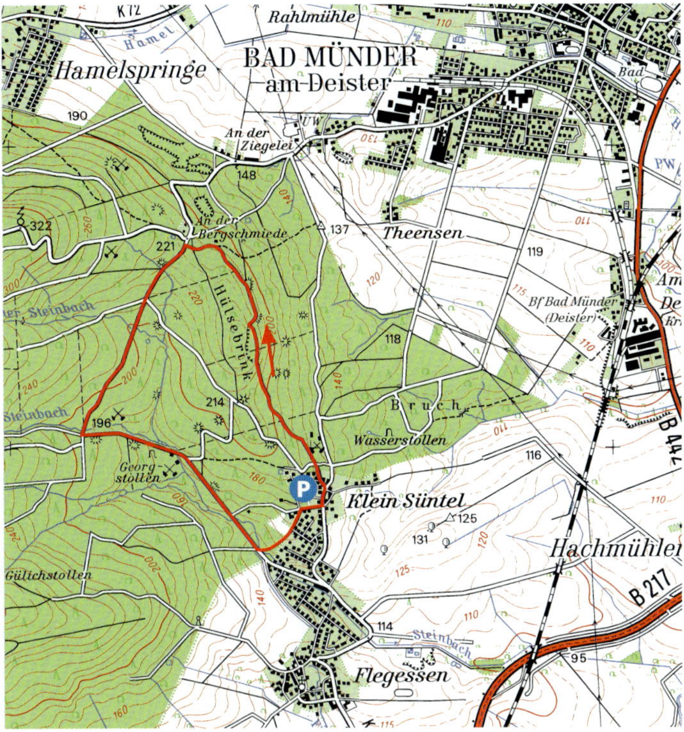

leichterte, gleichzeitig aber die billigere westfälische Kohle in die Region brachte.

Ausgangspunkt für unsere Wanderung in den östlichen Süntel ist der lieblich am Berghang gelegene Ort Klein Süntel. Er ist über die Bundesstraße 217 zu erreichen, von der wir in Hasperde bergwärts abbiegen. Vorbei an Flegessen mit seiner weithin sichtbaren Kirche fahren wir in Klein Süntel bergan und freuen uns an der schönen Aussicht. (Das gleichnamige Gasthaus bietet sich auf dem Rückweg zur Einkehr an.) Vor dem Senioren-Domizil fahren wir nach links in die Heckenstraße, wo es einen Parkplatz gibt. Zur Klein Süntelner Straße zurückgekehrt, können wir uns auf der Wan-

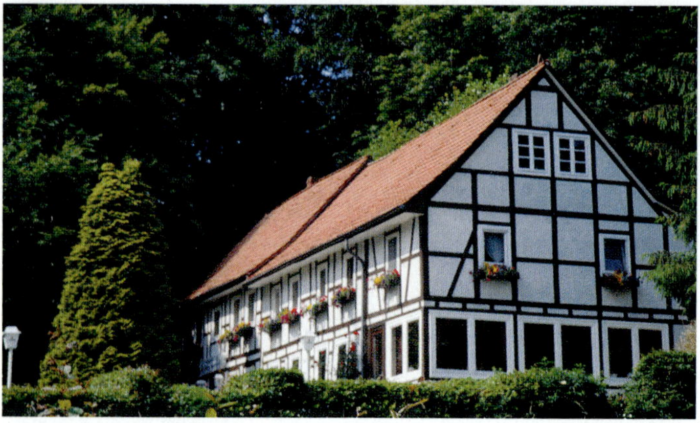

Die Bergschmiede ist heute ein beliebtes Ausflugslokal

dertafel über unseren Rundweg zur Bergschmiede und ins Steinbachtal orientieren. Hier hält auch der Bus der Linie 15 Hameln–Bad Münder des Nahverkehrs Hameln-Pyrmont.

Zunächst laufen wir noch ein Stück auf der Fahrstraße bergan, bis wir bei der Gabelung der Straße Oberberg nach links folgen. Am Waldrand finden wir zunächst eine hübsch gelegene Bank, dann wieder eine Wanderkarte. Ein Schild führt uns außerdem zur Bergschmiede. Beim Anstieg halten wir uns bei der ersten Gabelung links. Schön ist hier der Wald mit seinen hohen Bäumen, vor allem aber die bewegte Landschaft. Wir erreichen den Hülsebrink und finden auch hier einen ehemaligen Steinbruch. Jetzt geht es ein kurzes Stück bergab, dann fast eben weiter bis zum Parkplatz an der Bergschmiede. Das beliebte Ausflugslokal bietet sich zur Ruhepause an, zumal der Blick aus dem Garten hinüber zum Deister beeindruckend ist. Wieder können wir eine Wanderkarte betrachten, um dann auf dem Ludwig-Hagemann-Weg weiter zu wandern. Bei einem Querweg gehen wir weiter geradeaus auf dem zum Teil dammartigen

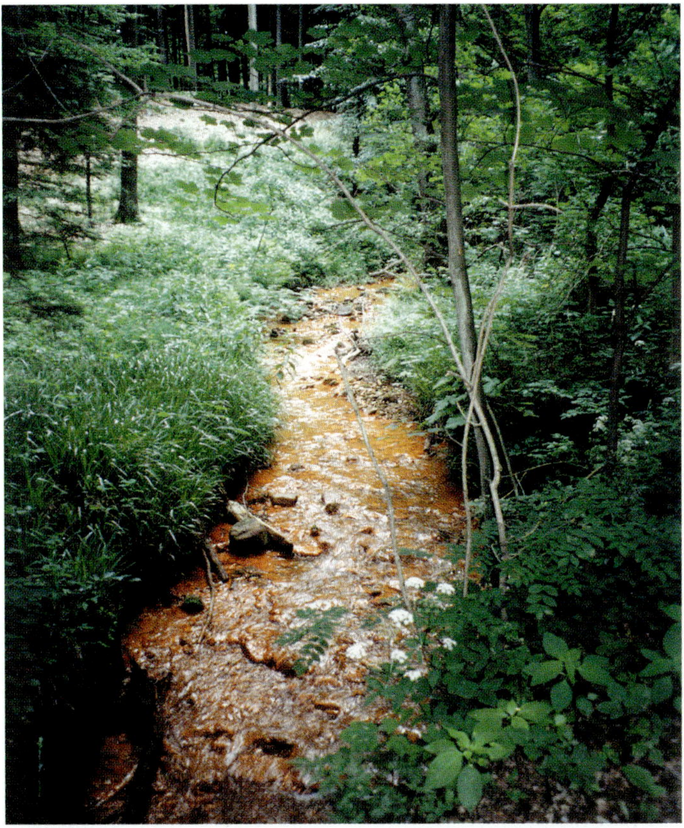

Rostbraun gefärbt ist das eisenhaltige Ockerwasser des Steinbachs

Forstweg, vorbei an einem kleinen Teich. Schließlich erreicht unser Weg das Steinbachtal. Nach rechts führt ein betonierter Weg hinauf zur Hohen Egge mit dem Süntelturm; wir halten uns jedoch links.

Jetzt begleitet der muntere Bach unseren Wanderweg. Außerdem ist die Landschaft hier besonders geprägt von der früheren Bergbau-Tätigkeit. Auf der rechten Seite liegt der Georgstollen, der bedeutendste des ehemaligen Steinkohle-Bergwerks. Ihn nutzt heute der Schützenverein Klein Süntel als Schießsportanlage. Dann überschreiten wir den Steinbach und wandern weiter geradeaus, obwohl uns ein Schild nach links zurück nach Klein Süntel lotsen will. Es lohnt sich jedoch, in Richtung Flegessen zu gehen, weil wir dann das jetzt rostfarbene Wasser des Steinbachs betrachten können. Eisenhaltiges Wasser aus der alten Grube hat es zu Ockerwasser werden lassen. In den 80er Jahren des vorigen Jahrhunderts gab es Bestrebungen, den Ocker aufzufangen und industriell zu nutzen, der Versuch wurde jedoch aufgegeben. In Sichtnähe der ersten Häuser von Flegessen gibt es wieder eine Wanderkarte. Wir folgen jetzt dem Schild nach links nach Klein Süntel und steigen noch einmal etwas an. Im Ort erreichen wir die Straße Waldesruh und gehen auf ihr geradeaus. Vor dem Waldrand geht es auf dem Bruchweg hinunter zur Klein Sünteler Straße und dort zurück zur Bushaltestelle oder auf dem linken Parallelweg zum Parkplatz.

Der beschriebene Rundweg ist mit knapp sechs Kilometer Länge mehr ein Spaziergang denn eine Wanderung. Er lässt sich jedoch über Eulenflucht und Süntelturm zu einem recht ausgedehnten Ausflug erweitern. Bei unserer „Kurzfassung" sind wir gut anderthalb Stunden unterwegs; der Höhenunterschied beträgt rund 70 Meter. Da die Wege durchweg befestigt sind, ist diese Wanderung von der Jahreszeit unabhängig. Zur Einkehr empfehlen sich die Bergschmiede (Montag Ruhetag) oder die „Schöne Aussicht" (Dienstag Ruhetag).

8 Zur Alten Taufe am Deisterkamm

Wurden hier einst Menschen geopfert?

Wer im Deister wandert, wird schon beim Blick auf die Wanderkarte feststellen, dass das Gefälle dies- und jenseits des Kamms recht unterschiedlich ist. Während das Gebirge im Nordosten sanft ansteigt, fällt es nach Südwesten ziemlich steil ab. Geologen sehen die Ursache dafür im Einbruch des Kamms eines mächtigen Gebirges, das am Ende der Kreidezeit durch die Saxonische Faltung entstanden war. Dadurch wurde der Kleine vom Großen Deister, aber auch der Süntel vom Deister getrennt. Dort, wo im Erdmittelalter die Scheitelpunkte des einstigen Gebirges lagen, verlaufen heute in den Tälern Straßen- und Bahntrassen. Die Berghänge sind an den Abbruchseiten entsprechend steil, und Felsbrocken zeugen noch immer von dem gewaltigen Naturereignis.

Vom kürzeren und zügigen Anstieg von der westlichen Flanke her profitiert die Wanderung zum Deisterkamm, die uns zu einem bedeutenden Kulturdenkmal, der Alten Taufe, führen soll. Da diese etwas abseits vom viel begangenen und von Bikern befahrenen Kammweg liegt, bleibt sie häufig unbeachtet. Dabei ist dieser sagenumwobene Stein einen Besuch wert, auch wenn seine Geschichte recht blutrünstig ist. Offensichtlich ist dieser mächtige Steinquader mit seiner schüsselartigen Vertiefung von Menschenhand behauen. Angeblich sollen hier einst in dem von Cheruskern bewohnten Gebiet Blutopfer durch das Schlachten von weißen, als heilig angesehenen Pferden erbracht worden sein. Sie galten dem germanischen Kriegsgott Tiu, von dem auch der Name Deister abgeleitet werden kann. Später aber habe ein heidnischer Adliger auf jenem Stein, der damals inmitten eines Burghofs gestanden haben soll, die Erstgeborenen der von ihm be-

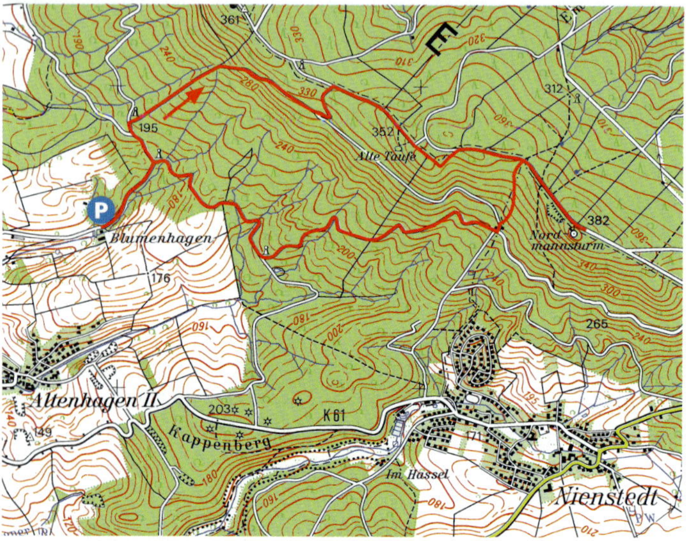

siegten Christen geopfert, ehe er sich dort voller Reue als Christ taufen ließ. Damit wurde die „Alte Taufe" zum Taufstein.

Unsere Rundwanderung beginnt in dem kleinen Ortsteil Blumenhagen östlich von Lauenau. Die Buslinie 10 Hameln–Lauenau des Nahverkehrs Hameln-Pyrmont hält in Lauenau. Im Ort zweigt beim Casalla-Werk die Carl-Sasse-Straße von der Bundesstraße 442 ab; sie heißt sehr bald Blumenhagener Straße und führt nach rund drei Kilometern zu unserem Wanderparkplatz am Fuß des Deisters. Die Wanderwege von hier aus zum Kamm sind vielfach nach verdienten Forstleuten benannt, deren Daten auf Findlingen zu lesen sind. Das gilt auch für den Schulzeweg, auf den unser Anstiegsweg stößt und dem wir nach links folgen. Bei den nächsten beiden Gabelungen halten wir uns rechts und steigen jetzt ständig an, von Wegweisern zum Kamm zuverlässig geleitet. Dabei freuen wir uns, wie auf dieser gesamten Deisterwanderung, an dem abwechslungsreichen Baumbestand und jahreszeitlich bedingten Blumen.

Bei einer erneuten Gabelung erfahren wir, dass wir nur noch einen Kilometer vom Kammweg entfernt sind. Wir laufen nach rechts, jetzt fast eben, und werden von einem weiteren Schild nach links hinauf zum Kamm gewiesen. Dort wandern wir auf dem breiten Forstweg nach rechts, bis wir nach etwa 600 Metern zwischen den an Baumstämme gemalten (Jagen)-Zahlen 69 und 70 ein Schild entdecken, das uns zur Alten Taufe führt. Nach einem kurzen Wegstück stehen wir dann vor dem riesigen Steinquader, in dessen Vertiefung auch in trockenen Sommern angeblich immer Wasser steht. An dem Naturdenkmal vorbei führt der Pfad zurück zur Kammstraße, wo sich uns zwei Mög-

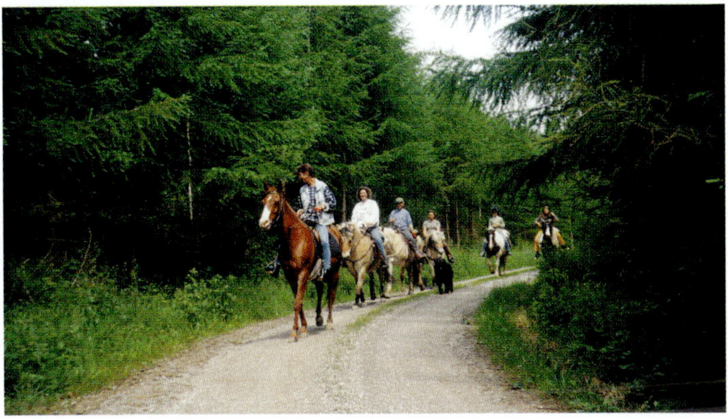

Auch Reiter nutzen die Forstwege im Deister

lichkeiten zur weiteren Wanderung bieten – entweder weiter auf der Forststraße oder, abzweigend nach rechts, auf dem landschaftlich etwas attraktiveren Wanderweg. Beide treffen bald wieder zusammen.

Bei einer größeren Kreuzung trennt uns noch ein reichlicher halber Kilometer Wegstrecke vom Nordmannsturm, der nicht nur einen Überblick bietet, son-

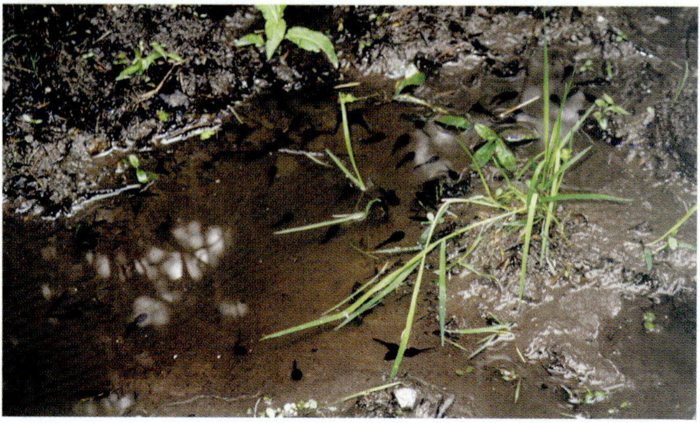

Direkt am Kammweg tummeln sich Kaulquappen in einem Tümpel

dern auch mit seiner Gaststätte zur Einkehr einlädt. Wer darauf keinen Wert legt, steigt bei der Kreuzung nach rechts in Richtung Altenhagen II ab auf einem Weg, der uns mit seiner steinigen Beschaffenheit an die Theorie vom Gebirgseinbruch denken lässt. Gelegentlich ist uns ein kurzer Blick über den dem Deister vorgelagerten Kappenberg ins Tal und hinüber zum Süntel vergönnt. Bei der Wallmann-Schutzhütte endet der Steilabstieg. Geruhsam ist dann der Rest der Wanderung, die uns nach rechts auf den Wallmannsweg und schließlich noch einmal nach rechts auf den Schulzeweg führt. Beim Schulze-Stein geht es dann nach links zurück zum Wanderparkplatz.

Gebirgscharakter hat die rund acht Kilometer lange Rundwanderung, bei der wir 210 Meter Höhenunterschied überwinden müssen. Wir sind etwa zweieinhalb Stunden unterwegs. Zur Einkehr bietet sich bei entsprechendem Umweg der Nordmannsturm an.

9 Zum Nordmannsturm auf dem Deisterkamm

Ein beliebtes Wanderziel blieb erhalten

Der Kammweg über den sich in 23 Kilometer Länge zwischen Bad Nenndorf und Steinkrug erstreckenden Deister wird gelegentlich auch als Turmweg bezeichnet. In der Tat gibt es auf dem Deister einige Türme, die als Wanderziele beliebt sind. Sie sind sowohl von der allmählich ansteigenden Nord- als auch von der steileren Südseite her zu erreichen.

Das gilt auch für den 1863 von Constantin Nordmann erbauten und 1881 nach einem Einsturz neu errichteten Nordmannsturm, der bei Wanderfreunden aus dem Großraum Hannover ebenso beliebt ist wie bei jenen aus dem Hamelner Raum. Dabei hatte es noch vor wenigen Jahren böse ausgesehen um die Zukunft des Turms. Durch die Gründung eines Fördervereins konnten jedoch die dringend erforderlichen Sanierungen durchgeführt werden. Die großzügig bemessenen Freiflächen und der Turmraum mit seinem gemütlichen Ambiente bieten nun wieder vielen Wanderern Platz.

Wir starten zu dieser Rundwanderung in Nienstedt am Anfang des gleichnamigen Passes, der den Deisterrücken wie eine Schneise durchzieht. Der malerisch gelegene mündersche Ortsteil Nienstedt wird von der Buslinie 18 Springe–Nienstedt des Nahverkehrs Hameln-Pyrmont angefahren, die durch Umsteigen in Springe oder Bad Münder (S-Bahn Stationen Hannover–Paderborn) erreicht werden kann. Autofahrer biegen von der Bundesstraße 442 in Eimbeckhausen in Richtung Nienstedt ab und folgen der sich bergan windenden, oft an Ausblicken reichen Straße bis nach Nienstedt. Dort durchfahren sie den Ort, um am Anfang des Waldes jeweils rechts und links der Straße

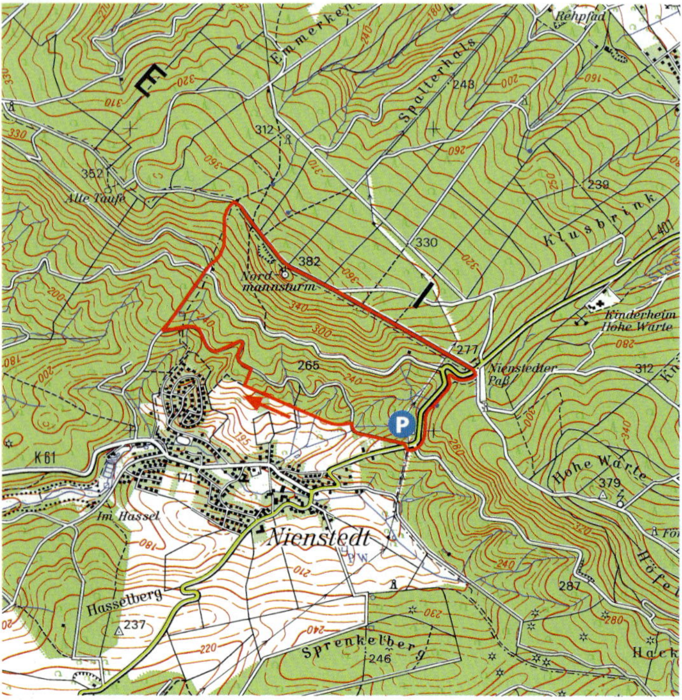

einen Parkplatz vorzufinden. Eine Wanderkarte gibt es nur auf der rechten Seite; dort werden wir von unserer Rundwanderung zurückkommen.

Wir beginnen sie jedoch vom linken Parkplatz aus und wandern, dem Wegweiser nach Lauenau folgend, auf dem Weg in Verlängerung des Platzes oberhalb der Fahrstraße bis zum Waldrand, wo der Weg nach rechts abbiegt. Während er sehr bald wieder in den Wald führt, wählen wir den nach links abzweigenden schmaleren Wanderweg, der oberhalb der ersten Baumreihe in Waldrandnähe verläuft. Die prächtigen Eichen und Buchen begeistern uns, wie später auch der Blick auf Nienstedter Wohngebiete. Bei einer der Bänke kommt von links ein schmaler Weg von Nienstedt hoch. Nach rechts geht eine Stromleitung hinauf zum Kamm, und auch der schmale Weg führt bergan in das Landschaftsschutzgebiet. Ihm folgen wir hinauf bis zu dem ersten Querweg, wo uns – wie recht zuverlässig im gesamten Deister – mehrere Wegweiser erwarten.

Obwohl wir den Nordmannsturm zum Ziel haben, lassen wir uns jetzt noch nicht dorthin leiten, sondern gehen nach links, entsprechend dem Schild zur Wallmannhütte. Durch hohen Mischwald geht es fast eben weiter auf einem Forstweg, der in Kurven hier ein Tal, dort einen Bergvorsprung umrundet. Dann stoßen wir wieder auf einen Querweg und wandern nach rechts hinauf zur Wallmannhütte, die wir am Ende des Wegs bereits liegen sehen. Die 1973 erbaute Schutzhütte auf

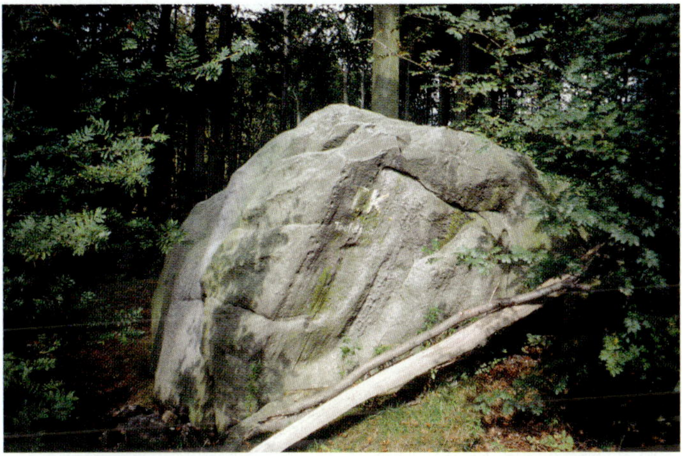

Ein großer Sandsteinblock markiert die romantische Teufelsschlucht

einem kleinen Platz mit Wanderkarte, Sitzgruppen und einem großen Stein ist schon wegen der schönen Aussicht eine Erholungspause wert. Dann müssen wir noch einmal 80 Meter Höhenunterschied bis zum Kamm überwinden. Der Hauptweg dorthin führt zur

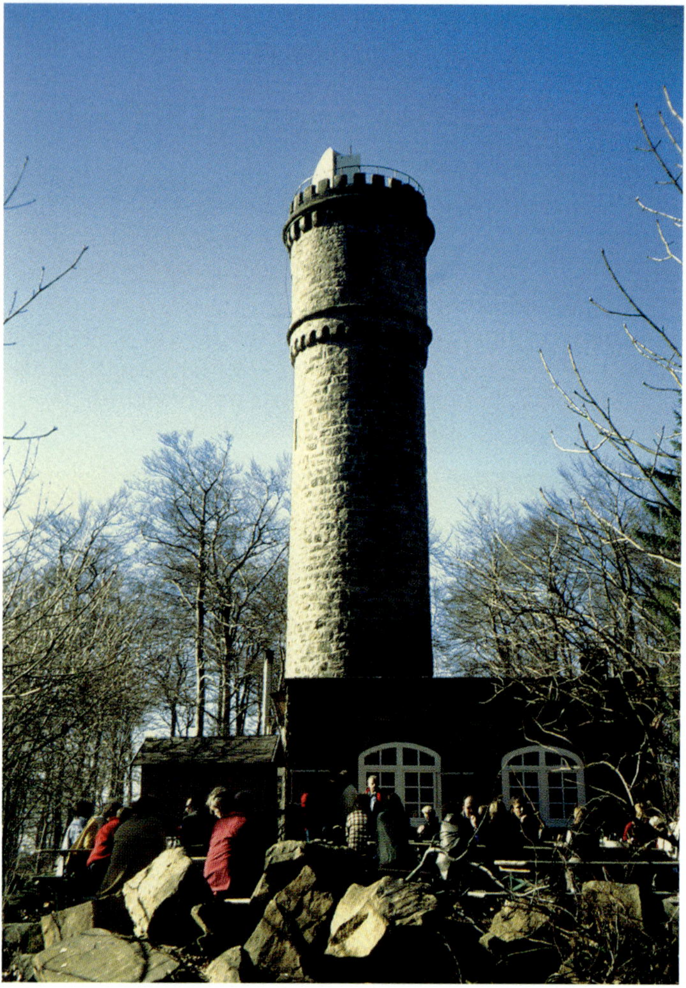

Reger Betrieb am Nordmannsturm

alten Taufe, wir wollen aber direkt zum Kammweg gelangen. Deshalb folgen wir dem schmalen, nach rechts steil ansteigenden Weg, der zum Nordmannsturm ausgeschildert ist. Unterwegs passieren wir die romantische Teufelskammer, ein früheres Steinbruchgelände. Der Erbauer des Nordmannsturms hatte es gepachtet, um aus dem dort gebrochenen Deistersandstein den Bau auszuführen. „TK" steht an einem besonders mächtigen Stein.

Oben treffen wir auf den hier betonierten Kammweg, über den der Europäische Fernwanderweg verläuft. Noch einen halben Kilometer müssen wir jetzt nach rechts gehen bis zum Turm, der in knapp 380 Meter Höhe zum Besteigen und zum Einkehren einlädt. Dann wandern wir in der bisherigen Richtung weiter auf dem Kammweg, bis die befestigte Straße nach 500 Metern nach links abbiegt, während wir geradeaus auf einem mit großen Feldsteinen gepflasterten Weg zum Nienstedter Pass absteigen. Vor dem dortigen großen Parkplatz überqueren wir die Fahrstraße. Wir folgen dem Schild nach rechts, das uns auf einen Fußweg weist, der oberhalb der Fahrstraße nach Nienstedt führt. Er endet direkt bei einem der zwei unteren Parkplätze.

Die Rundwanderung ist nur sieben Kilometer lang bei einem Höhenunterschied von 170 Metern. Durch die zahlreichen Wegweiser wird sie zu einer „Wanderung der kurzen Wege", auch wenn wir knapp zwei Stunden unterwegs sind. Mit dem Nordmannsturm als Ziel ist sie auch für Kinder geeignet.

Wanderaufzeichnungen / Notizen

10 Von Eimbeckhausen ins liebliche Waltersbachtal

Das „Tal der Stühle" zwischen Süntel und Deister

Vermutlich war es der Holzreichtum, der im Deister-Süntel-Raum seit dem Ende des 19. Jahrhunderts eine florierende Möbelindustrie entstehen ließ. Vor allem Stühle wurden in so großer Zahl produziert, dass die Stuhlherstellung zum dominierenden Industriezweig wurde. 1937 gab es im ehemaligen Kreis Springe 43 entsprechende Fabriken und Werkstätten, in denen nahezu 4.000 Beschäftigte täglich 12.000 Stühle und Sessel anfertigten.

Auch noch nach dem Krieg blühte die Industrie. So war das Deister-Süntel-Tal nach 1950 die Stätte der größten Stuhlproduktion Deutschlands mit 22.000 Stühlen täglich. Die meisten der vorwiegend kleinen Betriebe mussten allerdings inzwischen schließen, da der Bedarf an Holzstühlen nachließ und gleichzeitig die preisgünstiger fabrizierende Konkurrenz aus dem süd- und osteuropäischen Raum wuchs.

Als eine Hochburg im „Tal der Stühle" sieht sich der zu Bad Münder gehörende Ort Eimbeckhausen, wo man bereits 1882 die Genossenschaft „Vereintes Stuhlmagazin Eimbeckhausen" gründete. 1930 wurden dort 350 verschiedene Stuhlmodelle gefertigt. Um diese beachtliche Vergangenheit nicht in Vergessenheit geraten zu lassen, hat ein neu gegründeter Verein mit großem Elan ein Stuhlmuseum in Eimbeckhausen eingerichtet, für das der weltweit bekannte Büromöbelhersteller Wilkhahn eine finanzielle Anschubhilfe leistete. Denn auch bei Wilkhahn wurden ursprünglich Holzstühle und -sessel gebaut, während heute Kunststoff und Stahl verwendet werden. Interessant an diesem Unternehmen sind bereits die Gebäude, vor allem die vielfach preisgekrönten zeltartigen Produktions-Pavillons von 1988, die als Musterbeispiel zeitgenössi-

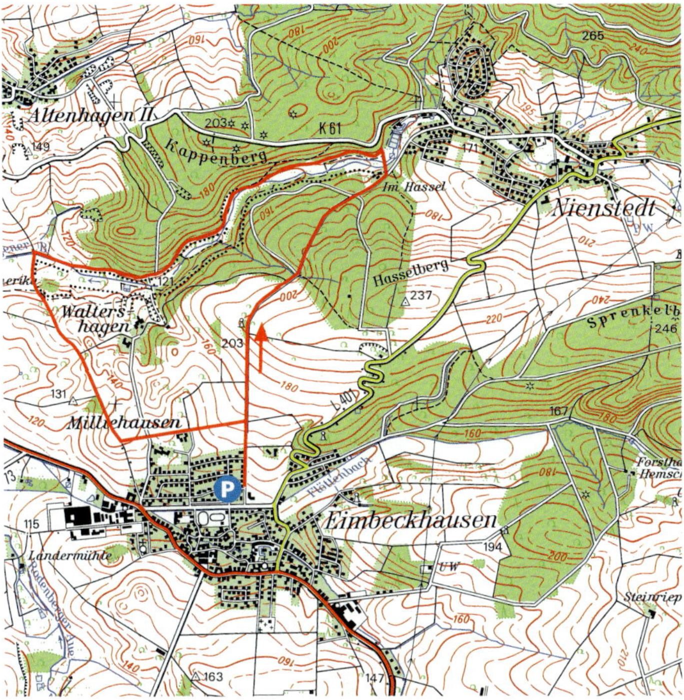

scher Industriearchitektur gelten. Anziehungspunkt für Architekturstudenten sind aber auch die vier Jahre später in Betrieb genommen Hallen, mit denen das ökologische Anliegen der Firma verwirklicht wurde.

Unsere Rundwanderung zum Waltersbachtal beginnt in der Nordfeldstraße. Dorthin biegt der Autofahrer bei der Kirche in die Nienstedter Straße ab, von der die Nordfeldstraße nach rund 500 Metern nach links abzweigt. In der unmittelbar darüber parallel verlaufenden Rosenstraße gibt es ausreichend Parkmöglichkeiten, auch der Bus der Linie 10 Hameln–Lauenau des Nahverkehrs Hameln-Pyrmont hält dort. Auf einer informativen Wanderkarte sind zwei Wanderwege eingezeichnet; wir entschließen uns für den Wanderweg 2.

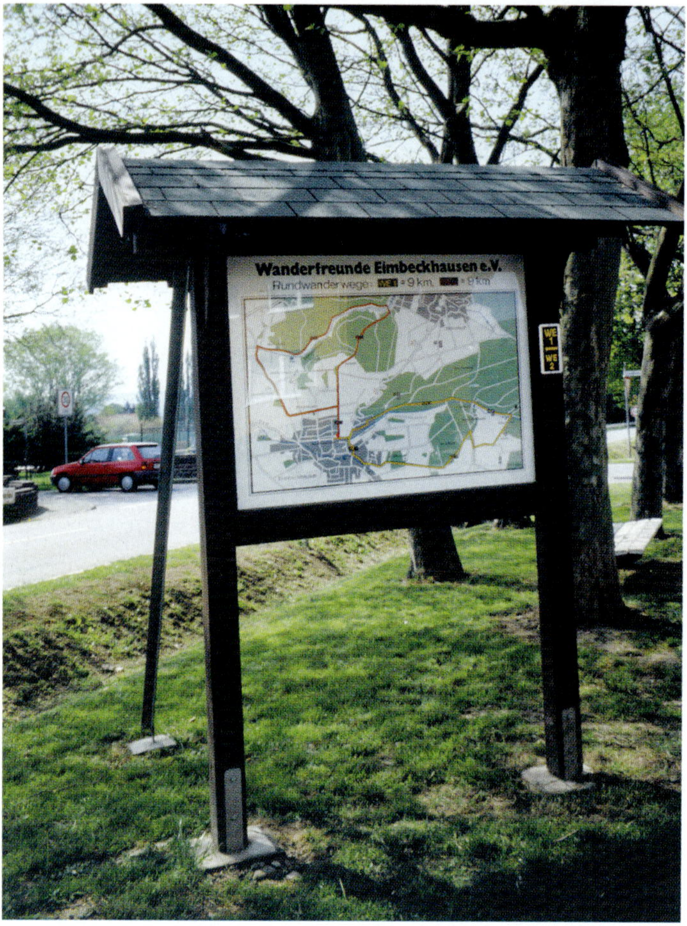

Die Wanderfreunde Eimbeckhausen haben lohnenswerte Rundwege erarbeitet

Dieser ist zuverlässig ausgeschildert und beginnt auf dem Hasselweg neben dem Supermarkt am östlichen Ende der Rosenstraße. Auf ihm wandern wir zwischen Feldern und Wiesen mit zunehmender Fernsicht bergan bis hinauf zum Schlepperplatz am Waldrand. Dort laden Bänke zur ersten Ruhepause ein. Im Hainbuchenwäldchen entdecken wir ein Denkmal aus Findlingen. Jenseits schaut man hinüber zum Wesergebirge, während vor uns der Fernmeldeturm auf dem Deisterkamm aufragt.

Unser Weg führt uns dann bergab und in den Wald hinein, den wir in Richtung Nienstedt durchwandern. Noch im Wald stoßen wir auf das mit blauen Dachziegeln gedeckte „Hasselhaus" und werden am Ende des Grundstücks von einem Holzschild mit dem Hinweis auf den Rundweg 2 nach links über einen Bach auf einen Wiesenpfad geleitet, der zwischen Zäunen hinauf zum Waldrand führt. Dort stößt er auf einen Querweg, dem wir nach links in das Naturschutzgebiet des

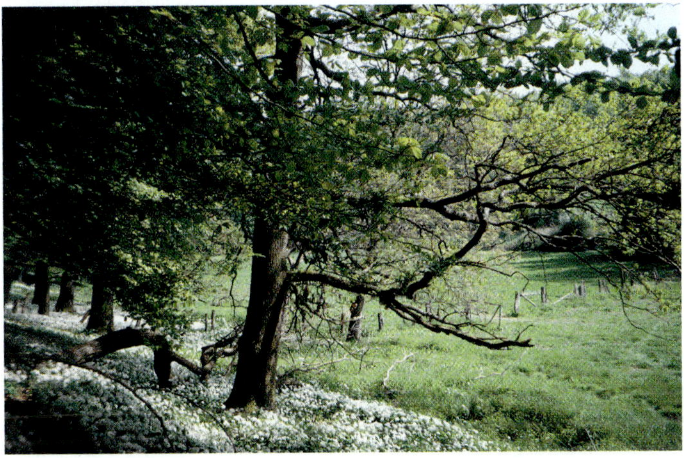

An Sollingtäler erinnert das hübsche Waltersbachtal

Waltersbachtals folgen. Dieses überaus liebliche Tal ist für ortsfremde Naturliebhaber eine völlig unerwartete Überraschung. Mehrere Wanderwege führen hier entlang, vorbei an knorrigen Bäumen und an Blumen im Frühling und Sommer. Andere Wege zweigen nach rechts bergwärts ab. Wir bleiben auf dem Hauptweg bis zum Waldende und kommen dabei am Hexenteich vorbei. Wenig später gelangen wir zu einer Kreuzung und biegen nun nach links ab, um auf der Steinbrücke über den Waltersbach unser schönes Tal zu verlassen und dem Wegweiser entsprechend zurück nach Eimbeckhausen zu wandern.

Wer einen eintönigen Rückweg erwartet hatte, muss sich eines Besseren belehren lassen: Unser Feldweg führt uns über eine Anhöhe, von der wir einen fast totalen Rundblick genießen können. In Ortsnähe von Eimbeckhausen weist uns dann ein Schild auf einen von Apfelbäumen bestandenen Weg nach links. Ehe wir abbiegen, können wir noch einen Blick hinunter auf das Wilkhahn-Werk werfen. Dann geht es an größeren Bauernhöfen vorbei durch die Feldflur zurück auf unseren Anstiegsweg und dort nach rechts wieder auf die Rosenstraße.

Die Rundwanderung ist achteinhalb Kilometer lang bei einem Höhenunterschied von 80 Metern. Wir sind bei diesem sehr lohnenden Ausflug zwei bis zweieinhalb Stunden unterwegs. Einkehrmöglichkeiten bestehen in Eimbeckhausen.

Wanderaufzeichnungen / Notizen

11 Zu den Wasserrädern bei dem Blanke-Teich und zum Annaturm

Der Mathematiker Gauß veranlasste den Turmbau im Deister

Den Deister betrachten die Hannoveraner als ihr bedeutendstes Naherholungsgebiet, zumal er nur 20 Kilometer von der Landeshauptstadt entfernt liegt. Dieser lang gezogene Gebirgszug besitzt einen fast horizontal verlaufenden Kamm, der nur durch den Nienstedter Pass unterbrochen wird.

Zu beiden Seiten dieses Einschnitts gibt es einen Turm. Während der Nordmannsturm im nördlichen Teil wie sein Vorgänger nach dem Erbauer benannt wurde, trägt der Annaturm südlich des Passes auf der höchsten Erhebung des Deister, dem 405 Meter hohen Bröhn, den Vornamen einer Maurermeister-Gattin. Ihr Mann hatte 1879 im Auftrag des Bürgervereins Hannover dort den ersten Aussichtsturm gebaut. Dieser Turm hatte bereits zwei Vorgänger, die allerdings der Landesvermessung dienten. Den ersten veranlasste 1834 der Mathematiker, Physiker und Astronom Carl Friedrich Gauß. 1888 war es der hannoversche Touristenverein, der noch einmal einen hölzernen Aussichtsturm bauen ließ. Doch 1904 wurde dann der Holzturm durch einen eisernen ersetzt, der trotz Kriegswirren bis 1982 seinen Dienst tat. Im selben Jahr noch entstand innerhalb von zehn Tagen die jetzige 30 Meter hohe Betonröhre, deren Wendeltreppe mit ihren 117 Stufen sehr gut zu begehen ist. Der Blick von der Plattform auf den Kamm und die Bergwelt jenseits des Sünteltals, vor allem aber in die norddeutsche Tiefebene, ist hinreißend.

Unsere Rundwanderung in den Deister hat aber auch noch andere Besonderheiten aufzuweisen. Beim Anstieg kommen wir an dem idyllisch gelegenen Blanke-Teich vorbei, der in dem vom früheren Bergbau ge-

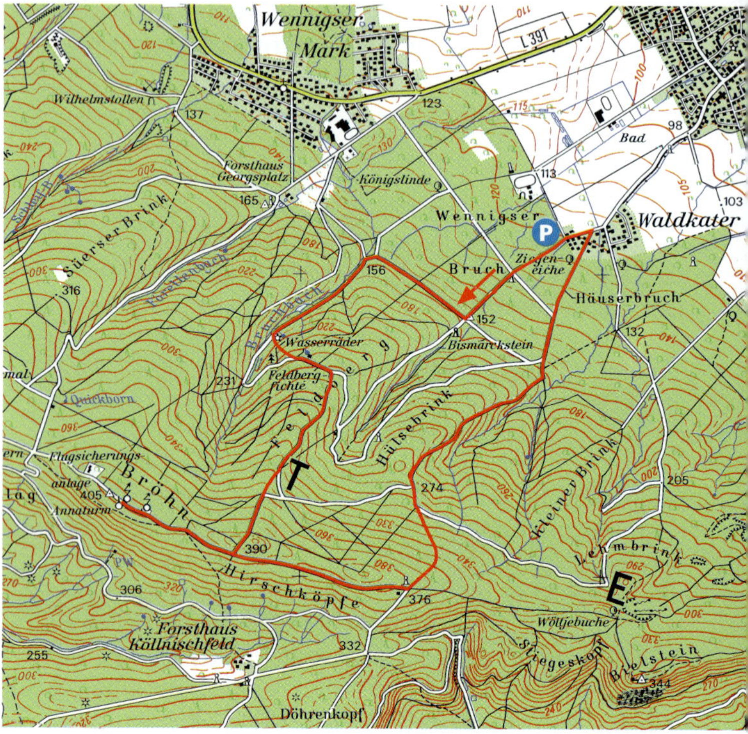

prägten Gelände durch Einbrüche alter Gruben entstanden ist. Unweit davon begeistern während der Sommermonate gut zwei Dutzend mechanisch betriebene Spielzeuganlagen junge und alte Besucher. Die von der unermüdlichen Bastlergemeinschaft Wennigsen betreuten kleinen Kunstwerke werden über Wasserräder von einem steil abfallenden Bächlein in Bewegung gehalten. Und schließlich wandern wir noch zur Laube, einem der zahlreichen Ziele auf dem Deisterkamm.

Ausgangspunkt ist der zu Wennigsen gehörende Ortsteil Waldkater, wo es einen geräumigen Wanderparkplatz gibt. Der Autofahrer biegt von der Bundesstraße

217 beim Steinkrug Richtung Barsinghausen ab und fährt in Wennigsen in Richtung Ortsmitte. Auf der Hauptstraße geht es nach links weiter und dann geradeaus bis zum Waldkater. Dort halten wir uns rechts. Im Öffentlichen Nahverkehr ist Wennigsen mit der S-Bahn-Linie Hannover–Haste erreichbar, gegebenenfalls durch Umsteigen in Weetzen an der S-Bahn-Linie Hannover–Paderborn. Vom Bahnhof aus braucht man nicht bis zum Waldkater zu gehen, sondern kann durch den Ort, vor dem Kloster nach rechts abbiegend und vorbei am Schwimmbad, direkt zum Waldrand gelangen, den man beim Stadion erreicht. Der dort bergwärts führende Wanderweg trifft nach etwa 1,3 Kilometer auf unseren Rundweg.

Am Wanderparkplatz zeigt uns ein Wegweiser die Richtung zu den Wasserrädern und zum Kamm. Auf dem breiten Forstweg geht es leicht bergan bis zum zweiten Querweg. Wieder orientieren wir uns am Hinweis auf die Wasserräder und halten uns rechts. Ehe dieser Forstweg nach links führt, kommt von rechts der beschriebene Weg vom Bahnhof herauf. Jetzt lässt die zerklüftete Landschaft mit den bereits von Bäumen bewachsenen Halden deutlich die Bergbautätigkeit der vergangenen Jahrhunderte erkennen. Ein Schild erklärt uns, dass die erste Steinkohle im Deister bereits 1642 hier am Bröhn gefördert wurde. Tafeln und Sitzgruppen gibt es dann am Blanke-Teich, und wenig später zeigt das Gelände rund um die klappernden Wasserräder, dass diese ein besonders beliebtes Ziel im Deister sind. Auch nach dem jahreszeitlich bedingten Abbau der technischen Attraktionen, die nur von Mai bis Anfang Oktober zu bewundern sind, nutzen Wanderer den einladenden Platz zur Rast.

Nach einer Spitzkehre unseres Wegs bestimmen Fichten das Bild des Waldes. Rechts von uns steigt der Feldberg an, den wir im Bogen auf dem Eltenweg umwandern. Dieser ist nach einem königlichen Jäger benannt, der seinen Kampf gegen die Wilderei 1835

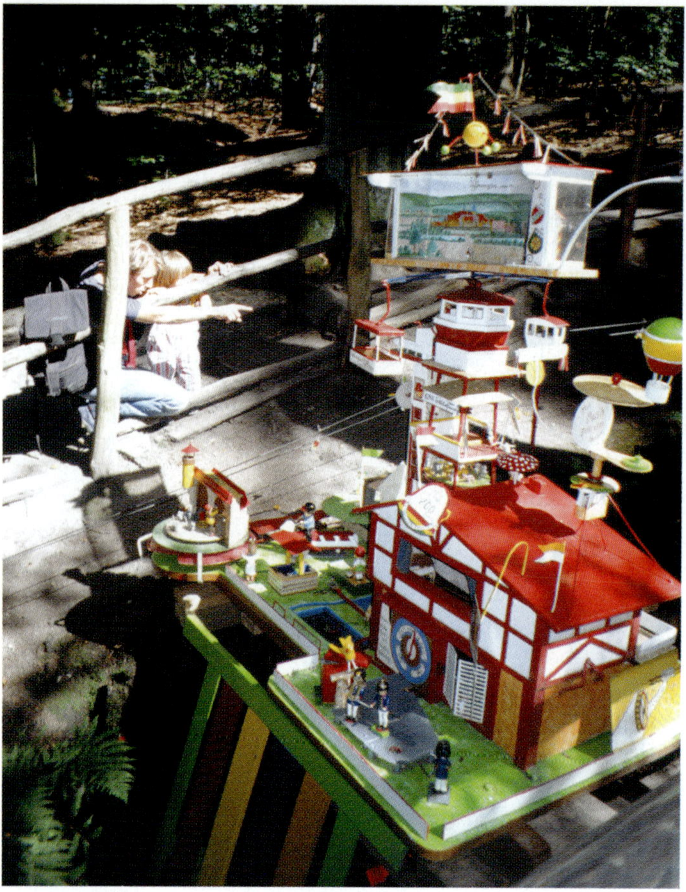

Nur während der Sommermonate klappern die Wasserräder der lustigen Spielzeuganlagen

mit dem Leben bezahlen musste. Auf diesem Weg, der in einer großen Serpentine zurück zum Waldkater führt, könnten wir unseren Ausflug beenden. Unbedingt empfehlenswert aber ist der Aufstieg zum Kamm und zum Annaturm bei der Gabelung nach rechts entsprechend der Ausschilderung. Jetzt steigen wir zügig

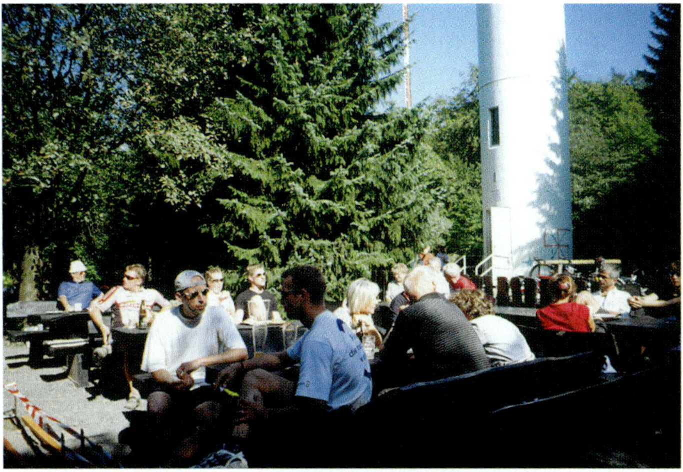

Am Annaturm ist das ganze Jahr über Saison

an über einen Querweg und schließlich über die Höhe hinweg, denn der Kammweg verläuft jenseits etwas unterhalb des Kamms. Auf ihm gehen wir jetzt noch 900 Meter nach rechts bis zum Annaturm, vorbei an einem nach links abzweigenden Wald-Informationspfad und an zwei Masten der Deutschen Flugsicherung auf der rechten Seite. Am Annaturm herrscht ganzjährig Betrieb, erstaunlich viele Familien sitzen an den Tischen im Freien oder in der gemütlichen Hüttenstube der Gaststätte.

Auf dem Rückweg wandern wir auf dem Kammweg zurück und an unserem Aufstiegsweg vorbei zur Laube, zwei Kilometer vom Annaturm entfernt. Nur noch das kreisförmige Fundament steht von der den Namen gebenden Laube. Dafür gibt es eine Schutzhütte, Sitzgruppen, eine Wandertafel und einen Gedenkstein von 1954 zum 200-jährigen Bestehen einer Forstgenossenschaft. Sternförmig gehen von dem Platz aus Wege ab. Wir gehen auf dem einzigen Wanderweg ohne Wegweiser nach links bergab. Es ist die Münder

Heerstraße, die von Bad Münder über den Deister nach Wennigsen führt und uns zurück zum Waldkater bringt. Zum Parkplatz müssen wir allerdings die ansprechende kleine Siedlung im spitzen Winkel umlaufen.

Die Rundwanderung ist neun Kilometer lang bei einem Höhenunterschied von 285 Metern. Wir sind drei Stunden unterwegs ohne Aufenthalt am Turm. Dort kann eingekehrt werden, montags ist allerdings Ruhetag. Der Ausflug ist auch für Familien geeignet.

Wanderaufzeichnungen / Notizen

12 Von Springe aus zur Deisterpforte

Der Gebirgssattel wurde zum Tal

Die Deisterpforte südöstlich der Stadt Springe ist so etwas wie die kleine Schwester der Porta Westfalica bei Minden. Beides sind Einbrüche und Auswaschungen in einem ursprünglich zusammenhängenden Gebirgszug – hier Großer und Kleiner Deister, dort Weser- und Wiehengebirge. Und bei beiden ist nur eine der beiden Flanken als „Pforte" bekannt, bei der Porta Westfalica die westliche Begrenzung mit dem Denkmal Wilhelms II. auf dem Wittekindsberg, in Springe der Ausläufer des Großen Deister mit dem Ebersberg im Norden des Tals. Wo heute die Bahnlinie und die Bundesstraße durch die Deisterpforte führen und die Haller ein unbedeutendes Flüsschen ist, wölbte sich vor etwa 70 Millionen Jahren ein Gebirgssattel auf, der durch Spannungen im Gestein im Scheitel brach und einsank. Die Wasser der ehemals sehr viel mächtigeren Haller räumten dann die Abtragungen aus.

Zwei Wahrzeichen kennzeichnen die Nordflanke der Deisterpforte, zum einen der weithin sichtbare Umsetzer auf dem Ebersberg, zum anderen die während der Dunkelheit hell leuchtende, überdimensionale Glühbirne des Heinrich-Göbel-Denkmals oberhalb der neuen Bebauung im Westen der Stadt Springe. Beide liegen an unserem Rundweg, der an der Göbel-Bastei mit eben jenem Denkmal beginnt. Dorthin fährt der Autofahrer nach der Abfahrt von der Bundesstraße 217 von der Straße Auf der Burg nach links in die Echternstraße, dann noch einmal nach links in die Straße Zum Oberntor. Bei der Kreuzung wird er von einem geschnitzten Schild zur Deisterpforte gewiesen. Oberhalb des Denkmals für den berühmten Sohn der Stadt, der 1854 (und damit lange vor Edison) die elektrische Glühlampe erfand, gibt es an der Zufahrtsstraße zur

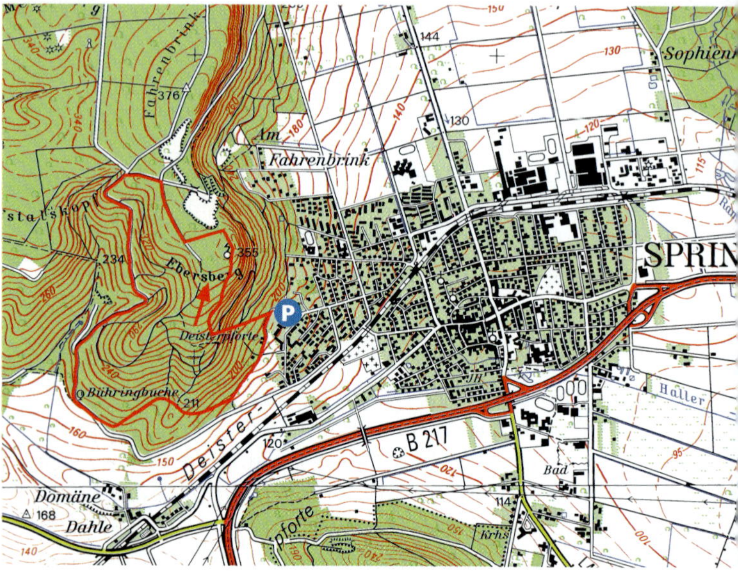

Ausflugsgaststätte Deisterpforte eine kleine Parkbucht, die sich zum Abstellen des Wagens eignet. Der mit der S-Bahn Hannover–Paderborn anreisende Wanderer kann die gut drei Kilometer lange Strecke vom Bahnhof zur Göbel-Bastei mit einem Bus der Stadtverkehrs-Linie 301 (Regiobus Hannover GmbH, Zweigstelle Eldagsen) zurücklegen.

Nach dem Genuss des Weitblicks von der Bastei aus gehen wir ein Stück auf der Fahrstraße zurück, bis kurz vor der Kurve zwei Wege in den Wald führen. Wir wählen den schräg nach links ansteigenden Wanderweg, überqueren einen anderen und folgen dem Fernwanderzeichen XE 1 und der Beschilderung nach Köllnischfeld.

Bis zum Sendemast auf dem 355 Meter hohen Ebersberg geht es ziemlich steil bergan. Dann führt unser Wanderweg an einem ehemaligen Steinbruchgelände vorbei, das wir rechts liegen lassen, um weiter

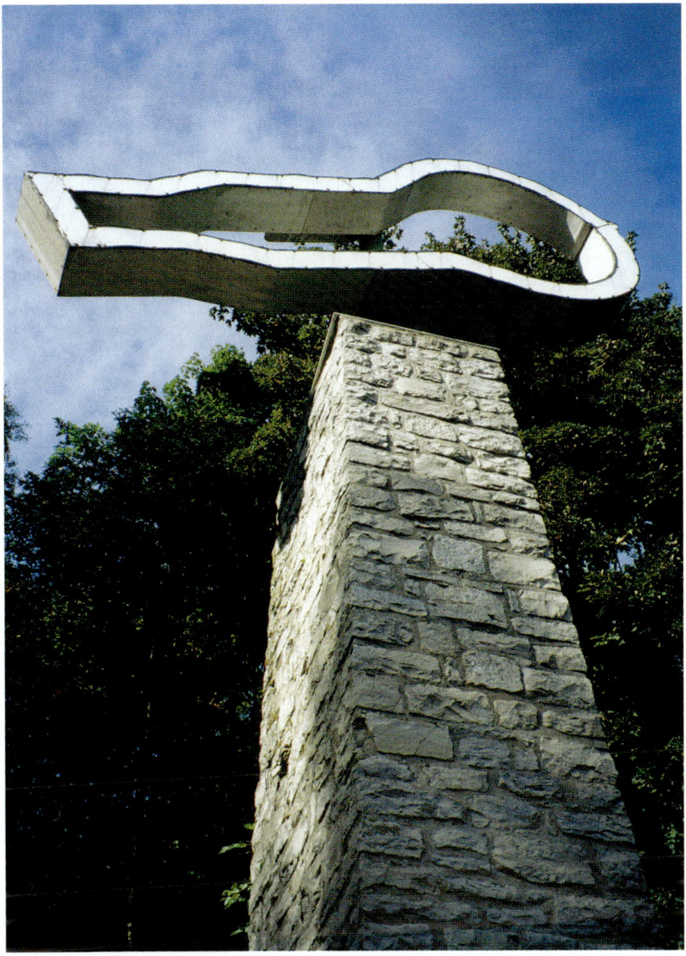

Eine überdimensionale Glühbirne erinnert an ihren eigentlichen Erfinder

dem Fernwanderweg zu folgen, zunächst in Richtung Köllnischfeld, später, wenn uns ein Wegweiser diese Möglichkeit aufzeigt, nach links zur Ziegenbuche und nach Bad Münder.

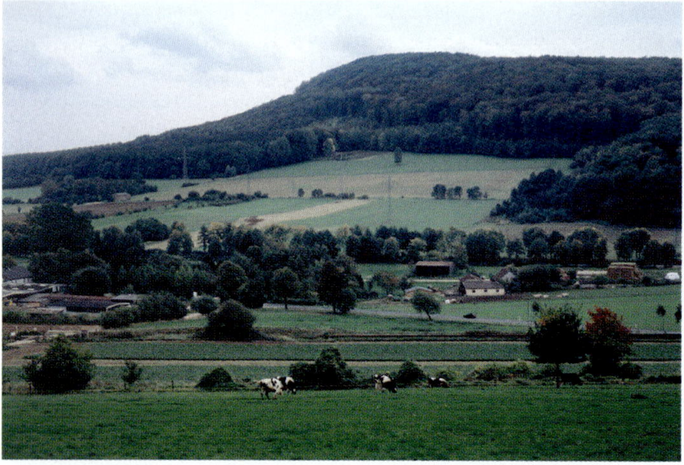

Vom Rastplatz Bühringbuche schauen wir hinüber zum Nesselberg

Recht geruhsam geht es jetzt am Westhang des Ebersbergs bergab. Links vom Weg gibt es ein paar kleinere Steinbrüche, während rechts unter uns das Wolfstal steil abfällt. Jenseits des Tals steigt der Wolfstalskopf an. Schließlich erreichen wir den Waldrand bei der neuen Karl-Hiller-Hütte, die nach einem Brand der alten Schutzhütte originalgetreu wieder aufgebaut wurde. Die Bühringbuche, die dem schönen Rastplatz am südlichen Deisterrand ihren Namen gab, ist übrigens gleich in doppelter Zahl vorhanden. Schön ist der Blick von hier in eine ruhige und doch abwechslungsreiche Landschaft mit der Domäne Dahle im Vorder- und dem Nesselberg im Hintergrund. Unsere Wanderung verläuft jetzt ein kurzes Stück nach links am Waldrand entlang. Dann leiten uns ein Wegweiser und das Zeichen des Fernwanderwegs schräg nach links in den Wald hinein. Das letzte Stück des Rückwegs nach Springe bleibt in Waldrandnähe und wirkt wie ein Promenadenweg mit Bänken und Ausblicken hinüber zum Kleinen Deister. Bei einer Kreuzung können wir dann entweder nach rechts hinunter zum Bahnhof Springe oder geradeaus zurück zur Göbel-Bastei gehen, vorbei an dem hübschen Fachwerk-Ensemble der Gaststätte Deisterpforte (Dienstag Ruhetag).

Dort kann man sich nach der knapp zweistündigen Wanderung stärken, die nur sechs Kilometer lang ist bei einem Höhenunterschied von rund 180 Metern. Empfehlenswert ist aber auch ein Besuch des Fachwerk-Städtchens mit weiteren Gaststätten am Marktplatz und in der Fußgängerzone.

Wanderaufzeichnungen / Notizen

13 Vom Jagdschloss Springe aus in den Saupark

Eine Mauer als Bau- und Naturdenkmal

Mauern scheinen auf den Menschen eine eigenartige Faszination auszuüben, zumindest, wenn sie überwindbar geworden sind. Zwar hat unsere Region keine Mauer von der Berühmtheit der Berliner oder gar der Chinesischen Mauer aufzuweisen. Doch als ein besonderes Bau- und Naturdenkmal wird jene Mauer gewertet, die in einer Länge von 16,3 Kilometern den Saupark südlich von Springe umschließt. Zwei Meter hoch und mit einer Stärke von 60 Zentimetern umfriedet sie ein Gebiet, das einst den hannoverschen Königen und – nachdem Hannover 1866 zu Preußen kam – den deutschen Kaisern als Jagdrevier diente. Es wird übrigens auch heute noch als solches genutzt.

1839 wurde die Mauer um ein 16 Quadratkilometer großes Gelände fertig gestellt, das sich über den gesamten Kleinen Deister und einen Teil des angrenzenden Nesselbergs erstreckt. Aus nahe gelegenen kleinen Steinbrüchen holte man dafür den Jura-Kalkstein, der im südlichen Teil plattig gebrochen und als Trockenmauer errichtet werden konnte, sonst als grober Bruchstein mit Kalkmörtel vermauert werden musste. Ehe die Mauer endgültig geschlossen wurde, drückten Treiber zusätzlich Rot- und Schwarzwild in das ohnehin wildreiche Gebiet.

Das Jagdschloss Springe im Norden des Sauparks wurde 1840 unter König Ernst August von Hannover nach den Plänen des aus Uslar stammenden Oberhofbaudirektors Georg Friedrich Ludwig Laves erbaut. Das schöne klassizistische Gebäude am Rand einer großen Wiese ist unbedingt einen Besuch wert, schon seiner Decken- und Wandmalereien, vor allem aber der natur- und jagdkundlichen Ausstellung wegen.

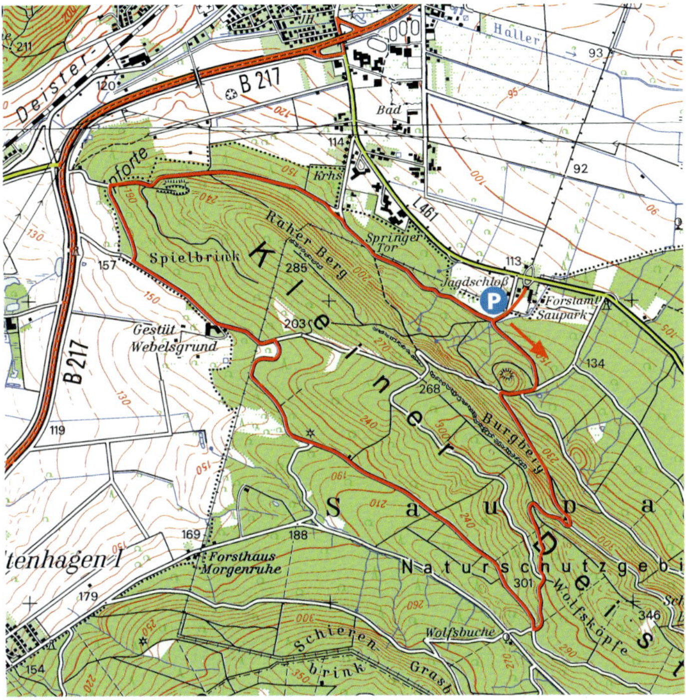

Für unsere Rundwanderung durch den Saupark starten wir bei dem weitläufigen Parkplatz am Jagdschloss an der Fahrstraße von Springe nach Eldagsen. Dorthin biegt der Autofahrer in Springe von der Bundesstraße 217 nach Süden ab, den Hinweisen zum Wisentgehege und zum Jagdschloss folgend. Busbenutzern steht die Linie 385 Springe–Eldagsen der Regiobus Hannover GmbH, Zweigstelle Eldagsen, vom Bahnhof Springe aus zur Verfügung. Springe liegt an der S-Bahn-Strecke Hannover–Paderborn.

Die Tore des Sauparks müssen im Allgemeinen nicht mehr auf Leitern überstiegen werden. Für die zahlreichen Besucher sind Türen eingebaut worden. Wir werden einige passieren; die erste führt uns vom Parkplatz aus in das Sauparkgelände. Bei der Kreu-

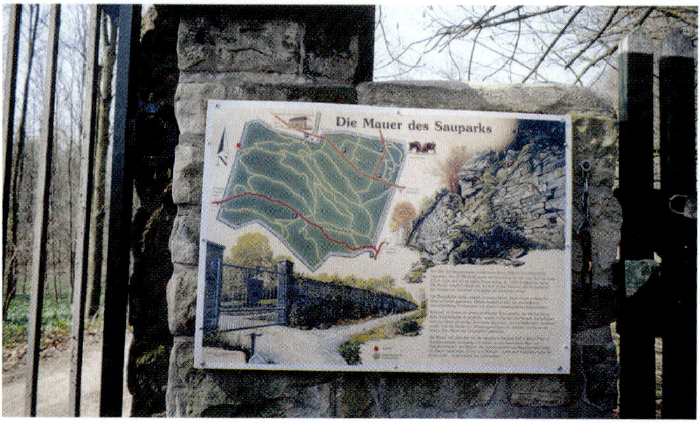

Vielfältig sind die Informationen im Saupark

zung halten wir uns links, da wir zunächst den Hallermundskopf ersteigen wollen, einen vorgelagerten Bergkegel, der seit dem 12. Jahrhundert mit der Burg Hallermund den Mittelpunkt der gleichnamigen Grafschaft bildete. Über die wechselvolle Geschichte der Burg wird der Wanderer auf Informationstafeln am Fuß der ehemaligen Höhenburg unweit einer Sitzgruppe am Wanderweg und auch oben auf dem 219 Meter hohen Plateau belehrt, wo es einst neben den üblichen Verteidigungsanlagen auch eine Kapelle und eine Schmiede gegeben haben soll.

Nach dem Abstecher wandern wir, einem der vielen zuverlässigen Wegweiser folgend, von der Kreuzung aus nach links schräg hinauf zum Kamm in Richtung Wolfsbuchen. Nach einer scharfen Rechtskurve erreichen wir den Kamm des Burgbergs, eine der höchsten Erhebungen im Kleinen Deister, und steigen auf der anderen Seite wieder hinab. Jenseits eines Tales liegt der Nesselberg vor uns. Unten erwartet uns eine liebliche Wiesenlandschaft, und im großen Rechtsbogen würden wir den beliebten Rastplatz bei den Wolfsbuchen erreichen.

Doch wir wählen bereits den ersten Forstweg nach rechts am Anfang der Waldwiese, der lediglich zur Wildfütterung ausgeschildert ist. Er führt uns durch den Langen Grund, vorbei an einer Vielzahl von (winterlichen) Futterstellen und gleichzeitig vielen Jagdständen. Beeindruckend sind die Kastanienbäume unterschiedlichen Alters, die als Mastbäume für das Wild

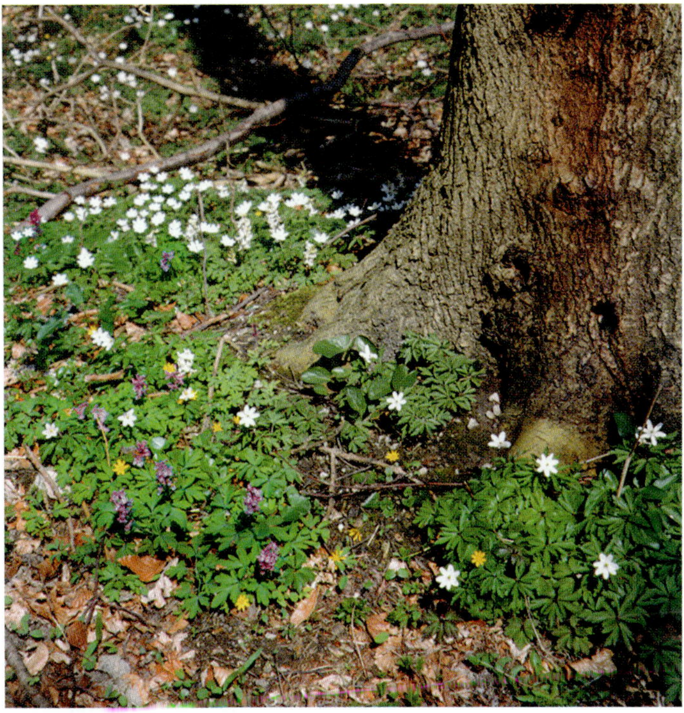

Frühlingsblüher in Waldrandnähe

den Weg säumen. Bei einem hübschen Bruchsteinhaus befindet sich noch einmal eine Wildfütterung; wenig später stoßen wir auf die Kehre des von den Wolfsbuchen hierher führenden Forstwegs. In unserer bisherigen Richtung wandern wir nun ein Stück an der Sauparkmauer entlang, ehe der Weg nach rechts hinunter in ein kleines Tal schwenkt. Wir biegen jedoch sogleich wieder nach links ab und verlassen den Saupark bei einem Tor, nachdem wir dort die Informationstafel über die Umfassungsmauer studiert haben.

Jenseits der Mauer erwartet uns das Gestüt Webelsgrund mit dem ansprechenden Fachwerkensemble. Vom Waldrand aus schauen wir dann hinüber zum Katzberg, ehe wir bei einer Wanderkarte nach rechts in Richtung Springe ansteigen. Später lassen wir uns von den Wegweisern zum Jagdschloss leiten und gehen weiter bergan. Dann stehen wir an einem kleinen Steilhang. Hier können wir uns klar machen, dass auch dieses ein Teil der Deisterpforte ist, obwohl das Gegenstück jenseits des Hallertals am Großen Deister wesentlich beeindruckender wirkt.

Später sehen wir die Stadt Springe mit ihren roten Dächern vor dem Deistermassiv liegen und werden noch einmal zum Jagdschloss gewiesen. Wieder passieren wir die Mauer und ein Stück düsteren Fichtenwalds, ehe wir das letzte Wegstück bis zum Ausgangspunkt durch ein besonders lichtes und liebliches Wald- und Wiesengelände zurücklegen, das wieder von Kastanien geprägt ist.

Die Rundwanderung ist knapp zwölf Kilometer lang bei einem Höhenunterschied von rund 225 Metern. Wir sind drei bis dreieinhalb Stunden unterwegs. Die Wanderung ist zu jeder Zeit empfehlenswert. Im Frühling und Herbst ist die Natur besonders reizvoll; dafür sind im Winter mehr Tiere zu beobachten. Für einen abschließenden Besuch des Jagdschlosses: Von April bis Oktober sind die Öffnungszeiten dienstags bis sonntags von 10 bis 17 Uhr, im Winterhalbjahr nur bis 16 Uhr.

14 Zur Kukesburg und zu den Wolfsbuchen

Wo einst die Riesen wohnten

Unsere Region ist reich an Kulturdenkmälern. Nicht zufällig wird sie von der Straße der Romanik und jener der Weserrenaissance durchzogen. Daneben gibt es aber auch zahlreiche Burganlagen, die zum Teil noch aus germanischer Zeit stammen, besonders häufig aber um die erste Jahrtausendwende oder in den Jahrhunderten danach entstanden. Sie wurden als Wohnsitz oder Fliehburgen der oft rivalisierenden Edelherren, Grafen und Fürsten erbaut. Viele von ihnen sind einen Besuch wert, vor allem, wenn Informationstafeln den Besucher mit der Geschichte konfrontieren. Dazu gehört auch die Kukesburg im Westen des Nesselberges, obwohl sie nicht denkmalgeschützt ist und oberhalb von Altenhagen ein gewisses Schattendasein führt. Kein Hinweisschild macht den Wanderer von der Forststraße aus auf die Anlage aufmerksam, und ihre Pflege ist allein der Forstverwaltung vorbehalten. Dennoch lohnt bei unserer Rundwanderung ein Abstecher in das weiträumige Gelände.

Der Name Kukesburg wurde im Jahre 1007 zum ersten Mal urkundlich erwähnt, er soll so viel wie Grenzburg bedeuten. In der Tat lag die Burg an der Grenze der früheren sächsischen Stammesteile Engern und Ostfalen, was in späterer, christlicher Zeit jener Grenze zwischen den Bistümern Minden und Hildesheim entsprach. Im Volksmund wird die Burg auch als Hünenburg bezeichnet, entsprechend einer Sage, nach der sie einst von Riesen bewohnt war. Sie sollen schließlich die Burg zerstört und die Felsbrocken auf Altenhagen geschleudert haben. Der letzte der Riesen habe schließlich einen Stein auf sich selbst gewälzt und damit seinem Leben ein Ende gesetzt. Gesichert scheint dagegen die Annahme, dass die einzelnen

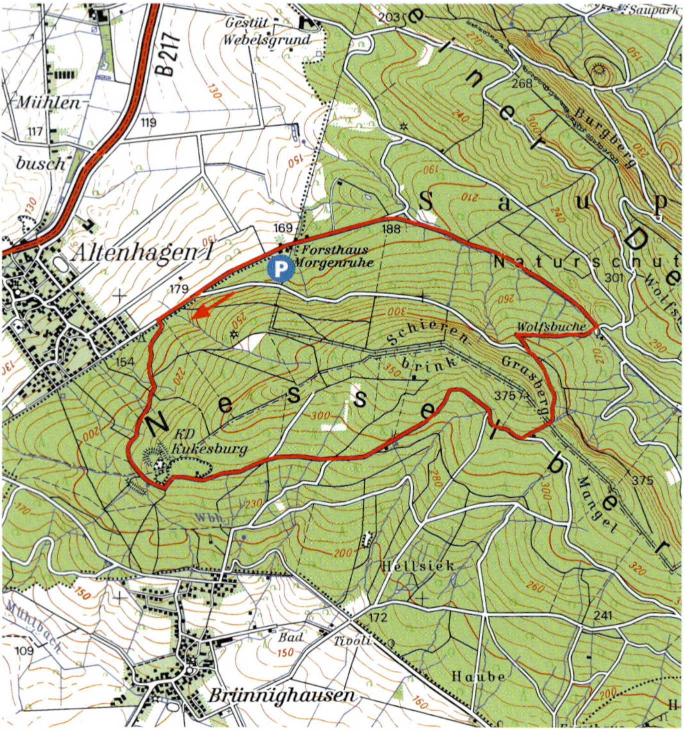

Burgteile aus unterschiedlichen Perioden stammen. Während eine ältere Umwehrung aus einer einfachen Erdaufschüttung besteht, wird die jüngere von einer anderthalb Meter dicken Mauer gebildet. In diese spätere Anlage wurde geschickt eine Felsengruppe einbezogen, durch die bis zum heutigen Tag ein noch immer begehbarer Tunnel verläuft.

Unsere Rundwanderung soll uns auch in den Saupark führen. Ausgangspunkt ist der „Kleine Waldparkplatz" beim Forsthaus Morgenruhe im Westen des Sauparks nahe der Parkmauer. Von der Bundesstraße 217 biegt der Autofahrer dorthin in Altenhagen in die Deisterstraße ab, hält sich sogleich bei der Gabelung links, um dann auf der Wittekindstraße bergwärts zu fahren bis zum Waldrand. Dort verläuft eine befestigte Straße, der wir nach links folgen bis zu dem Waldparkplatz. Benutzer des öffentlichen Nahverkehrs fahren

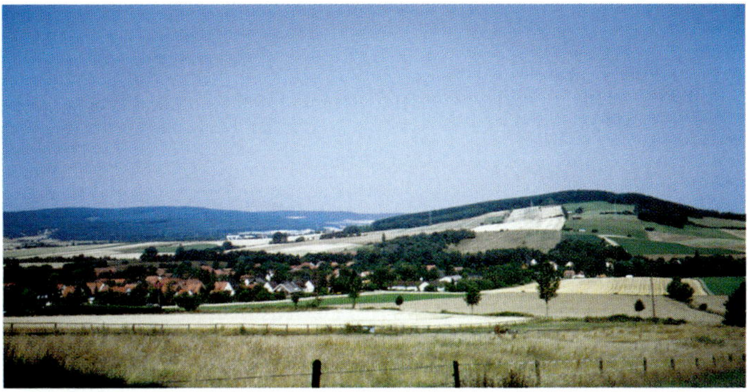

Vom Nesselberg aus geht der Blick über Altenhagen und den Katzberg bis zum Süntel

vom Bahnhof Springe (S-Bahn-Strecke Hannover–Paderborn) mit der Linie 381 Springe–Altenhagen der Regiobus Hannover GmbH (RVH), Zweigstelle Eldagsen, nach Altenhagen. Sie gehen am Waldrand nur bis zu der Wanderkarte, wo sie von einem Wegweiser hinauf zur Kukesburg gewiesen werden. Die Autofahrer wiederum wandern zunächst bis zu diesem Punkt auf der Straße zurück, um dann ebenfalls im Wald anzusteigen.

Nach einem reichlichen Kilometer kommt nach einer leichten Linkskurve ein grasbewachsener Weg von rechts hoch, der vor einem Bergkegel auf der linken Seite der Forststraße auch links weiter verläuft, jetzt allerdings weniger deutlich. Hier ist der erste Einstieg in das Gelände der Kukesburg. Allerdings sollte man den links von dem stets sumpfigen Talweg führenden Pfad benutzen. Er führt leicht bergan zu einer Gruppe von Felsen, die durchaus zu Spekulationen über die Machenschaften der Riesen verleiten können. Da das gesamte Gelände im Naturschutzgebiet liegt, sollte der Besucher auf einen Erkundungsgang entlang der Wälle verzichten und zunächst zum Forstweg zurückkehren. Der umgeht den Bergkegel in einer Linkskurve, an deren Ende wir zum Haupteingang der Burganlage gelangen mit der imposanten Felsengruppe und dem darin befindlichen Felsentor. Wer den Tunnel durchlaufen will, muss sich zuletzt allerdings bücken! Interessanter ist es ohnehin, links davon über Stufen hinauf auf den Wall zu steigen und das Gelände von oben zu betrachten. Die Informationstafel, die früher bei den beeindruckenden Steinbrocken stand, soll hier im Hauptbereich neu aufgestellt werden.

Gute und neue Tafeln gibt es übrigens reichlich auf unserem weiteren Wanderweg, den wir jetzt in der bisherigen Richtung fortsetzen, vorbei an einem stillgelegten Steinbruch mit hochwertigem Sandstein. Wir folgen auf unserem weiteren Weg bei Abzweigungen den Wegweisern zum Hirschtor und den Wolfsbuchen, steigen gemächlich an und werden schließlich nach links hinauf zu dem Tor geführt. Wir sind jetzt auf dem Kamm des Nesselbergs, links von uns steigt er auf 378 Meter an. Auf dem Kamm verläuft die Mauer des Sauparks, die wir nun passieren müssen. Zuvor lohnt es sich aber, die Schautafel über Grenzsteine zu betrachten, zumal ein eindrucksvolles Exemplar von 1767 deutlich sichtbar in der Nähe steht. Es zeigt auf der einen Seite die Wolfsangel des Herzogtums Calenberg – später Königreich Hannover – und auf der anderen das Emblem der Grafschaft Spiegelberg, nämlich zwei Geweihstangen.

Beim Abstieg sehen wir jenseits des Tals den Kleinen Deister aufragen. Unten treffen wir auf den großzügig angelegten Rastplatz Wolfsbuchen, der einer Tafel zufolge bereits 1668 erwähnt wird. Vermutlich war er ein Treffpunkt der Jäger, die das Wild – neben Hirschen und Wildschweinen auch Bären und Wölfe –

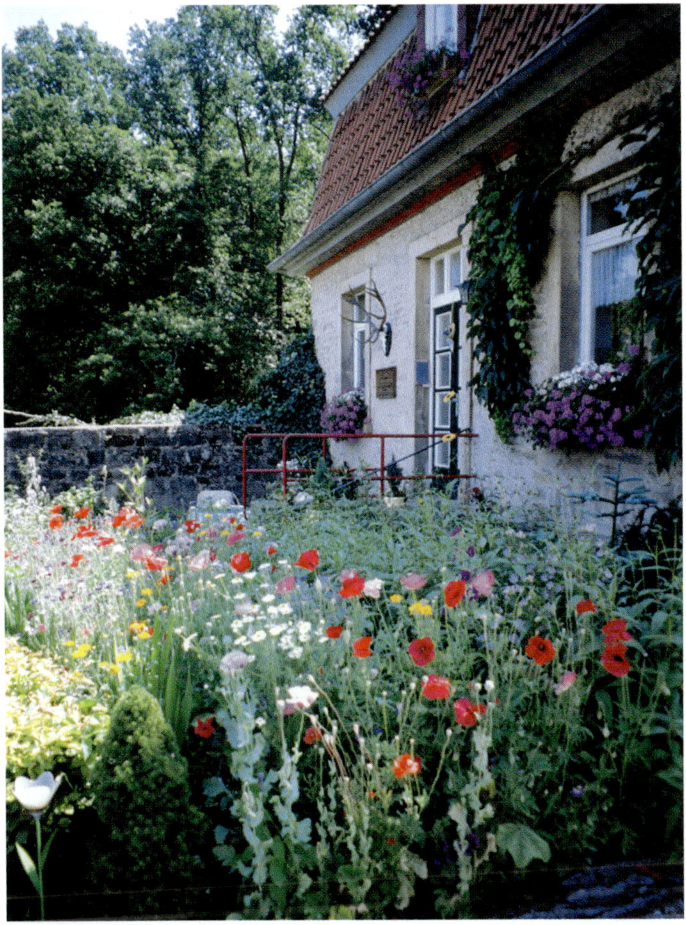

Am Ende unserer Wanderung kommen wir am Forsthaus Morgenruhe vorbei

mit Leithunden aufspürten und dann zu Pferde mit Hundemeuten erlegten. Die heutigen Buchen, die dem Platz noch immer den Namen geben, sind übrigens fast 250 Jahre alt. Beliebt als Ausgangspunkt für Wanderungen ist der Parkplatz an einer tagsüber für Autos zugelassenen Forststraße durch das Tal, die vom Forsthaus Morgenruhe im Westen zum Forsthaus Jägerhaus am östlichen Rand des Sauparks führt. Auf ihr gehen wir nach links auf der von prächtigen Kastanien gesäumten Allee, begleitet von dem Schwarzen Bach und seinen Nebentälern.

So kommen wir zurück zu unserem Ausgangspunkt außerhalb des Sauparks, vorbei an dem liebevoll gepflegten Grundstück des Forsthauses. Während die Autofahrer nur bis zu dem dortigen Parkplatz zu gehen brauchen, wandern die „Öffis" am Waldrand bis Altenhagen und freuen sich des besonders schönen Blicks hinüber zur Deisterpforte.

Die knapp dreistündige Wanderung ist neun Kilometer lang bei einem Höhenunterschied von 180 Metern. Mit Ausnahme des Burggeländes benutzen wir ausschließlich befestigte Wege, so dass der Ausflug zu jeder Jahreszeit möglich ist. Einkehrmöglichkeiten bestehen allerdings nur in Altenhagen.

Wanderaufzeichnungen / Notizen

15 Durch die Drachenschlucht zum Hohen Stuhl im Osterwald

Die Geologie bestimmt das bizarre Erscheinungsbild

Der Osterwald, der mit dem Kleinen Deister und dem Nesselberg ein durch einen Pass unterteiltes Gebirgsmassiv bildet, hat zwei ganz unterschiedliche Gesichter. Während der südliche, höhere Teil eher lieblich wirkt, überrascht der Norden den Wanderer mit einer geradezu bizarren Landschaft. Scheinbar zusammengeschobene, schroffe Bergrücken werden durch schluchtartige Täler getrennt – eine Topografie, die nach dem Kartenstudium zum Erkunden einlädt. Der Grund dafür liegt in der Geologie der gesamten Gebirgsgruppe begründet: Während im Süden der so genannte Wealdensandstein ansteht – übrigens in einer Qualität, die dem Obernkirchener Sandstein gleicht – besteht der Norden aus Jurakalk. Die geologische Grenze bildet in etwa der Gehlenbach, an dem entlang wir zurücklaufen werden.

Dass auch der Kalkstein in großen Mengen abgebaut wird, beweist nicht zuletzt der still gelegte und seit 1986 unter Naturschutz gestellte riesige Steinbruch bei der Holzmühle. Dort befindet sich der Parkplatz, von dem aus wir unsere Rundwanderung starten. Die Holzmühle, heute eine besonders bei Familien beliebte Ausflugsgaststätte an einem kleinen See, liegt am nördlichen Ende der Passstraße, die von Coppenbrügge über Dörpe nach Eldagsen führt. Ein Bus verkehrt dort nicht; die Linie 385 Springe–Eldagsen der Regiobus Hannover GmbH (RVH), Zweigstelle Eldagsen, hält beim Forsthaus Mühlenbrink gut zwei Kilometer nördlich.

Vor dem Naturschutzgebiet, in dem langfristig die natürliche Entwicklung der Vegetation auf den Ab-

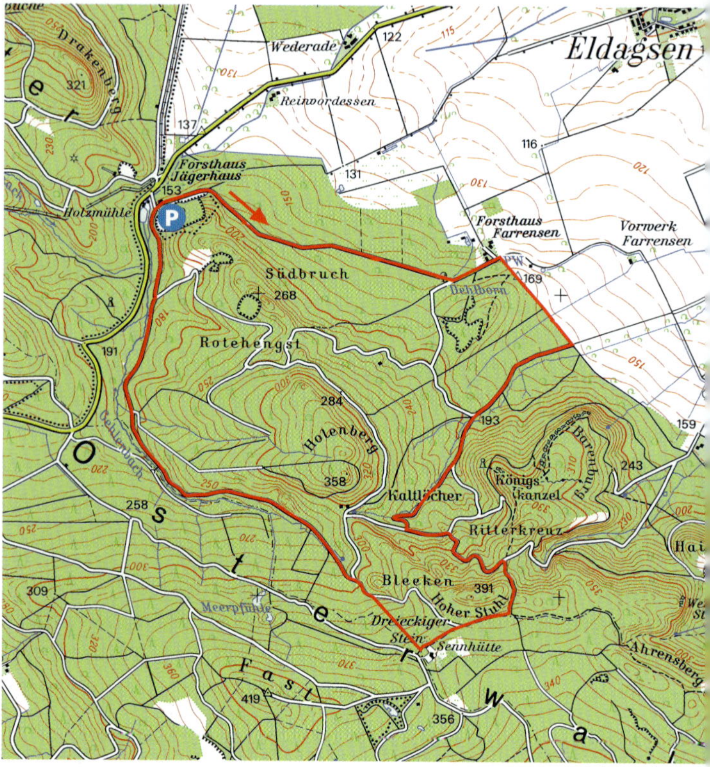

bauklippen beobachtet werden soll, beginnt nach links die Holzmühlenstraße, auf der wir unsere Wanderung beginnen. Es geht sanft bergan. Nach rund zwei Kilometern beginnt ein Wasserschutzgebiet, und rechts vom Weg entspringt der Dehlborn. Hier könnten wir auf dem nach rechts abzweigenden Weg ansteigen. Wer aber einen nicht immer ganz trockenen Waldrandweg nicht scheut, sollte auf der Holzmühlenstraße weiter gehen. Denn dort kommen wir in kürzester Zeit bei den Häusern von Farrensen zum Waldrand und dort nach rechts hinauf zum Ducksteinplatz mit einer großartigen Aussicht über Eldagsen hinweg bis hin zur Marienburg und zum Hildesheimer Wald.

Zunächst bleiben wir auf dem Wiesenweg am Waldrand, können dann aber auf einen Wanderweg innerhalb des Waldes überwechseln, der auf eine Kreuzung zuführt. Von links kommt eine kastaniengesäumte Straße aus dem Ort Holtensen herauf, wir folgen dem Wegweiser zur Sennhütte nach rechts und steigen unterhalb der Barenburg allmählich an. Die zuverlässigen Wegweiser begleiten uns auch weiterhin bei unserer Wanderung durch die zerklüftete Landschaft; wir werden jedoch gelegentlich davon abweichen, ohne dabei nennenswerte zeitliche Einbußen zu riskieren. Zunächst stoßen wir auf eine Kreuzung und laufen nun geradeaus oberhalb der hier beginnenden Drachenschlucht. Die Ohe hat sich hier ein tiefes Bett gegraben. Bei der Gabelung halten wir uns rechts und entdecken ein ganzes System tief eingeschnittener, sehr romantisch wirkender Bachtäler. Am Anfang der großen Serpentine unseres Wanderwegs

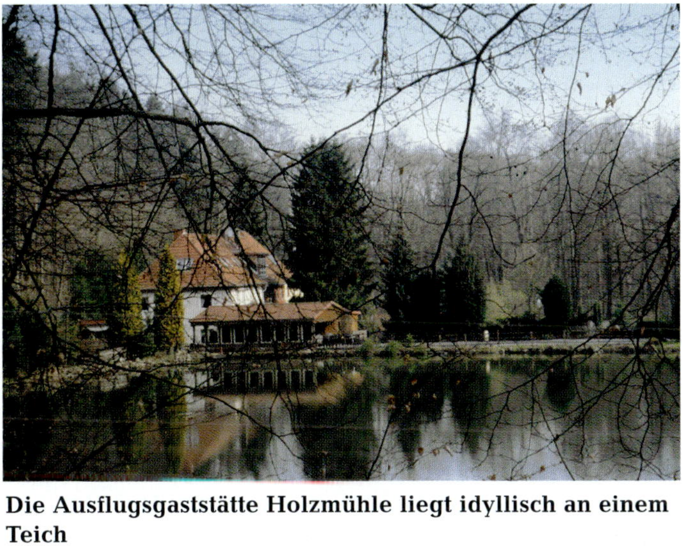

Die Ausflugsgaststätte Holzmühle liegt idyllisch an einem Teich

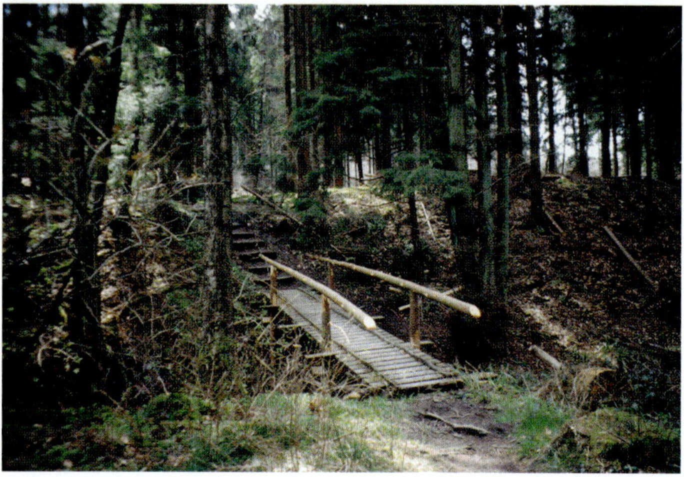

Kleine Brücken beleben zusätzlich die bizarr geformte Landschaft

können wir nach rechts zu den so genannten Kaltlöchern schauen, höhlenartigen Auswaschungen des Bachs.

Bei dem Querweg halten wir uns dann links und gehen fast eben unterhalb des Hohen Stuhls entlang, mit 391 Metern der höchste Berg des südlichen Osterwalds. Er steigt steil über uns an. Ihn überqueren wir auf seiner östlichen Flanke, indem wir zweimal nach rechts abbiegen und kräftig ansteigen. Nach der Überquerung geht es noch einmal nach rechts und damit eigentlich direkt auf den Weg in das Tal des Gehlenbachs und zurück zur Holzmühle. Doch wir bevorzugen den ausgeschilderten Abstecher zur Sennhütte zur lohnenden Rast, vorbei am dem dreieckigen Stein, der auf drei zusammenstoßende Grenzen hinweist (AL = Amt Lauenstein, CW = Klosterforst Wülfinghausen, EM = Elze-Mehler-Genossenschaftsforst). Grenzsteine begleiten uns auch auf unserem Abkürzungsweg von der Sennhütte zum Gehlenbach, der links von dem dreieckigen Stein beginnt. Er endet auf dem Hauptweg, der rechts von alten Kastanien und links von einer Stromleitung mit hölzernen Pfosten begleitet wird. Bei der Gabelung halten wir uns links und steigen nun bequem auf der Forststraße nahe des Gehlenbachs ab und kommen so zurück zum Ausgangspunkt.

Die Rundwanderung ist 13 Kilometer lang bei einem Höhenunterschied von rund 230 Metern. Die reine Gehzeit beträgt knapp dreieinhalb Stunden. Eine gewisse Kondition ist dafür erforderlich, außerdem festes Schuhwerk. Stärkungsmöglichkeiten gibt es in der Sennhütte (Freitag Ruhetag) und im Café zur Holzmühle (Montag Ruhetag).

Wanderaufzeichnungen / Notizen

16 Zum Silbersee und zum Fast im Osterwald

Bergbau zum Anfassen

Steinkohle wurde in den vergangenen Jahrhunderten, zum Teil noch während der Nachkriegszeit in der Mitte des 20. Jahrhunderts, in vielen Gebirgszügen im Norden und Westen der Region abgebaut. Sie stammt wie der darüber liegende Sandstein aus dem Erdmittelalter, wo Kohle und Sandstein vor rund 130 Millionen Jahren in der Unteren Kreidezeit entstanden. Vielerorts erinnern Tafeln an Stolleneingängen oder ausgediente Loren, kippbare Schienenwagen, an frühere Gruben. Kaum anderswo aber wird die Bergmannstradition so intensiv und publikumsfreundlich aufrechterhalten wie in dem ohnehin besonders gepflegten Bergort Osterwald.

Das zeigt sich bei einer Wanderung in den gleichnamigen Höhenzug, wo ehemalige Schächte gekennzeichnet sind, vor allem aber in dem Besucherbergwerk im ehemaligen Hüttenstollen im Norden des steil ansteigenden Ortes. Liebevoll hat der Verein zur Förderung des Bergmannswesens den Stollen ausgebaut, damit der Besucher „Bergbau zum Anfassen" erlebt, um anschließend sein Wissen im gegenüber liegenden Bergwerksmuseum zu vertiefen. Dort ist auch viel über die Glasbläsertradition zu erfahren – die viel gefragten Lauensteiner Gläser wurden in Osterwalder Glashütten hergestellt!

Und während der Sommermonate gibt es in Osterwald eine zusätzliche Attraktion: die beliebten Aufführungen in der idyllisch gelegenen Freilichtbühne. Den Wanderer aber zieht es in den schönen Bergwald. Auch hier sind die Wege mit hölzernen Wegweisern und bezifferten Kreuzungen „besucherfreundlich" ausgerüstet.

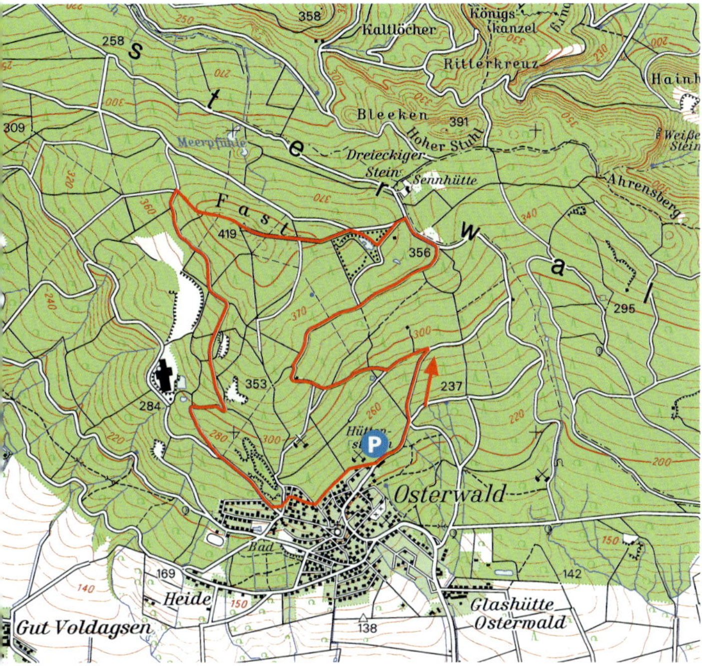

In der Nähe des Bergwerksmuseums gibt es genügend Stellplätze, wie Osterwald überhaupt auf viele Gäste eingestellt ist mit Parkstreifen entlang der größeren Straßen. Wegweiser führen den Autofahrer, der von der Bundesstraße 1 in Oldendorf abgebogen ist, hinauf zum Besucherbergwerk.

Für Benutzer des öffentlichen Nahverkehrs empfiehlt sich die im Stundentakt verkehrende Weserbahn-Linie Hildesheim–Bünde; allerdings liegt der Bahnhof etwas außerhalb von Osterwald. Bahnreisende gehen entlang der Straße bis zum Wanderparkplatz Anhalt und steigen bis zur Kreuzung 5 an. Dort beginnt für sie der Rundweg. Die aus Salzhemmendorf kommende Buslinie 71 des Nahverkehrs Hameln-Pyrmont hält dagegen im Ort. Vom Hüttenstollen aus lassen wir uns vom Dreieck des Kansteinwegs zwischen

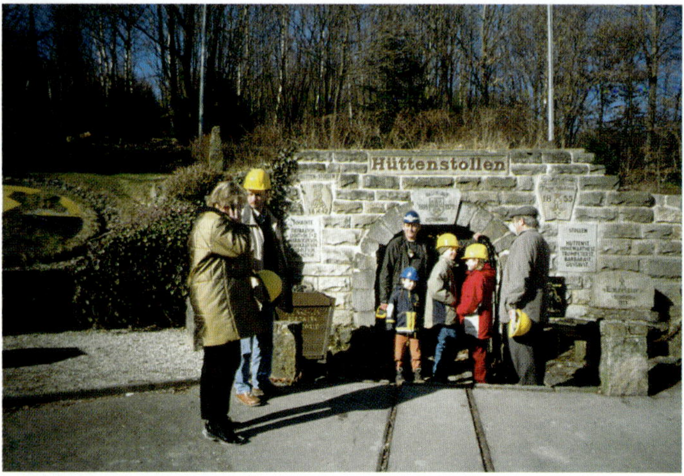

„Bergbau zum Anfassen“ gibt es beim Osterwalder Besucherbergwerk

der Wanderkarte und dem Grundstück des Emil-Isermeyer-Hauses in den schönen Mischwald führen. In der Kurve informieren wir uns über den Rotheschacht, um dann bereits zur Kreuzung 5 zu gelangen, wo der Wanderweg vom Parkplatz Anhalt heraufkommt und auf ihm möglicherweise die Bahnbenutzer. Wir steigen auf dem Kansteinweg an, wählen in der Rechtskurve den schmalen Abkürzungsweg nach links, um dann wieder der Dreiecks-Markierung zu folgen. Zunächst geht es auf ebener Strecke weiter, ehe wir später wieder ansteigen.

Viele Felsbrocken gibt es hier zu bestaunen: Sandstein, der durch Erosion „aus der Erde wuchs“, wie die Einheimischen in Osterwald sagen. Durch ein streckenweise zerklüftetes Gelände folgen wir im großen Rechtsbogen den Beschilderungen zur Sennhütte. Bei der Kreuzung 12 geht es dann nach links zu der beliebten Ausflugsgaststätte, die von der Fahrstraße Dörpe–Eldagsen aus angefahren werden darf. Wer nicht einkehren mag, verlässt den Kansteinweg bei der Kreuzung 13 nach links in Richtung Fast, der mit 419 Meter höchsten Erhebung des Osterwalds.

Doch ehe wir dorthin wandern, biegen wir am Anfang des Wegs nach links in das Naturschutzgebiet St. Avold ein. Ein Rundweg führt durch dieses 1985 geschaffene Reservat um den lieblich gelegenen Silbersee, der sich in einem längst aufgegebenen Sandsteinbruch gebildet hat und sich einst als Badesee großer Beliebtheit erfreute. Zum Schutz einer dort heimischen, seltenen Flora und Fauna wurde der Mensch jedoch auf den eigens von der Forstverwaltung geschaffenen Weg verbannt, der den See im Nordosten umgeht. Zurück auf dem Hauptweg, gehen wir nach links durch dicht geschlossenen Fichtenwald und halten uns auch bei der Gabelung links. So erreichen wir einen zum Teil von schönen Kiefern gesäumten, größeren Platz, und nur ein hölzernes Schild sagt uns, dass wir hier auf dem Fast und damit dem höchsten Punkt des Gebirgszugs stehen.

Wenn wir nun dem Wegweiser nach Salzburg folgen und weiter geradeaus gehen, erreichen wir den schönsten Abschnitt unserer Wanderung. Lieblich ist der Weg inmitten eines regelrechten Waldes von Heidelbeeren, bezaubernd vor allem jener Blick ins Land, den wir bisher vermissten. Bei der Kreuzung 15 werden wir von einem der vielen Hinweise nach links zurück nach Osterwald geführt und laufen nun am westlichen Berghang oberhalb des Geländes des Ziegelwerks entlang. Es ist ein Abstiegsweg, wie ihn sich der Wanderer wünscht: Es geht sanft bergab, und an lichten Stellen schauen wir hinüber zum Ith und über eine Vielzahl von Gebirgskämmen bis zum Köterberg.

Bei einer scharfen Rechtskurve geht ein unmarkierter Wanderweg nach links ab, fast in unserer bisherigen Wanderrichtung. Auf ihm erreichen wir auf schnellstem Wege wieder unseren Ausgangspunkt, außerdem ist er, nach einem ersten Stück durch hohen

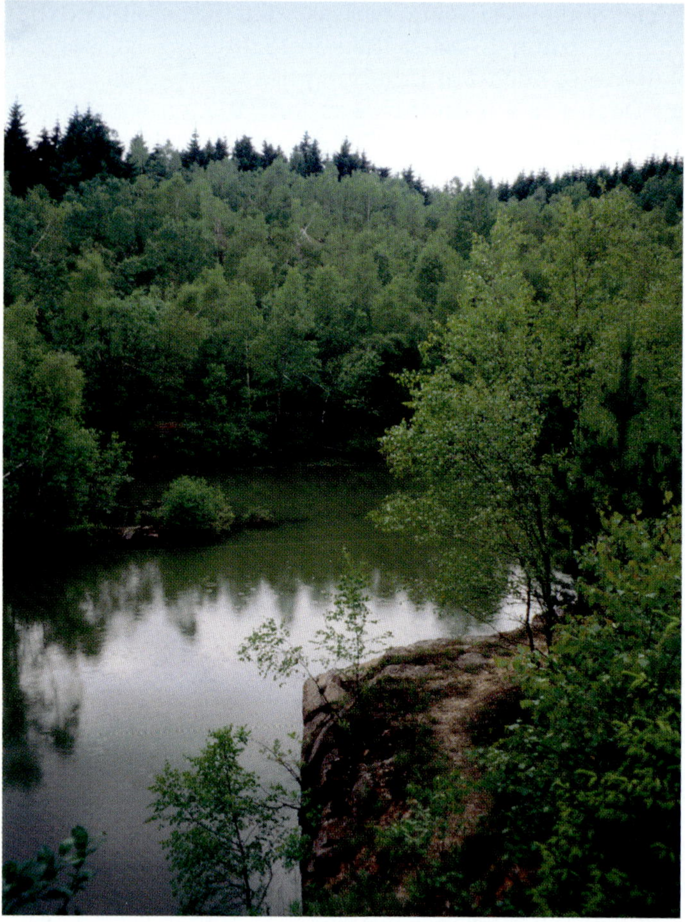

Der Silbersee wird als Naturreservat geschützt

Fichtenwald, noch einmal ganz besonders reizvoll. Bei der Kreuzung 25 können wir besonders schöne Kiefern bewundern, dann erreichen wir die ersten Grundstücke von Osterwald. Wir wandern nach links am Waldrand entlang, vorbei am 1828 fertig gestellten Herrenhaus der ehemaligen Glashütte. Es war zunächst

Wohnhaus des Besitzers und nach 1900 Unterkunft der Glasmacher. Seit 1930 wurde es gastronomisch genutzt und dient heute nach liebevoller Restaurierung als Wohngebäude. – Nach wenigen Minuten sind wir dann zurück beim Hüttenstollen.

Die Rundwanderung ist knapp neun Kilometer lang bei einem Höhenunterschied von rund 200 Metern. Wir sind gut zweieinhalb Stunden unterwegs. Einkehrmöglichkeiten gibt es in der Sennhütte und in Osterwald. Mit Museumsbesuch und Bergwerksbesichtigung eignet sich die Wanderung auch als Familienausflug. Das Museum ist vom 1. März bis 31. Oktober jeweils sonntags von 13.00 bis 16.00 Uhr geöffnet, Führungen im Besucherbergwerk finden um 13.15 und 14.30 Uhr statt.

Wanderaufzeichnungen / Notizen

17 Zum Hohenstein und zu den 14 Eichen

Die etwas andere Ithwanderung

Bekannt und beliebt ist der Ith vor allem wegen seiner grandiosen Blütenfülle im Frühjahr mit Lerchensporn, Buschwindröschen und Himmelschlüssel, der so etwas wie ein zweiter Frühling folgt mit dem jungen Grün des Waldes und leuchtend gelben Rapsfeldern unterhalb des Gebirges. Doch auch zu jeder anderen Jahreszeit kann dem Wanderer das Herz aufgehen bei einem Ausflug zum Ith. Besonders beliebt ist eine Kammwanderung auf dem insgesamt 22 Kilometer langen Gebirgszug, der auf der Landkarte die Form eines Spazierstocks hat. Weniger bekannt ist der Ithkopf im Norden mit dem nach Südosten weisenden Hohenstein. Er bildet so zu sagen die Krücke dieses Spazierstocks. 1986 wurde der größte Teil des Ithkopfs zum Naturreservat erklärt. Zu diesem Zweck wurden Wanderwege eingezogen oder umgeleitet. Nach wie vor aber kann der Wanderer auf den verbliebenen Wegen das Naturschutzgebiet durchqueren; das Verlassen dieser Wege ist verständlicherweise verboten.

In diesen weniger bekannten Teil des Iths soll uns die Wanderung um den Ithkopf führen, bei der wir auch den lieblich dem Gebirge vorgelagerten Ort Lauenstein etwas näher kennen lernen und die markante Baumgruppe der 14 Eichen in dem von Bergen umgebenen Stieghagen nördlich der Ortschaft bewundern können. Außerdem durchwandern wir das Naturreservat und erfreuen uns des Blicks vom Waldrand hinüber zum Osterwald. Ausgangspunkt ist Lauenstein, das unter anderem von der Buslinie 70 Hameln–Thüste des Nahverkehrs Hameln-Pyrmont angefahren wird. Autofahrer, die von der Bundesstraße 1 nach Lauenstein abgebogen sind, fahren am Gut Hofspiegelberg und

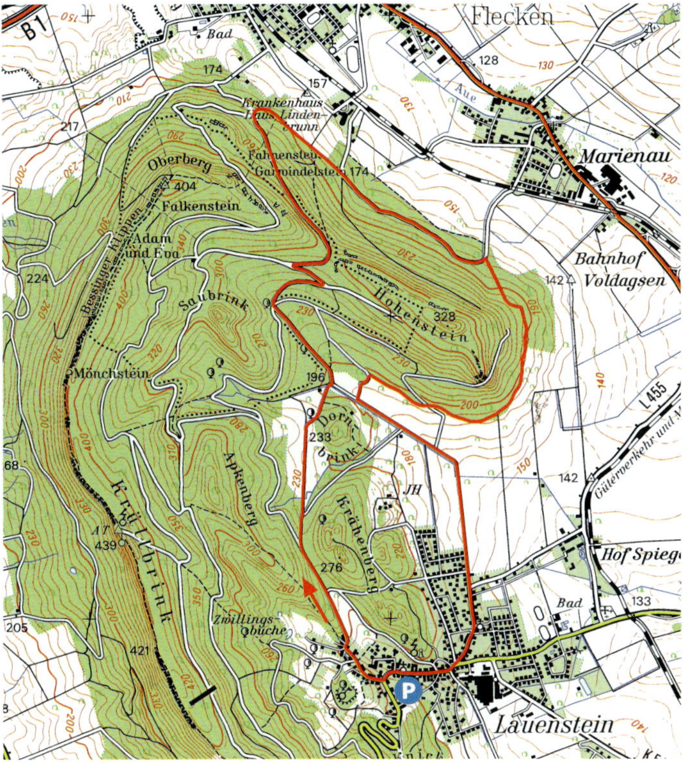

der Spiegelberger Kapelle, später an der OKAL-Musterhaus-Siedlung und dem dazugehörigen Werk vorbei über die Straße Im Flecken bis zur Kirche, um dann auf dem Parkplatz in Höhe des Bürgergartens den Wagen abzustellen. Noch etwas weiter bergan befindet sich eine Wanderkarte.

Zwischen Parkplatz und Wanderkarte zweigt von der über den Pass führenden Ithstraße nach rechts die Straße Rennenberg ab. Auf ihr gehen wir leicht bergan und bleiben zunächst auf dem Hauptweg. Rechts von uns steigt der Krähenberg an. Bei einer Gabelung halten wir uns schräg rechts. Auf diesem Weg bleiben wir, auch wenn der rote Fuchs, der uns auf dem größten

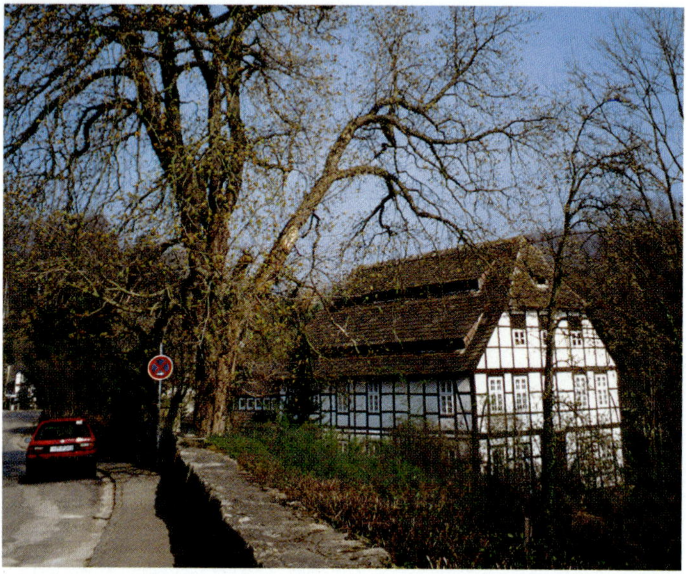

Auf der Straße Rennenberg mit hübschen Grundstücken verlassen wir Lauenstein

Teil dieser Rundwanderung begleitet, uns sogleich wieder nach rechts führen will. Wenn wir ihm folgten, würden wir die 14 Eichen verpassen, die wir bereits am Ende der Feldflur vor uns sehen. Ganz vollzählig sind sie nicht mehr, diese hoch gewachsenen Veteranen, doch sie geben ein prächtiges Bild ab in der geradezu romantischen Umgebung. In einer S-Kurve wandern wir dann weiter und stoßen auf eine Kreuzung. Dort folgen wir dem Wegweiser nach Coppenbrügge und zum Ithkamm und steigen auf dem Hauptweg im hohen Mischwald an, links von allerlei Kennzeichen begleitet, die uns auf das hier beginnende Naturschutzgebiet Saubrink/Oberberg hinweisen. Dann erreichen wir den Platz rund um die Mardereiche. Sie ist zwar fast abgestorben, doch ringsum gibt es noch respektable Eichen.

Beim weiteren Anstieg durchwandern wir in einer großen Serpentine das Naturreservat und gelangen zum Coppenbrügger Pass zwischen dem Oberberg im Nordwesten und dem Hohenstein im Südosten des Ithkopfs. Unser roter Fuchs und ein Schild wollen uns hier auf schnellstem Weg hinunter zum Haus Lindenbrunn führen. Dieser „Weg" durch Privatwald ist jedoch nahezu unpassierbar. Zwar etwas weiter, aber mit seinen Klippen am Wegrand sehr viel schöner ist dagegen der Abstieg über die Forststraße. Ein Steinrelief an der höchsten Felsengruppe belehrt uns, dass

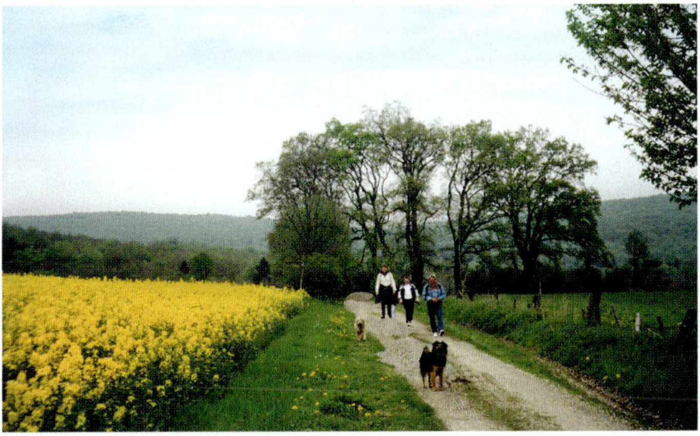

Vor uns liegt die nicht mehr vollzählige Gruppe der 14 Eichen

wir hier auf dem Jürgens-Weg wandern. Unten werden wir von Wegweisern zum Langzeit-Krankenhaus Lindenbrunn und später auch zurück nach Lauenstein geleitet. In Waldrandnähe geht es nach rechts weiter, zunächst auf schmalerem, später breitem Forstweg. Der bleibt allerdings nur bis zum Abzweig nach Marienau so einladend für den Wanderer. Später, wenn es rund um den eigentlichen Ithkopf geht, ist er weniger gepflegt. Dabei wandern wir hier auf einem Fernwan-

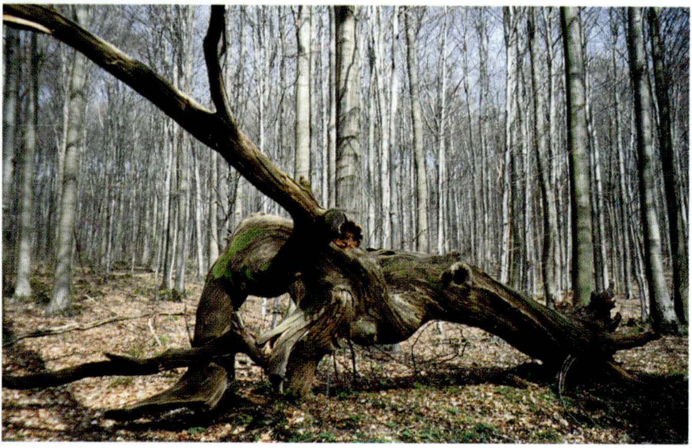

Im Naturschutzgebiet bleibt der Wald sich selbst überlassen

derweg, nämlich dem mit dem weißen Dreieck markierten Kansteinweg. Der Blick vom Waldrand aus entschädigt für vieles. Wir verlassen diesen dann noch nicht beim ersten steilen Abstieg, sondern auf dem breiten Weg, der uns hinab zur asphaltierten Straße führt, die von einem Bach begleitet wird. Auf ihr wandern wir nach links zurück in den Ort und erreichen über die Rudorffstraße wieder die Hauptstraße Im Flecken. Nach rechts geht es dann, vorbei an der Kirche, zum Ausgangspunkt zurück.

Die etwa dreistündige Wanderung ist zwölf Kilometer lang bei einem Höhenunterschied von 145 Metern. Einkehrmöglichkeiten bestehen in Lauenstein oder – bei einem Abstecher – im Haus Lindenbrunn.

18 Durch das Naturwaldreservat zum Ithturm

Forschungsobjekt künftiger Generationen

Mit seinen bizarren Klippenformationen und seinen wie von Riesenhand verstreuten Felsbrocken bietet der Ith ein besonders reizvolles Wandergebiet. Sehr beliebt ist der Anstieg von Norden her. Ein dichtes Wegenetz stand früher dort den Wanderern zur Verfügung, ehe 1986 das nach den beiden Erhebungen benannte Schutzgebiet „Naturwald Saubrink/Oberberg" geschaffen und der Mensch weitgehend daraus verbannt wurde. Ungestört soll sich hier 240 Hektar Wald im natürlichen Kreislauf zwischen Werden und Vergehen entwickeln zur Freude und als Forschungsobjekt künftiger Generationen. Damit sich aber auch der heutige Besucher an diesem bevorzugten Wandergebiet erfreuen kann, blieben für ihn die Hauptwege weiterhin geöffnet. Immer wieder allerdings weisen ihn die informativen Naturwald-Tafeln bei früheren Abzweigungen in die Schranken, während kurze Pfähle mit roter Banderole und dem grünen Naturschutz-Emblem entlang der ausgewiesenen Wege eine zusätzliche Markierung darstellen. Dabei ist die Ausstattung mit hölzernen Wegweisern, auf denen zumeist auch die Entfernungen zu den jeweiligen Zielen angegeben ist, im nördlichen Ith ohnehin recht gut.

Wir starten zu dieser Rundwanderung, die uns durch das Felsenlabyrinth am Nordhang des Bergzugs zum Kammweg und auf diesem bis zum Ithturm auf dem Krüllbrink führen soll, in Coppenbrügge. Der neue, liebevoll gestaltete Wanderparkplatz bei dem beliebten Berggasthaus Felsenkeller ist der Ausgangspunkt. Dorthin biegen wir von der den Ort durchquerenden Bundesstraße 1 beim Wanderparkplatz-Schild nach Süden ab und fahren auf der Straße Felsenkeller berg-

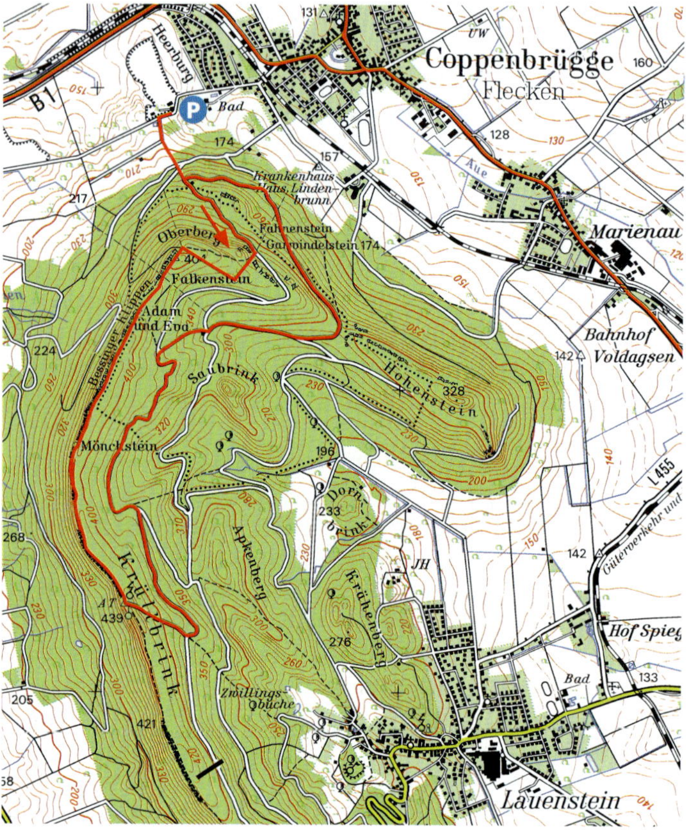

wärts, weiterhin dem blauweißen Schild folgend. Coppenbrügge ist Bahnstation der Weserbahn Hildesheim-Bünde. Die Busse der Linie 70 Hameln-Thüste halten ebenfalls in Coppenbrügge.

Vom Parkplatz aus folgen wir dem hölzernen Wegweiser zum Kamm über Teufelsküche und Fahnenstein und werden vor der Wasserversorgungsanlage nach links geführt. Dann geht es zügig bergan, bis wir auf eine breite Forststraße stoßen. Hier beginnt das Naturschutzgebiet. Neben einer Wanderkarte erwarten uns hier Informationen über Flora und Fauna des

Kalksteingebirges; die uns Lust machen auf das „Abenteuer Ith“. Denn auch die ebenfalls hier erwähnten Klippen und Schluchten erwarten uns auf dem jetzt beginnenden Steilanstieg, für den gutes Schuhwerk und eine gewisse Trittsicherheit erforderlich sind. Da ist zunächst die Teufelsküche, in der nach einer der vielen Theorien der Rattenfängersage der Auszug der hämelschen Kinder ein jähes Ende fand, als sie auf der Rast unter herunterstürzenden Felsen begraben wurden. Der Wanderer freut sich an dem hier besonders gut gedeihenden Hirschzungenfarn. Vom Fahnenstein aus bietet sich ihm dann ein Blick hinunter auf den Ort Coppenbrügge und weiter zum Nesselberg.

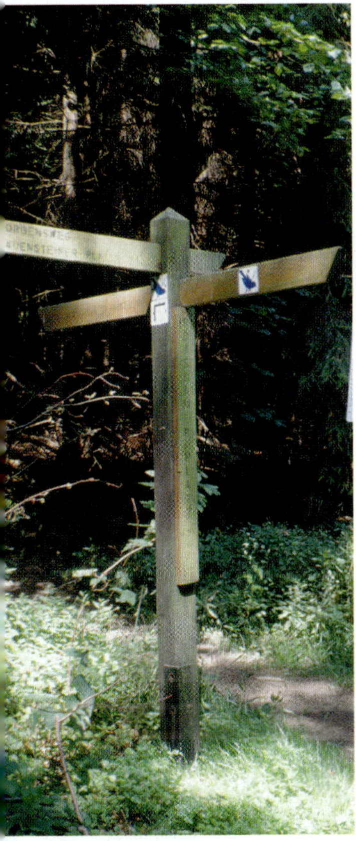

Mit Symbolen und Wegweisern sind die Wege im Naturwaldreservat beschildert

Beim nächsten Naturpark-Zeichen haben wir fast den Gipfel des 404 Meter hohen Oberbergs erreicht. Steil fällt jetzt der Hang nach rechts ab, während uns links die beachtlichen Felsengruppen – hier fast quadratisch, dort schmal aufragend wie Menhire – faszinieren. Grenzsteine von 1780 zeigen auf der einen Seite die welfische Wolfs-

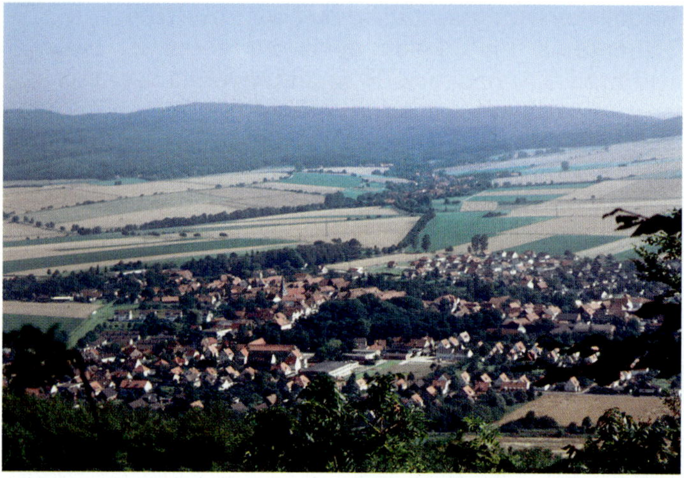

Blick vom Fahnenberg über Coppenbrügge und Dörpe zum Nesselberg

angel, auf der anderen die Geweihstangen der Spiegelberger.

Noch älter, nämlich von 1664, ist der Grenzstein bei der bekannten Felsengruppe „Adam und Eva", die rechts unterhalb der Kreuzung am Kammweg aufragt. Zu ihr lohnt sich ein kurzer Abstecher, ehe wir unsere Wanderung über den Kamm fortsetzen. Zwei Fernwanderwege führen auf ihm entlang, und auch die rot beringten Pfosten begleiten uns auf unserem Weg oberhalb der beeindruckenden Bessinger Klippen. Recht romantisch ist es hier oben zwischen sturmzerzausten Bäumen, seltenen Pflanzen und kleineren Felsbrocken.

Nach dem Ende des Naturreservats erwartet uns der Mönchstein. Von ihm aus sollen zwölf Mönche während des Dreißigjährigen Krieges eine der blutigsten Schlachten beobachtet haben: 1633 schlugen die protestantischen Truppen mit Braunschweigern, Lüneburgern, Hessen und Schweden bei Hessisch Oldendorf das zahlenmäßig überlegene, kaiserlich-katholische Heer. Der weitere Weg verläuft dann vorübergehend etwas unterhalb des eigentlichen Kamms auf weichem Waldboden und führt uns schließlich zum Aussichtsturm auf dem 439 Meter hohen Krüllbrink. Eine Turmbesteigung lohnt sich wegen der Aussicht mit dem Blick hinunter auf Bisperode und auf die Höhenzüge von Schecken und Hasselburg dahinter.

Schräg nach links bergab geht es dann zurück in Richtung Lauenstein, ehe wir bei einem breiten Querweg links nach Coppenbrügge geleitet werden. Nahezu eben wandern wir auf der bequemen Forststraße entlang, die beim Wegweiser „Am Lauensteiner Berg" auf den Jürgensweg stößt, dem wir nach links folgen. So gelangen wir zurück in das Naturschutzgebiet und nach einer größeren S-Kurve zum Potsdamer Platz und wenig später zu einer Gabelung, bei der wir uns links halten. Noch einmal müssen wir zum Coppenbrügger Pass leicht ansteigen. Rechts von uns liegt jetzt der Ithkopf mit dem Hohenstein. Zum Abschied überrascht uns noch eine letzte Klippenformation mit einer Tafel für den 1929 erbauten Jürgensweg. Nach rechts und links abgehende Wege beachten wir nicht, bis wir unten auf einen Querweg stoßen, den wir nach links zurück zum Felsenkeller einschlagen und unsere Rundwanderung beenden.

Diese ist elf Kilometer lang bei einem Höhenunterschied von 280 Metern. Wir benötigen dazu drei bis dreieinhalb Stunden. Wer nur halb so lange unterwegs sein möchte, kann von der Kreuzung bei „Adam und Eva" direkt zum Potsdamer Platz absteigen. Einkehrmöglichkeiten bestehen in Coppenbrügge.

19 Zu den Dohnsener Klippen im Ith

Geologie findet auch heute noch statt

Dass Geologie nicht abgeschlossene Erdgeschichte ist, sondern bis heute stattfindet, lässt sich beispielsweise am Tuffstein erkennen. Er entsteht unter anderem an Quellen oder Wasserfällen mit stark kalkhaltigen Gewässern. Bei einer Quelle setzt das im Kalkgestein versickerte Regenwasser nach dem Austreten aus der Erde den gelösten Kalk wieder frei, was durch Zerstäuben des Wassers noch begünstigt wird. So entsteht ein neues Gestein, Tuffstein oder auch Kalksinter genannt. Geradezu ein Schulbeispiel bildet der so genannte Wasserbaum in Ockensen, wo sich im Lauf von nur einem Jahrhundert ein Miniberg rund um eine Quelle gebildet hat. Er weist auch die typische Schichtung von Moosen und porösem Gestein auf, die das sprudelnde Ungetüm am Fuß des Ith zum Leuchten bringt.

Man hat zunächst herumgerätselt, wie dieser Wasserbaum entstanden ist. Inzwischen weiß man, dass ein findiger Sägemüller, der seit 1904 in Ockensen ein Sägewerk betrieb, hinter seinem Grundstück ein Überlaufventil für einen von ihm genutzten Stauteich anlegte, der immerhin 250 Meter entfernt lag. So konnte er vom Haus aus nachprüfen, ob der Wasserstand im Teich das Anwerfen der Turbine zur Energiegewinnung rechtfertigte oder nicht. Die ursprüngliche hölzerne Röhre dieses Überlaufs existiert vermutlich längst nicht mehr, dafür wächst der steinerne Hals der Quelle ebenso wie das „Gebirge" zu seinen Füßen beständig. Eine Informationstafel des Fleckens Salzhemmendorf, zu dem das Dorf Ockensen gehört, schildert die Geschichte des Wasserbaums. Der steht ganz am Ende des Ortes jenseits des schönen roten Backsteingebäudes, das einst dem Sägemüller gehörte.

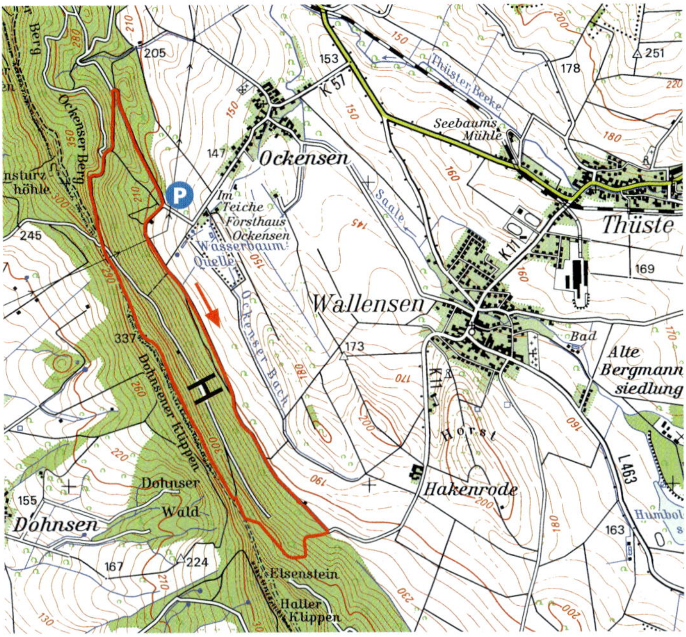

Noch vor dem Naturdenkmal zweigt die eigentliche Fahrstraße nach rechts ab und führt hinauf zu einem Wanderparkplatz am Waldrand. Dort beginnt unsere Rundwanderung zum Ithkamm. Der Autofahrer biegt dorthin in Hemmendorf von der Bundesstraße 1 nach Salzhemmendorf ab, um weiter in Richtung Thüste bis zur Abzweigung nach Ockensen zu fahren. Busbenutzern steht die Linie 70 Hameln–Thüste des Nahverkehrs Hameln-Pyrmont zur Verfügung. Unser Aufstieg beginnt ganz gemächlich auf der breiten Forststraße am Waldrand, von der aus wir den Blick über das Saaletal mit seiner besonders lieblich gewellten Landschaft hinüber zum Thüster und später zum Duinger Berg in uns aufnehmen können. Langgestreckte Hügel verdecken zeitweise die Sicht auf die Orte Wallensen und Thüste unter uns im Tal. Erst danach sehen wir die Häuser von Hakenrode vor uns.

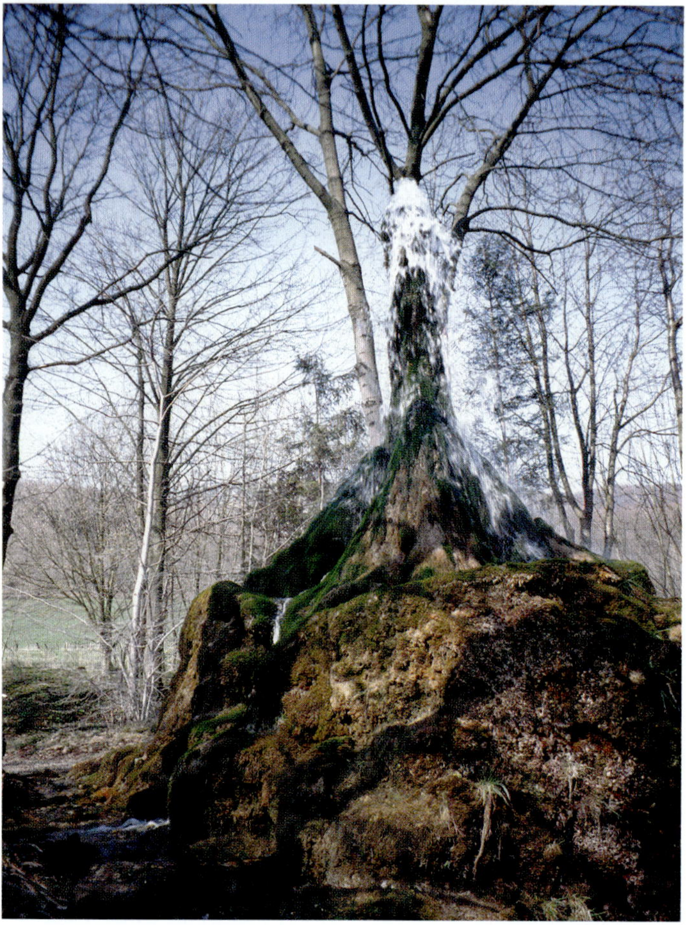

... und ewig sprudelt der „Wasserbaum" bei Ockensen

Von dort her kommend führt ein Wanderweg rechts hinauf zum Kamm, ihm folgen wir bergwärts.

Nach der gut zweieinhalb Kilometer langen Strecke am Waldrand entlang geht es jetzt zügig bergan. Unser Anstiegsweg ist recht abwechslungsreich mit bemoosten Steinen und Baumstümpfen am Rand und

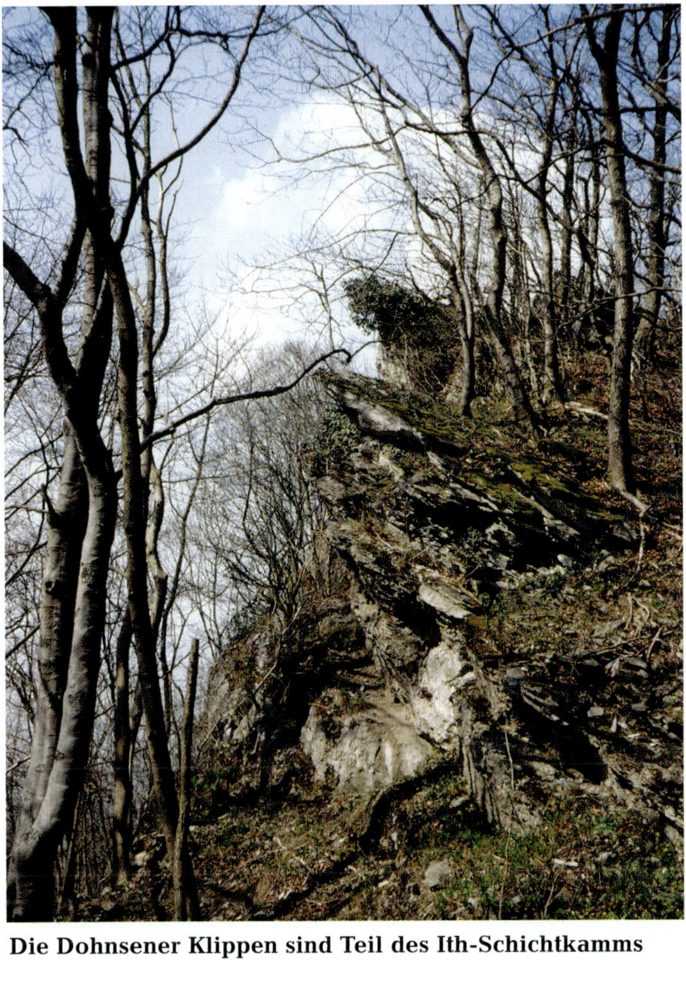

Die Dohnsener Klippen sind Teil des Ith-Schichtkamms

jahreszeitlich bedingten Blumen dazwischen. Nach einer Rechtskurve geht es fast parallel zum Berghang etwas geruhsamer aufwärts, und dann ist es nur noch ein kurzes Stück bis zum Kamm. Im Frühling, der schönsten Jahreszeit im Ith, begrüßt uns hier oben der erste Lerchensporn. Er begleitet uns dann in großen

Flächen auf dem Kammweg. Zu jeder Jahreszeit beeindruckend sind die bizarren Dohnsener Klippen. Sie gehören zu dem für den Ith typischen Schichtkamm, bei dem die härteren Gesteinsbänke zu Vorsprüngen herausgewittert sind. Wie eine Girlande ziehen sie sich kilometerweit am Kamm des schmalen Gebirgszugs hin und faszinieren den Wanderer.

Buchstäblich über Stock und Stein wird dieser nun auf dem schmalen Gratweg ein wenig abseits des Steilhangs nach Norden geführt, wobei es sich lohnt, ab und an einen Blick auf die einzelnen Gebilde aus Dolomitgestein zu werfen. Vorsicht ist allerdings geboten, vor allem bei Kindern. Schon fast oberhalb unseres Ausgangsortes Ockensen haben wir in 337 Meter Höhe eine besonders markante Klippe erreicht. Hammerslust heißt sie und ist zur Aussichtskanzel mit Treppe und Geländer gestaltet. Der Blick von hier nach Westen über Dohnsen und Halle zu den Höhenzügen bei Bodenwerder ersetzt jede Turmbesteigung. Wenig später wandern wir unter der Hochspannungsleitung hindurch, die hier den Ith überquert, und gelangen auf eine platzartig erweiterte Kreuzung. Auf der Forststraße gehen wir nun in unserer bisherigen Richtung bergab. Nach etwa einem Kilometer biegt ein weiterer Forstweg im spitzen Winkel nach rechts ab, auf ihm gelangen wir bequem zurück zu unserem Wanderparkplatz.

Die Wanderung ist acht Kilometer lang bei einem Höhenunterschied von 150 Metern. Wir sind etwa zweieinhalb Stunden unterwegs. Einkehrmöglichkeiten gibt es nicht. Trotzdem lohnt sich dieser Ausflug wegen des Gebirgscharakters für wanderfreudige Familien zu jeder Jahreszeit, ganz besonders aber im Frühling.

20 Klippen und Höhlen im südlichen Ith

Felsgiganten aus Dolomitgestein

Der Schichtkamm des Ith mit seinen zahlreichen Klippenformationen ist in seiner ganzen Länge von beeindruckender Schönheit. Besonders großartig aber sind die Felsgruppen im südlichen Teil des Gebirgszugs. Wie nahezu alle Klippen in unserer Region bestehen sie aus Dolomitgestein, einem harten Kalkstein, der sich weitgehend der Erosion widersetzt hat. So entstanden Schichtköpfe am westlichen Steilabfall des Ithkamms, an denen deutlich die Schrägstellung der aufgefalteten Gesteinsschichten zu erkennen ist. Groteske Formen haben diese Klippen, die häufig weit über den Hang ragen und mit dem eigentlichen Kamm nur durch einen schmalen Riegel verbunden sind. Die auch bei Bergsteigern hoch geschätzten Lüerdisser Klippen nördlich der von Scharfoldendorf nach Capellenhagen den Ith überquerenden Fahrstraße sind mit ausgebauten Wegen und Treppen für den Wanderer bequem vom eigentlichen Kammweg aus zu begehen. Diese Pfade sollten jedoch aus Gründen des Naturschutzes unbedingt respektiert werden.

Unsere Wanderung soll uns zu diesen besonders bizarren Felsgruppen führen, aber auch zu den Ithwiesen mit ihrem großartigen Panoramablick und schließlich zur größten der 60 Ithhöhlen, der Rothesteinhöhle. Ausgangspunkt ist dabei der Parkplatz an der den Kamm bei Holzen-Ith überquerenden Straße unmittelbar vor der Haarnadelkurve. Autofahrer biegen dorthin von der nach Eschershausen führenden Bundesstraße 240 bei Dielmissen ab, durchqueren den Ort auf der Ithbergstraße und stoßen auf die zum Ithkamm führende Straße. Den ersten Parkplatz beachten sie noch nicht, sondern stellen den Wagen erst bei der

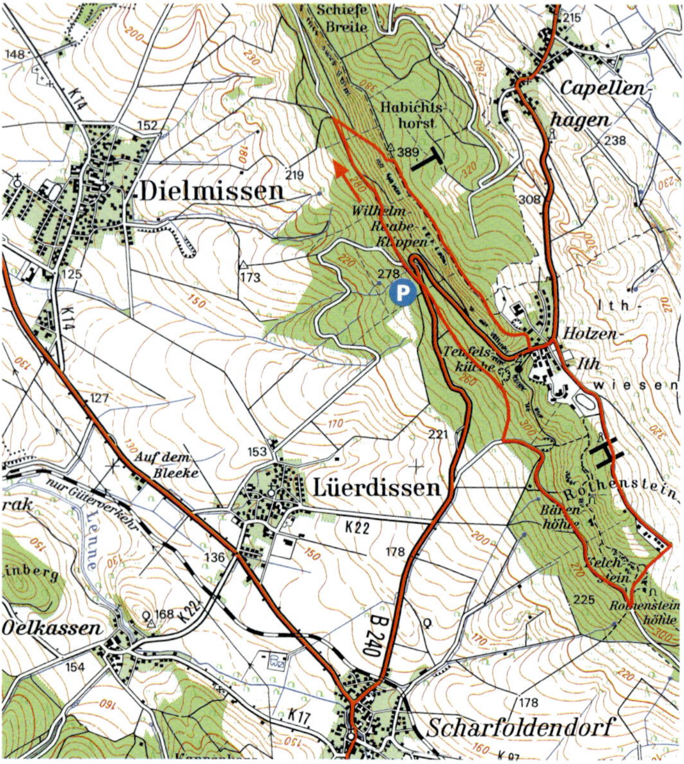

zweiten, rechts der Straße liegenden Parkbucht ab. Benutzer des öffentlichen Nahverkehrs haben die Möglichkeit, mit dem Bus der Linie 534 Eschershausen–Holzen–Ith der Regiobus Braunschweig GmbH, Geschäftsstelle Holzminden, zum Kamm zu fahren. Nach Eschershausen fährt die Linie 523 Bodenwerder–Stadtoldendorf, die in Bodenwerder Anschluss hat an die aus Hameln kommende Linie 520.

Während die Busbenutzer die Rundwanderung oben auf dem Kamm beginnen, starten die Autofahrer auf jenem Forstweg, der jenseits der Einfahrt zur Parkbucht beginnt und bequem ansteigt. Wenn wir in Höhe des unter uns liegenden Ortes Dielmissen sind, erwartet uns ein Holzplatz mit einem Hochsitz am Rand, hinter dem ein Weg schräg zurück nach oben führt. Auf ihm erreichen wir den Kamm und bald auch die erste von insgesamt 27 dicht aneinander gereihten, bis zu 20 Meter hohen Klippen. An ihnen sind häufig Klettergruppen zu beobachten. Doch auch den Wanderer faszinieren diese bizarren Felsen, die so bezeichnende Namen haben wie Kamelskopf, Krokodil oder Teufelstrichter.

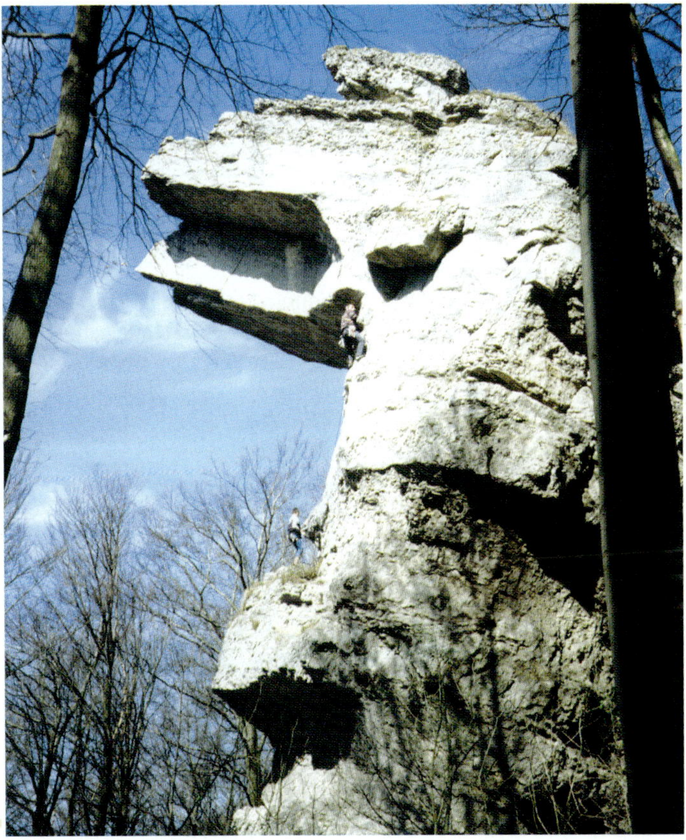

Die bekannteste Felsformation, der Kamelkopf, ist auch bei Kletterern beliebt

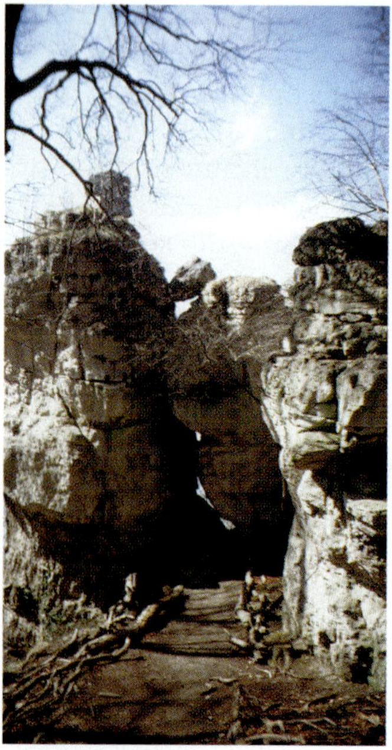

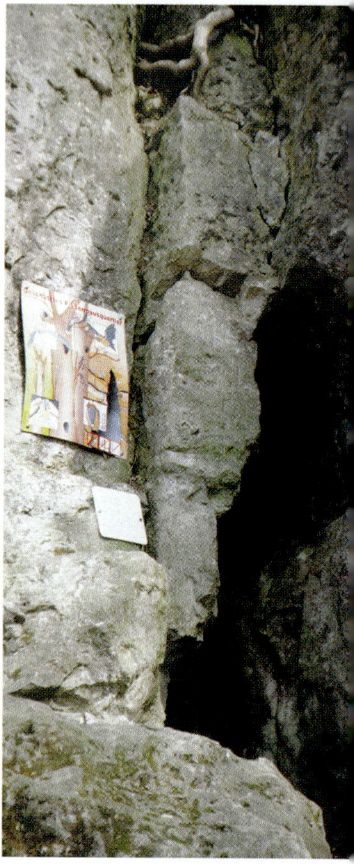

Oben: Der aufwändig gestaltete Klippenweg darf nicht verlassen werden

Im Winterhalbjahr bleibt die Rothesteinhöhle den Fledermäusen überlassen

Nach den letzten Klippen werden wir wieder auf den Hauptweg geführt und erreichen den kleinen hoch gelegenen Ortsteil von Holzen mit der vom Tal aus sichtbaren Zivildienstschule. Im Ith-Hotel kann eine Pause eingelegt werden. Ein Stück weit müssen wir jetzt der Passstraße in Richtung Capellenhagen folgen, um dann im rechten Winkel nach rechts zu den als Segelfluggelände genutzten Ithwiesen abzubiegen. Die als Zubringer für die Segelsportler befestigte Straße verläuft unterhalb des Waldrandes und bietet eine enorme Weitsicht. Das Panorama reicht vom gegenüber liegenden Hils mit dem Wilhelm-Raabe-Turm und – links davon – über den Ort Duingen zum Duinger und schließlich zum Thüster Berg. Bei Flugbetrieb lohnt es sich, dem Treiben auf diesem von mehreren Segelflugvereinen genutzten Platz zuzuschauen.

Jenseits der dazu gehörenden Gebäude werden wir nach rechts in den Wald zur Rothesteinhöhle gewiesen. Wir finden sie oberhalb eines kleinen, tief eingeschnittenen Tals bei einer wieder beeindruckenden Felsengruppe, dem Rothenstein. Der Eingang zur Höhle liegt bei der letzten Klippe. Und dort ziemlich weit oben, so dass der Weg dorthin zu einer kleinen Kletterpartie wird. Im Winterhalbjahr ist sie ohnehin den Fledermäusen als Winterquartier vorbehalten und mit einem Gitter verschlossen. Die Geschichte dieser Höhle reicht weit zurück. Bei Grabungen ist festgestellt worden, dass sie bereits um 1800 vor Chr. in der frühen Bronzezeit von Menschen aufgesucht wurde. Für den Rückweg steigen wir zunächst bis zur Forststraße ab, auf der wir uns nach rechts wenden. Bei der Gabelung bleiben wir auf diesem bequem am Hang entlang führenden Wanderweg, dem wir bis zum Waldrand folgen. Von hier aus verläuft eine Überlandleitung hoch zu einem Umsetzer auf dem Ith. Unter ihr steigen wir auf dem Weg an, verlassen sie aber bei der Gabelung nach links, um nun auf weichem Waldboden und ohne weitere Steigung direkt zurück zum Parkplatz zu gelangen.

Wir sind drei bis vier Stunden unterwegs bei dieser elf Kilometer langen Wanderung, je nachdem, wie lange wir uns an den einzelnen Felsengruppen aufhalten. Die Steigung beträgt nur rund 90 Meter. Einkehrmöglichkeiten bestehen in Holzen-Ith. Die Rundwanderung ist recht vielseitig und auch für Familien mit wanderfreudigen Kindern interessant.

21 Zum Thüster Berg von Ahrenfeld aus

Der Kuss des Märchenprinzen

Die Klippen des Kanstein als nördlicher Vorsprung des Thüster Bergs sind ähnlich beeindruckend wie die des südlichen Ith. Entstehungsgeschichte und Beschaffenheit sind die gleichen, diese wie jene Felsenformationen bestehen aus Dolomitgestein und gehören jeweils zu einem Schichtkamm. Der des Kanstein bildet das Nordende eines Bergzugs, der sich nach Südosten über den Duinger Berg bis zum Selter erstreckt. Wie der gegenüber liegende Ith auch verdankt dieser Höhenrücken seine Entstehung der so genannten Saxonischen Faltung, also tektonischen Bewegungen, bei denen die schichtartig übereinander liegenden Gesteine gegeneinander verschoben und vielfach gekippt wurden. An den Schichtkämmen wurden dann durch Abtragungsprozesse und Verwitterung die Klippen herausmodelliert.

Beim Aufstieg von dem nördlich des Thüster Bergs gelegenen Ort Ahrenfeld aus, in dem Hermann Löns „Mein grünes Buch" und darin die Erzählung „Ein Pürschtag am Kahnstein" schrieb, liegt das Gebirgsmassiv wie ein steil aufragender, von Klippen gesäumter Wall vor uns.

Der Wanderer braucht jedoch keinen Steilanstieg zu befürchten, denn der bergwärts führende Forstweg verläuft in einer großen Serpentine. Zum Wanderparkplatz am Waldrand oberhalb von Ahrenfeld biegt der Autofahrer in Oldendorf von der Bundesstraße 1 nach Süden ab, durchfährt Ahrenfeld und erreicht den Parkplatz über den Salzhemmendorfer Weg. Busbenutzer können die Wanderung in Salzhemmendorf auf dem Ahrenfelder Weg beginnen. Nach Salzhemmendorf fährt unter anderem die Buslinie 70 Hameln–Thüste des Nahverkehrs Hameln-Pyrmont.

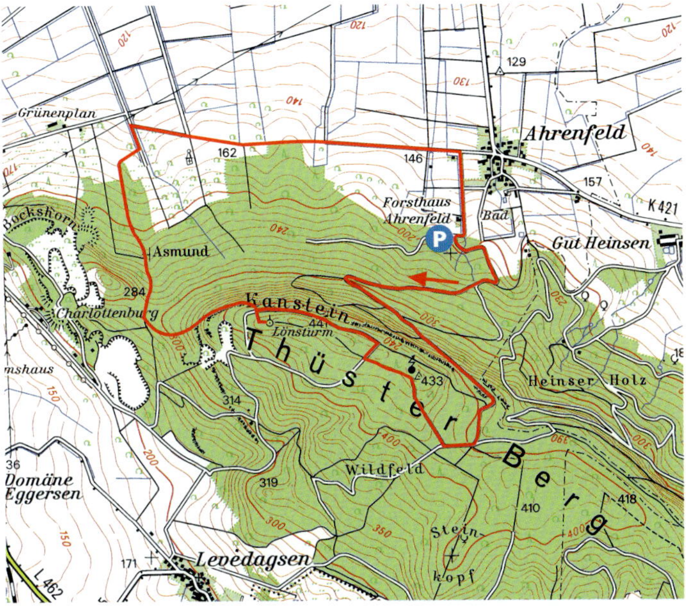

Einer der überwiegend zuverlässigen Wegweiser zeigt uns zu Beginn unserer Bergwanderung, dass wir uns für die Variante 4 auf unserem Weg zum Lönsturm entschieden haben. Sie führt ein kurzes Stück durch den Wald und dann am Waldrand entlang und lässt uns bereits auf die roten Dächer von Ahrenfeld herabblicken. Dann geht es in einer Rechtskurve bergan. Nach einer scharfen Biegung nach links müssen wir etwas kräftiger ansteigen, dafür sehen wir auch bald die Klippen rechts über uns, denen wir immer näher kommen. Zu der größten führt ein schmaler Treppenweg, der vor allem für Bergsteiger gedacht ist, die am steilen Fels üben. Schließlich werden die Klippen niedriger, und wir erreichen den Kamm. Unser Weg umgeht ihn nach rechts und stößt auf den mit einem weißen Dreieck markierten Kansteinweg. Auf ihm wandern wir an dem mächtigen Fernmeldeturm vorbei und erreichen bequem den Lönsturm.

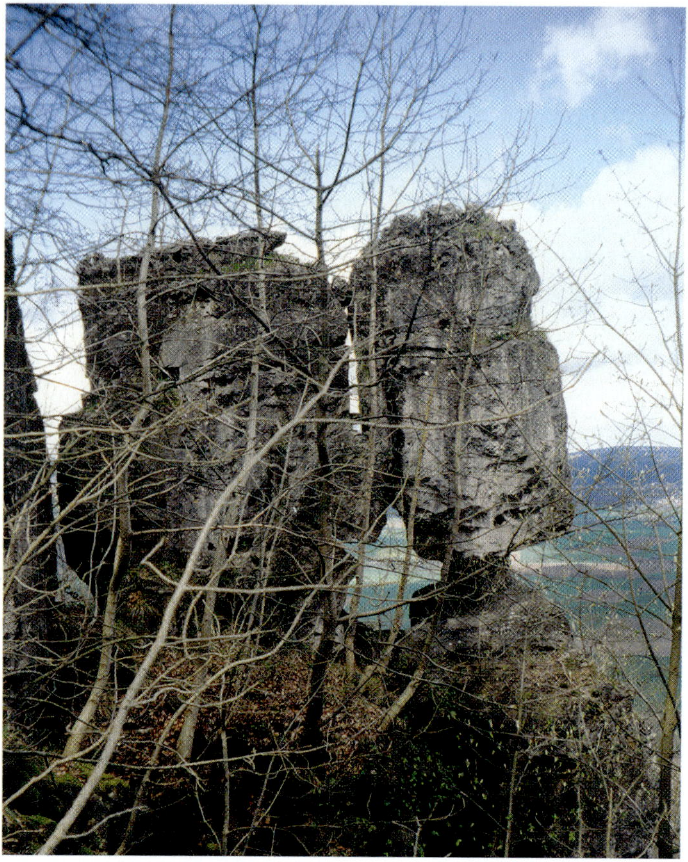

Den „Kuss des Märchenprinzen“ kann man nur bei unbelaubtem Geäst belauschen

Wer jedoch die schönste Klippenformation des Kanstein aus der Nähe betrachten will, sollte zunächst etwa 300 Meter hinter dem Fernmeldeturm in den Forstweg nach rechts einbiegen und auf dem etwas tiefer parallel zum Kansteinweg verlaufenden Wanderweg weitergehen. Wo er leicht abwärts verläuft, sehen wir rechts von uns den Mittagfelsen liegen, zu dem ein schmaler Pfad hinunter führt. Der Anblick dieser Felsengruppe und der Blick hinunter in das Saaletal und zum Osterwald lohnen diesen Abstecher unbedingt. Die beiden rechten Klippentürme erinnern an ein sich küssendes versteinertes Königspaar. Den

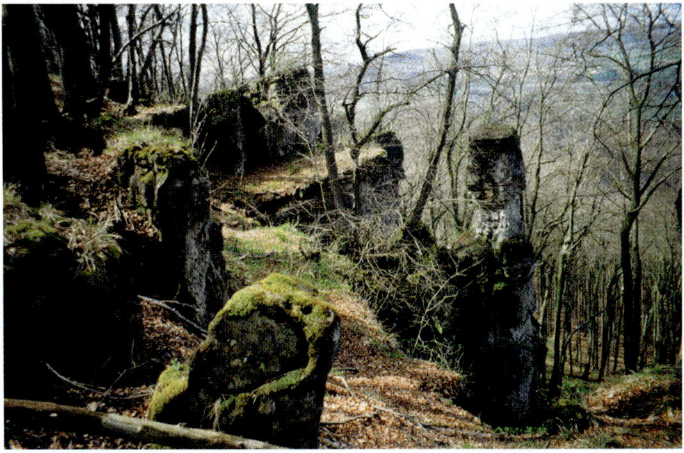

Romantisch wirkt der Berghang am Kanstein

großartigen Fernblick können wir allerdings bequemer vom Lönsturm aus genießen, den wir zunächst links über unserem Wanderweg aufragen sehen und dann bei der Kreuzung nach einem letzten Anstieg in einer Linkskurve erreichen. Er wurde 1997 zum zweiten Mal aufgestockt. An seinem Fuß laden Sitzgruppen zur verdienten Rast ein.

Für den Abstieg wählen wir die Variante 2 nach Salzhemmendorf, die über den Klippenweg verläuft. Hier kommen wir den Felsen ganz nahe und haben schließlich von dem letzten, der Teufelskanzel, noch einmal einen tollen Blick zum Bogshorn, dem letzten Ausläufer des Thüster Bergs oberhalb von Salzhemmendorf. Dann geht es durch die Teufelskammer mit ihren bemoosten Felsbrocken bergab, bis wir vor uns ein gelbes Warnschild sehen, das auf die Arbeiten im nahe gelegenen Kalksteinbruch hinweist. Kurz davor führt vor einer Bank ein Weg im rechten Winkel bergab. Hier steigen wir nach rechts ab und wandern durch den Wald und zuletzt durch die Feldflur zu einem kleinen Parkplatz mit Wanderkarte am Ahrenfelder Weg. Nun ist es wieder die Variante 4, die uns nach rechts zurück nach Ahrenfeld bringt und uns noch einmal mit dem Panorama des Saaletals erfreut. Noch vor dem Ortseingangsschild biegen wir nach rechts ab und kehren zum Parkplatz zurück.

Die Rundwanderung ist elf Kilometer lang bei einem Höhenunterschied von rund 300 Metern. Drei Stunden Gehzeit sollte man dafür einkalkulieren. Einkehrmöglichkeiten gibt es nur in Salzhemmendorf. Die Klippen sind am besten zu sehen, wenn die Bäume nicht völlig belaubt sind.

Wanderaufzeichnungen / Notizen

22 Zum Kleinen und Großen Finnenberg

Dichtung und Wahrheit in Fischbeck

Als vor einigen Jahren der 100. Geburtstag von Manfred Hausmann stattfand, gab es im Stift Fischbeck zahlreiche Veranstaltungen. Denn gerade dort fühlt man sich dem Dichter besonders verbunden, hat doch sein 1955 entstandenes Legendenspiel „Der Fischbecker Wandteppich" den Mythos um die Entstehung des Stifts zusätzlich belebt. Ohnehin ist der Wandteppich mit der eingearbeiteten Jahreszahl 1583 das meistbeachtete Objekt sämtlicher Kostbarkeiten des Stifts. Mit der Darstellung der anrührenden Gründungslegende in sechs Bildern mit Umschriften genießt er gleichermaßen bei Kunsthistorikern wie bei den zahlreichen Besuchern der Stiftskirche besondere Aufmerksamkeit. Historisch erwiesen durch eine im Stift aufbewahrte Urkunde ist die Gründung des Kanonissenstifts durch Helmburgis, eine entfernte Verwandte Karls des Großen. 955 wurde diese Gründung von König Otto I. besiegelt. Die auf dem Teppich geschilderte Geschichte um die wunderbare Errettung der zu Unrecht der Untreue und des Giftmords bezichtigten und dafür bestraften Helmburgis und um die Errichtung des Stifts aus Dankbarkeit für die Rettung ist dagegen Legende. Aber eine wunderschöne ...

Unsere Wanderung beginnt am Wanderparkplatz am Waldrand des Großen Finnenbergs im Osten von Fischbeck. Der zu Hessisch Oldendorf gehörende Ort mit dem das Dorfbild beherrschenden Turm der Stiftskirche liegt an der Bundesstraße 83 und wird von den Linien 20 und 25 des Nahverkehrs Hameln-Pyrmont angefahren. Autofahrer wie Busbenutzer (diese allerdings zu Fuß) gelangen gegenüber vom Stiftsgelände aus dem Knick der Durchfahrtsstraße in die Straße

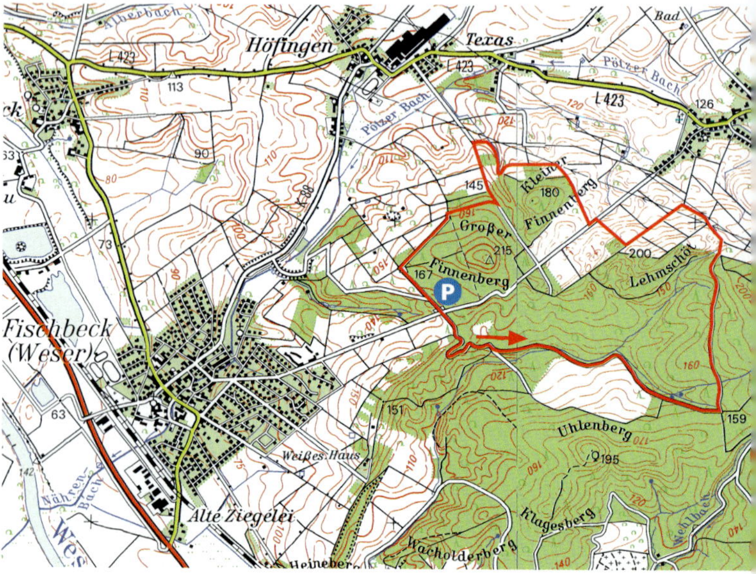

Sonnenbrink, die linke der beiden hier abzweigenden Straßen. Später geht es halb rechts weiter in den Kirchturmsweg, der dann Pötzer Kirchweg heißt, und an den Gebäuden des Deutschen Taubblindenwerks und am Grillplatz vorbei bis zum Wanderparkplatz.

Dort gehen wir nach rechts, zunächst am Waldrand entlang und dann in einer großen S-Kurve im Wald hinunter in die Rote Schlucht. Dieser Weg durch eine geradezu romantisch wirkende Landschaft ist ein viel versprechender Anfang unserer Wanderung. Beim Schlüter-Platz wählen wir den linken von drei weiter führenden Wegen und überqueren den Eschenbach, der dann unseren Weg begleiten wird. Dieser führt uns am nördlichen Rand einer großen Lichtung entlang, die trotz ihrer landschaftlichen Nutzung „Heide" genannt wird. Auf der anderen Seite steigt der Uhlenberg an. Wir gehen an der Hemsener Eiche vorbei und werfen noch einen Blick zurück auf das lieblich eingebettete Feld, ehe wir geradeaus weiter in den Wald

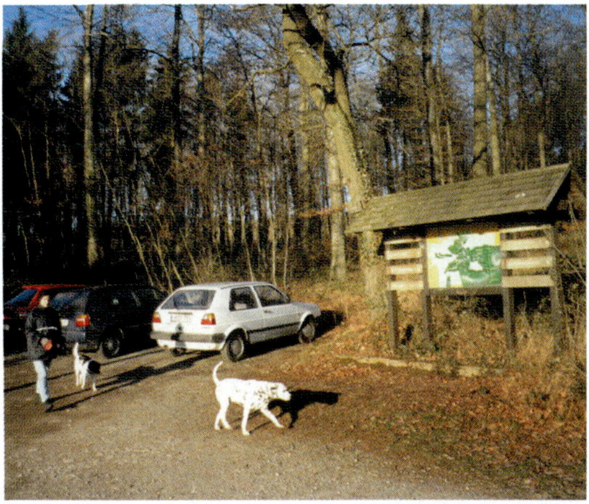

Beim Wanderparkplatz oberhalb von Fischbeck beginnen wir unseren Rundweg

wandern. Beim Gersdorf-Platz mit Sitzgruppe und einer weiteren hoch aufragenden Eiche stoßen wir auf einen Querweg, dem wir nach links in ein hügeliges Gelände mit hohem Mischwald folgen. Beim so genannten Pötzener Blick erreichen wir den Waldrand und bleiben auf unserem Weg, der jetzt eine der Überland-Leitungen unterquert und nach links hinab in die Feldflur führt.

Ein großartiges Panorama über Pötzen hinweg zum Süntel begeistert uns bei diesem Stück unserer Wanderung. Nach etwa 250 Metern biegen wir vor einer Rechtskurve unseres Wegs nach links in einen Feldweg ab, der uns wieder hinauf zu einem Fichtenwäldchen bringt. Davor zweigt ein Weg nach rechts ab, auf dem wir am Waldrand und dann wieder durch Felder und Koppeln zu der von Pötzen kommenden Straße gelangen. Vor uns liegt jetzt rechts der Kleine, links der Große Finnenberg. Zwar würde uns die Straße direkt zurück zum Wanderparkplatz bringen, doch wir wandern auf dem etwas versetzt jenseits weiter verlaufenden Weg zum Kleinen Finnenberg und dort zunächst ein kurzes Stück am östlichen und dann weiter am nördlichen Waldrand entlang. Von hier aus ist der

Blick noch beeindruckender. Fast zum Greifen nah liegen die Klippen des Hohenstein gegenüber und die Orte Höfingen, Haddessen und Bensen davor im breiten Tal.

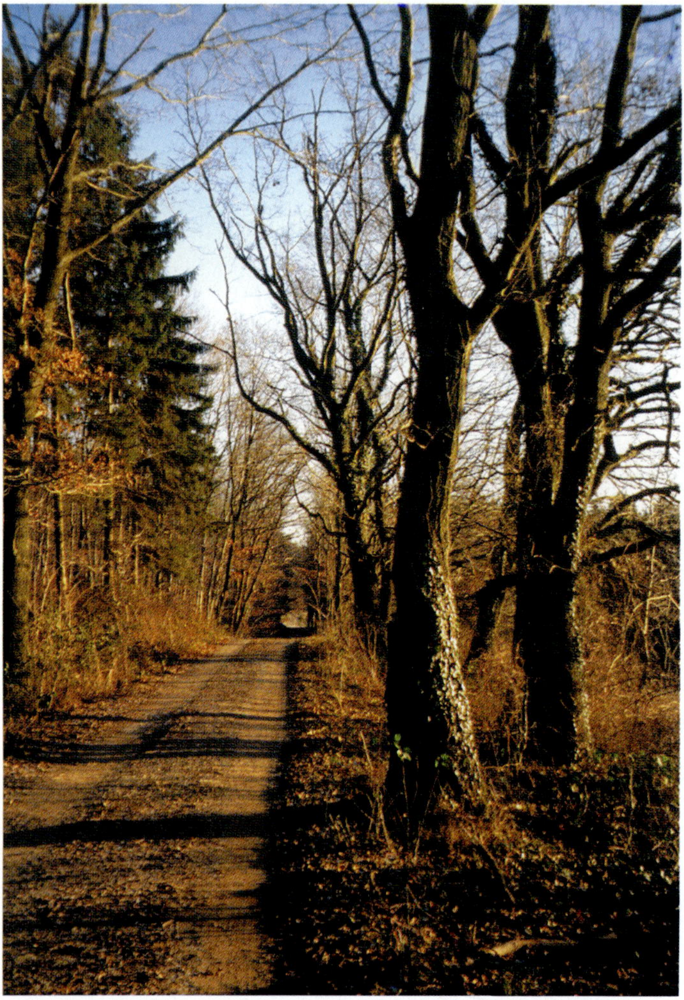

Auch im Winter sind die Wanderwege am Großen Finnenberg sehr reizvoll

Bei einem Bach führt unser Weg vom Waldrand weg und hinunter. Am Bach entlang gehen wir bis zu einem Querweg und dort nach links weiter, um bei der nächsten Möglichkeit sogleich wieder anzusteigen. Jetzt laufen wir jedoch in den Wald hinein, um nach hundert Metern nach rechts abzubiegen. Wieder erreichen wir den Waldsaum und bleiben auch nach der Kreuzung auf dem Waldrandweg. Dort erwartet uns eine besonders schöne Schutzhütte mit Tisch und Bänken und noch einmal der Blick über die gesamte Kette des Wesergebirges. Das letzte Stück des Wegs führt durch den Wald, ehe wir nach links abbiegen und auf einem von Hecken und knorrigen Eichen gesäumten Wanderweg zu unserem Ausgangspunkt zurückkehren.

Die Rundwanderung ist acht Kilometer lang bei einem Höhenunterschied von rund 50 Metern. Wir sind zwei bis zweieinhalb Stunden unterwegs. Einkehrmöglichkeiten gibt es in Fischbeck. Dort kann auch die Stiftskirche besichtigt werden, die zu den bedeutendsten Bauwerken der Romanik in Norddeutschland gehört. Führungen finden dienstags bis sonntags jeweils um 14 und 15.30 Uhr statt, am Dienstag und Freitag zusätzlich um 10 Uhr und sonntags nach dem Gottesdienst circa 11 Uhr. Dabei wird auch der besonders schöne Klostergarten gezeigt.

Wanderaufzeichnungen / Notizen

23 Zum Uhlen- und zum Heineberg

Von Knicks und Grenzbäumen

Das Wesertal unterhalb von Hameln wird von einer ganzen Reihe mittelalterlicher Burganlagen gesäumt. Zum Teil ist ihre Geschichte bekannt. Sie waren der wehrhaft ausgebaute Sitz oder auch nur die Fluchtburg von Grafenfamilien, die häufig in den Strudel kriegerischer Auseinandersetzungen zwischen Kaiser Barbarossa und Heinrich dem Löwen gerieten und dadurch Macht und Burg einbüßten. Bei anderen dieser ehemaligen Anlagen liegt die Geschichte im Dunkeln, so auch bei jenen auf den beiden Bergvorsprüngen, zu denen uns unsere Rundwanderung führt. Während die Ützenburg beim Wehl im Hamelner Stadtwald durch spätere Keupersandstein-Brüche zerstört wurde, ist der Aufbau der Burganlage der Heineburg auf dem weiter westlich gelegenen Heineberg noch gut zu erkennen.

Die Wanderung wird uns auch hinauf zum Uhlenberg an der nördlichen Grenze des Hamelner Stadtwaldes führen, dorthin, wo „Hoyers Eiche" als einer der ehemaligen Grenzbäume am hessisch-schaumburgischen Knick die Jahrhunderte überdauert hat. Der so genannte Knick war eine natürliche Barriere entlang der Grenze zwischen dem Königreich Hannover und dem Kurfürstentum Hessen-Schaumburg und bestand aus eingeknickten und heckenartig verflochtenen Junghölzern. Die weit über 300 Jahre alte, hohe Eiche erhielt ihren Namen vermutlich in Erinnerung an den 1816 in Hameln geborenen August Hoyer, der deutscher Konsul in Moskau war. Er hatte die Mittel für die Errichtung und Unterhaltung einer Aussichtskanzel im Wipfel des mächtigen Baumes gestiftet, deren morsche Reste nach dem letzten Krieg entfernt wurden. Neben diesen mehr oder weniger denkwürdigen historischen

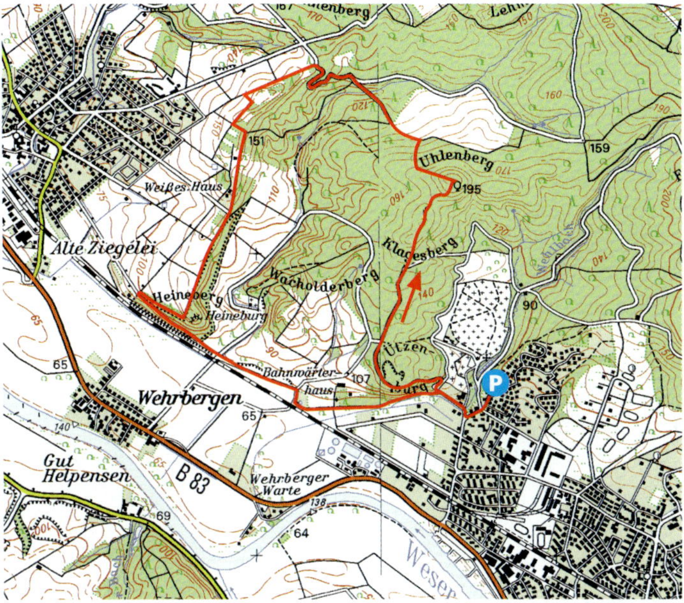

Sehenswürdigkeiten gibt es am Wanderweg viele landschaftliche zu bewundern, vor allem ein großartiges Panorama vom Heineberg aus.

Der Wanderparkplatz Wehl ist nicht nur für Autofahrer, sondern auch für Busbenutzer ein günstiger Ausgangspunkt, da er wegen des Waldfriedhofs auch am Wochenende häufig von der Buslinie 2 des Nahverkehrs Hameln-Pyrmont vom Bahnhof aus angefahren wird. Der Name des Forstbezirks Wehl wird zurückgeführt auf das im 14. Jahrhundert untergegangene Dorf Wedele, das in der Nähe der heutigen Ausflugsgaststätte „Forsthaus Wehl“ vermutet wird.

Der Gaststätte gegenüber liegt etwas erhöht am Eingang zum Wehltal der Wanderparkplatz. Wir wandern jedoch nicht in das Tal hinein, sondern jenseits der Straße am Wehlbach abwärts auf einem lieblichen Weg, der uns unter hohen Bäumen zu der am Ende der

Gärtnerei ansteigenden Forststraße führt. Sie ist einseitig von schönen Buchen gesäumt, rechts liegt das neue Krematorium.

Bei der Biegung verlassen wir die Straße und folgen auf dem linken der hier abgehenden Wege der roten Markierung im weißen Kreis ziemlich steil bergan zur Aussichtskanzel der Ützenburg oberhalb des Steilabfalls. Hier kann man sich Gedanken über den sagenhaften Ütz von Ützenburg machen, einen üblen Raubritter, der einst von dieser Burg aus Weserschiffer und

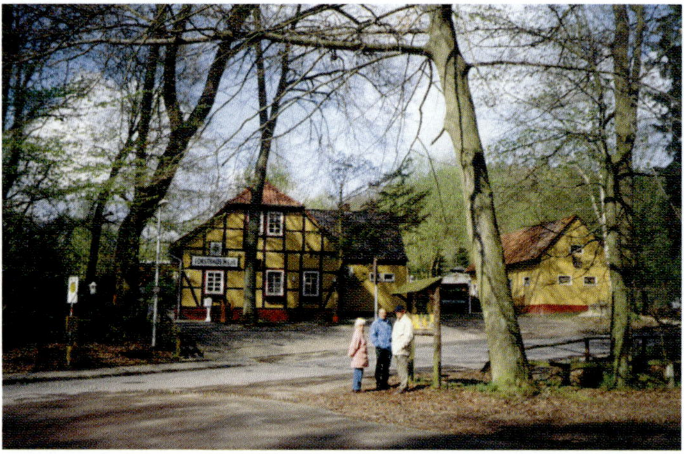

Das Forsthaus Wehl bietet sich als Ausgangspunkt für verschiedene Wanderungen an

reisende Kaufleute ausgeraubt haben soll, bis ihm selbst der Garaus gemacht wurde. Durch das von den Steinbrüchen zerklüftete Gelände gehen wir weiter auf dem Hauptweg. An einer Kreuzung zeigt uns ein Holzschild, dass wir zu Hoyers Eiche auf dem richtigen Weg sind. Außerdem ist die rot-weiße Markierung recht zuverlässig, sie führt uns zeitweise vom Hauptweg hinweg auf einen schmalen Wanderweg, zunächst nach rechts, später nach links. Schon fast oben

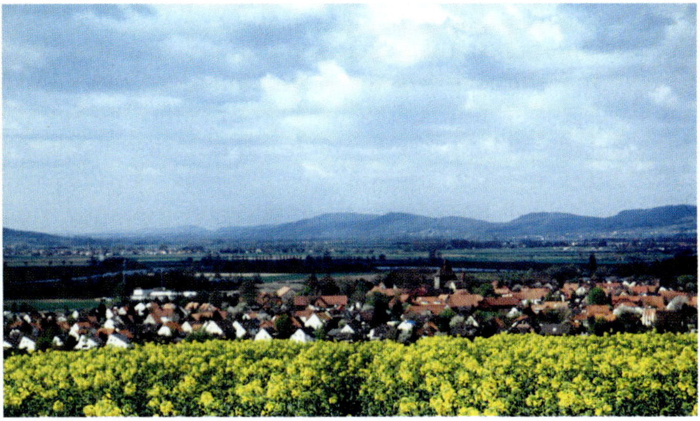

Großartig ist das Panorama vom Heineberg aus mit den Dächern von Fischbeck vor der Kulisse des Wesergebirges

auf dem Kamm der Uhlenburg könnten wir uns von der Markierung bereits wieder bergab leiten lassen, doch wir steigen noch das letzte Stück an, um oben voller Ehrfurcht den Baumveteran zu betrachten.

Zum zweiten Teil der Wanderung geht es auf dem Kammweg nach links in westliche Richtung weiter, vorbei an einem geschlossenen Eichenwald von beachtlicher Ausdehnung. An seinem Ende biegt unser Weg nach rechts ab und führt hinunter zu jener malerischen Waldlichtung, die als Heide bezeichnet wird. Wir wandern nach links an ihr entlang und dann geradeaus in den Wald hinein. Es ist eine leicht hügelige, anmutige Landschaft mit dem Tal des Eschenbachs, das wir zunächst kreuzen, um dann im Linksbogen anzusteigen und jetzt oberhalb des Tals in Kurven die Höhe zu erreichen.

Oben kommen wir zum Waldrand, wo wir von einem jener Schilder nach links zur einstigen Gaststätte *Weißes Haus* gewiesen werden, die wir bereits sahen. Hier haben wir den anfangs erwähnten Weitblick ins Wesertal mit der Kette der Gebirge zu beiden

Seiten. Nach einem kurzen Wegstück durch die Feldflur erreichen wir rasch wieder den Waldrand. Unter uns liegt Fischbeck mit den roten Dächern des Deutschen Taubblinden-Werks im Vordergrund. Bei einer Aussichtsbank biegen wir nach links in den Wald ab und halten uns bei dem Querweg rechts. Nun ist uns auch noch der Blick zur anderen Seite gegönnt, der über die schmale Feldflur zum Wacholderberg und in der Ferne zum Süntel reicht.

Dann sind wir beim *Weißen Haus* angelangt, einem beliebten Ausflugsziel oberhalb von Fischbeck. Unser Wanderweg führt an dem ehemaligen Gaststättengelände vorbei, jetzt wieder am westlichen Waldrand. Erneut schauen wir in die großartige Landschaft. Ehe unser weiterer Weg dann nach rechts im Wald abwärts führt, können wir uns links über die mittelalterliche Anlage der Heineburg sowohl im Gelände als auf der Schautafel informieren. Dann wandern wir hinunter, schauen unten bei der Bank auf den Ort Fischbeck, ehe wir im spitzen Winkel nach links weiter gehen, noch immer leicht bergab. In Höhe der Schranke oberhalb von Wehrbergen erreichen wir die Löhner Bahnstrecke, bleiben aber diesseits der Gleise. Auf der Straße Steinkohlenfeld gehen wir unterhalb der Ützenburg am Seegraben zurück zu unserem Ausgangspunkt.

Die Rundwanderung ist rund neun Kilometer lang bei einem Höhenunterschied von 125 Metern. Wir sind zweieinhalb bis drei Stunden unterwegs. Im Forsthaus Wehl kann eingekehrt werden (Dienstag Ruhetag).

24 Von Schliekers Brunnen zum Franzosenkopf und ins Wehltal

Wo Schützen und Holschenbrüder tagen

Es gibt in unserer Wanderregion eine ganze Reihe von Ausgangspunkten mit Ausflugsgaststätten, die zum einen mit dem Auto, häufig auch mit öffentlichen Verkehrsmitteln, gut zu erreichen sind und zum anderen die Möglichkeit zur abschließenden Einkehr bieten. So ist es auch bei Schliekers Brunnen am Eingang ins liebliche Deipensiektal im Norden der Stadt Hameln. Hier gibt es bereits beim Start allerlei zu sehen, angefangen bei den Forellenteichen links der Zufahrtstraße, an denen samstags vormittags frische und geräucherte Forellen verkauft werden. Bis in die sechziger Jahre bestand dort eine Lachsbrutanstalt, die wegen der schlechten Wasserqualität der Weser und den damit verbundenen ungünstigen Lebensbedingungen für den Lachs aufgegeben werden musste. Die Teiche werden von jener Quelle gespeist, die ein Hamelner Bürger namens Schlieker mit Quadersteinen fassen und 1780 mit einem Brunnen schmücken ließ. Im Volksmund wird er Storchenbrunnen genannt, entsprechend einer alten Sage, nach welcher der Storch die Hamelner Kinder aus der Tiefe des Brunnens ans Licht der Welt geholt haben soll. Mit dem hölzernen Storch auf der Brunnenabdeckung und dem Gedicht bezüglich des Wunschs nach einem Brüderchen oder Schwesterchen stellt Schliekers Brunnen eine Kuriosität dar.

Nicht erst bei den hohen Schutzmauern am Weg ins Tal hinein wird der Wanderer auf eine weitere Besonderheit aufmerksam. Hier residieren die Schützen, genauer gesagt: die „Schießsportgemeinschaft Schliekersbrunnen", deren erste Schießstände 1925 eingeweiht wurden. 1957 eröffnete die Sportgemeinschaft neben den vier Jahre zuvor erneuerten Schießständen die Gaststätte als Schützenheim. Mit Namen versehene Plätze und Bäume erinnern außerdem an die Bedeutung dieses Ortes. Einem ganz anderen Traditionsverein Hamelns werden wir auf dem Rückweg von unserer Rundwanderung begegnen: dem Holschen-Club. 1998 feierte er sein hundertjähriges Bestehen. Fünf befreundete Handwerksmeister, die Metall verarbeitenden Berufen angehörten und während der Arbeit Holzschuhe trugen, sollen seinerzeit den Club gegründet haben. Die „Holschen" wurden deshalb zum Symbol des recht außergewöhnlichen, stets auf höchstens 30 Mitglieder beschränkten Vereins. Die Gründung fand in der so genannten Burkhardthütte oberhalb der Rotenberg-Siedlung statt, an der unser Wanderweg vorbeiführt.

Busbenutzer erreichen die Straße Schliekers Brunnen mit der Linie 5 des Nahverkehrs Hameln-Pyrmont bei der gleichnamigen Haltestelle. Autofahrer kommen über die Holtenser Landstraße dorthin. Vorbei an Brunnen und Gaststätte wandern wir in das Deipensiektal, ohne nasse Füße befürchten zu müssen. Denn tiefen Sumpf, so die hochdeutsche Übersetzung, gibt es hier im Tal längst nicht mehr. Trotzdem wenden wir uns am Ende der Schießsportanlage nach links und folgen dem gelben Punkt etwa 300 Meter bergan, vorbei an einem bebauten Grundstück. Dann biegen wir noch einmal nach links ab, noch immer dem gelben Punkt folgend. Nach weiteren 200 Metern treffen wir zum ersten Mal auf ein Schild, das uns auf das hier beginnende britische Übungsgelände aufmerksam macht. Hier verlassen wir die gelbe Markierung und wandern nach rechts weiter, um bei dem nächsten Warnschild den Zickzack-Kurs nach links zu beenden.

Jetzt sind wir auf dem richtigen Weg zu dem in 220 Meter Höhe aufragenden rotweißen Fernsehumsetzer. Er versorgt die in Hameln stationierten Briten mit einem englischsprachigen Programm. Beim letzten

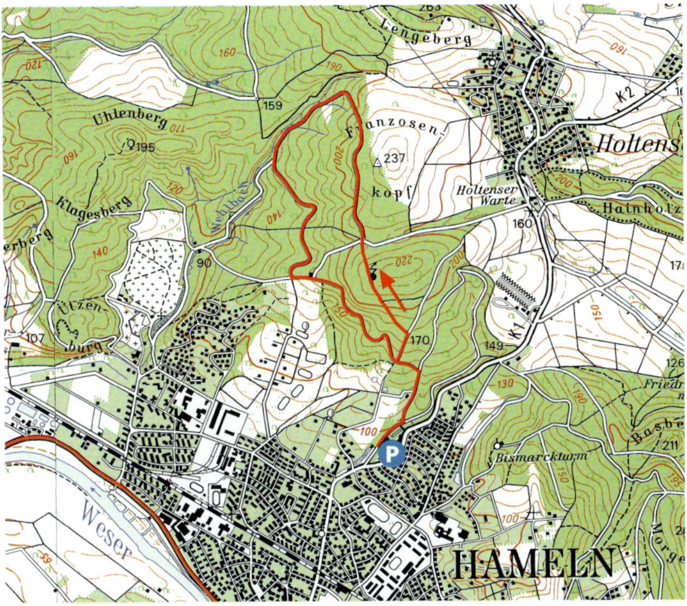

Stück des Anstiegs geht nach rechts ein schmaler Weg zwischen Hochwald und hier beginnenden jüngeren Beständen ab, der sich nach links als eine Art Trampelpfad fortsetzt. Wenn wir letzterem folgen, so gelangen wir zu einer der beiden „Düwelshuhlen". Diese hier wird zwar als die kleine Teufelskuhle bezeichnet, sie ist aber kaum weniger beeindruckend als die so genannte große, außerdem ist sie sehr viel bequemer und auf kurzem Weg zu erreichen. Der durch Auswaschungen im Erdinneren entstandene Krater – ähnlich wie bei den Pyrmonter Erdfällen – ist einen Abstecher wert.

Am Umsetzer vorbei wandern wir dann bergab zu einer markanten Kreuzung am Burckhardtweg und weiter geradeaus in nördliche Richtung hinauf zum 237 Meter hohen Franzosenkopf. Wo unser Wanderweg dem Waldrand oberhalb des Gröninger Feldes ganz nahe kommt, liegt links unter uns die große Teufelskuhle. Wir steigen auf unserem Hauptweg ab und

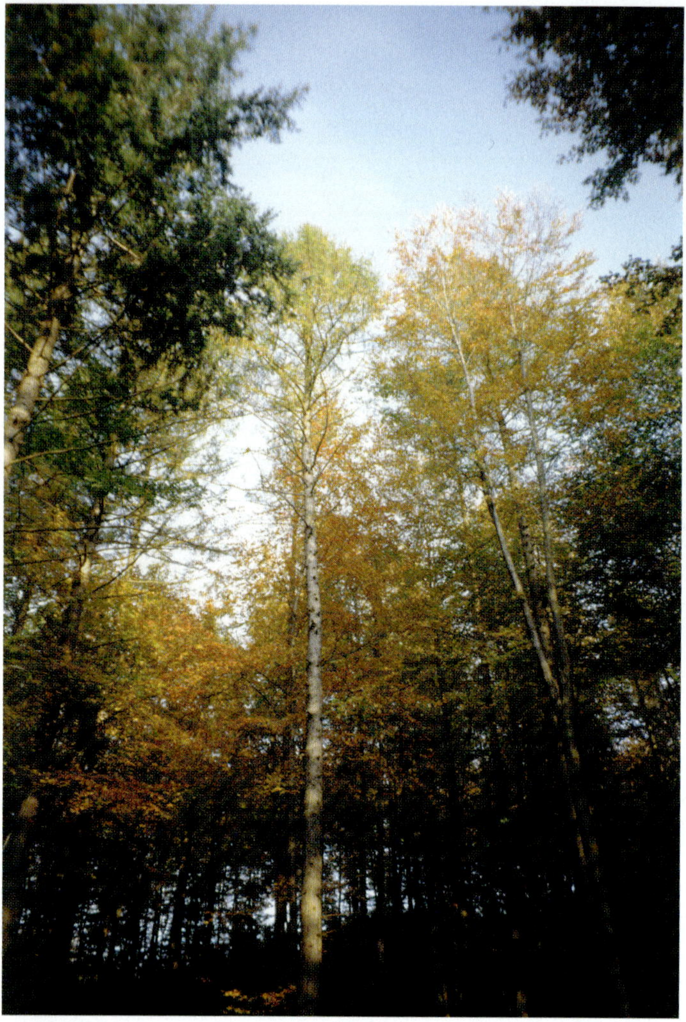

Oben:
Bunt leuchtet der Hamelner Stadtwald im Herbst

Rechts:
In 220 Meter Höhe ragt der rotweiße Mast des Fernsehumsetzers vor uns auf

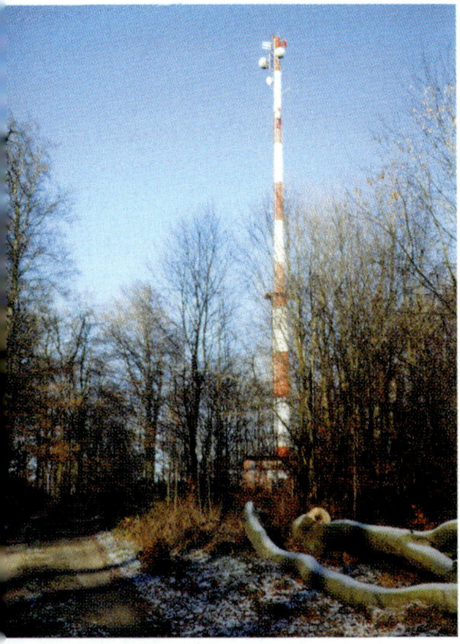

werden in einer Linkskurve in das romantisch wirkende Wehlbachtal geführt. Beeindruckend sind alte und zerzaust wirkende Weymouthskiefern mit ihren langen weichen Nadeln. Ein Schild sagt uns, dass eine von ihnen fast 150 Jahre alt ist. Noch einmal stoßen wir dann auf den Burckhardtweg, diesmal bei einer Kurve des nach dem verdienten Stadtoberförster Werner Burckhardt benannten Forstwegs. Ihm folgen wir nach links, dem Wegweiser zur Holtenser Warte folgend, und steigen nun noch einmal an. Mit unterschiedlicher Vegetation ist der Weg recht abwechslungsreich. Er führt uns bis zu jenem Waldrand oberhalb des Roten Bergs, der uns nicht nur einen Blick über die Stadt Hameln ermöglicht, sondern uns auch nach links an jener Hütte vorbeiführt, in der vor über 100 Jahren der Club der Holschenbrüder gegründet wurde. Der gelb markierte, gewundene Weg bringt uns schließlich wieder ins Tal und zurück zu unserem Startpunkt.

Unsere stadtnahe Rundwanderung ist mit etwa sechs Kilometer Länge bei rund 30 Meter Höhenunterschied eher ein erholsamer Spaziergang. Da die Wege befestigt sind, empfiehlt er sich auch bei nicht ganz trockenem Wetter. Wir sind gut anderthalb Stunden unterwegs. Dann kann in der Gaststätte Schliekers Brunnen pausiert werden.

25 In das Naturschutzgebiet Schweineberg

Märzenbecher und Baumveteranen im Stadtwald

Von allen Wanderzielen der Region gibt es im März wohl kein zweites, das wie der Schweineberg bei Hameln die Naturliebhaber aus einem weiten Umkreis anzieht. Grund dafür ist die Blüte der Märzenbecher, die im Vorfrühling fast teppichartig den vom vorjährigen Buchenlaub rostbraunen Waldboden bedecken. Mit etwa anderthalb Kilometer Länge und einer Breite von ein- bis zweihundert Metern gilt dieses Vorkommen als das größte in Norddeutschland. Während der Hauptblütezeit werden 80 bis 120 offene Blüten je Quadratmeter gezählt, von dem einfallenden Sonnenlicht profitierend, das durch die noch unbelaubten Bäume fällt. Den hübschen Namen Märzenbecher haben die kleinen Zwiebelgewächse nur im Volksmund. Die botanischen Bezeichnungen sind Frühlingsknotenblume oder Großes Waldschneeglöckchen, während der lateinische Name *Leuconium vernum* nun wiederum *Weißes Frühlingsveilchen* bedeutet.

Nicht zuletzt zu ihrem Schutz wurde bereits 1947 eine heute 160 Hektar große Fläche zum Naturschutzgebiet Schweineberg erklärt, dem ersten seiner Art in Niedersachsen. Doch es gibt noch eine ganze Reihe weiterer geschützter oder seltener Pflanzen, die auf dem Schweineberg im Frühjahr und bis in den zeitigen Sommer hinein blühen. Über ihr Vorkommen und Aussehen, aber auch über Geologie, Geschichte und waldbauliche Aspekte des Schweinebergs kann sich der Wanderer auf den Holztafeln an dem Informationspavillon oberhalb des Wanderparkplatzes Holtenser Warte unterrichten. Außerdem gibt es dort eine gute Wanderkarte.

Der Schweineberg ist nicht nur zur Zeit der Märzenbecherblüte ein attraktives Wanderziel, zumal er noch eine weitere Besonderheit zu bieten hat, nämlich zahlreiche Baumveteranen mit gewaltigen Stämmen und Baumkronen nahe des beliebten Waldrestaurants Forsthaus Heisenküche. Es soll sich hier um eine Ansammlung der interessantesten Bäume Norddeutschlands handeln auf einer Waldfläche von nur vier Hektar Ausdehnung. Generationen von Forstleuten haben die zum Teil über 200 Jahre alten Vertreter nahezu aller heimischen Baumarten gehegt und gepflegt und sie trotz ihres hohen Holzwertes selbst in den Notzeiten der Kriege nicht angetastet. 1985 wurde ein Waldbaulicher Lehrpfad eingerichtet mit einer guten Informationstafel und Beschreibungen der besonders markanten Baumriesen. Er schließt auch eine Rarität ein, die im norddeutschen Raum einmalig ist: ein rund 150 Jahre alter Edelkastanienbestand. Die zwischen anderen, etwa gleichaltrigen Baumarten wachsenden Esskastanien sind mit einem gelben Ring gekennzeichnet.

Der Wanderparkplatz an der Holtenser Warte – an der Fahrstraße aus der Kernstadt Hameln nach Holtensen gelegen – wird von der Buslinie 5 des Nahverkehrs Hameln-Pyrmont angefahren. Die Rundwanderung beginnt bei dem neuen Pavillon, wo ein Weg hinunter führt zum Waldrand. An ihm gehen wir nun entlang oberhalb des Gröninger Feldes. Der Name erinnert an das Dorf Gruningen (grüne Wiesen), das bis in das 14. Jahrhundert in Urkunden auftaucht und dann verschwindet. An der Waldspitze gehen wir weiter geradeaus bis zur Gabelung. Naturkundlich interessierte Wanderer können sich jetzt nach rechts wenden, um den einen Kilometer langen, rot-weiß markierten Lehrpfad zu umrunden. Zu ihm gehört aber auch der geradeaus führende Wanderweg mit dem gelben Punkt, der uns durch unterschiedlich alten Edelkastanienwald zu einer Informationstafel und weiter zur Heisenküche bringt.

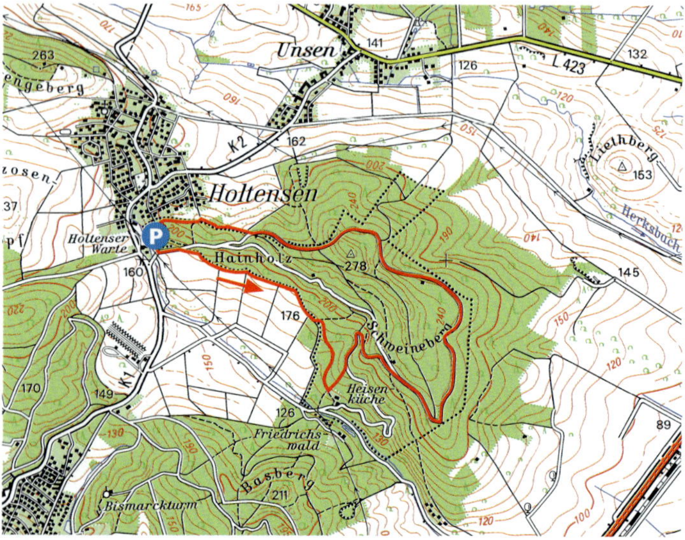

Noch vor der Tafel haben wir eine Kreuzung passiert. Hier verläuft der Europäische Fernwanderweg 1 hinauf zum Schweineberg und weiter in den Süntel. Wir steigen auf ihm an und überqueren dabei die Forststraße, die wir nach ihrer nächsten Kehre wieder erreichen. Nur wer jetzt auf kürzestem Weg dem Blütenmeer auf dem Kamm zustreben will, bleibt auch weiterhin auf dem Fernwanderweg. Für eine Umrundung des Berges auf dem Schweinebergweg folgen wir dagegen der Forststraße nach rechts, die bei dem so genannten Osterhasenhaus, einem braunen Holzhaus mit grünen Fensterläden, den breiten Rundweg erreicht. Er ist markiert durch einen Kreis mit Pfeilen zu beiden Seiten. Nahezu eben wandern wir nach rechts bis zu der scharfen Linkskurve. Hier biegt der Kammweg ab, der durchaus empfehlenswert ist. Wir werden ihn auf seinem letzten Stück benutzen, bleiben jedoch zunächst auf unserem Rundweg.

In Höhe des Forstgartens bewundern wir die prächtigen Eiben und gehen weiter bis zu der nach rechts hinunter führenden Abzweigung. Kurz darauf beginnt das Märzenbecherfeld. Bei dem nach dem langjährigen Präsidenten des Hamelner Vereins für Grenzbeziehung und Heimatpflege benannten Felix-Bongard-Platz kreuzt unser Rundweg den Europäi-

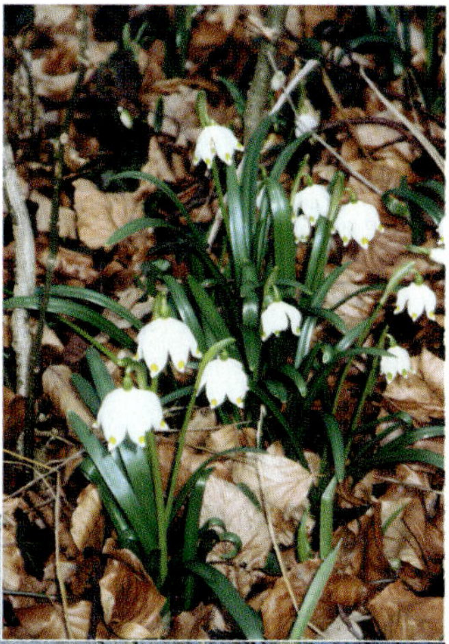

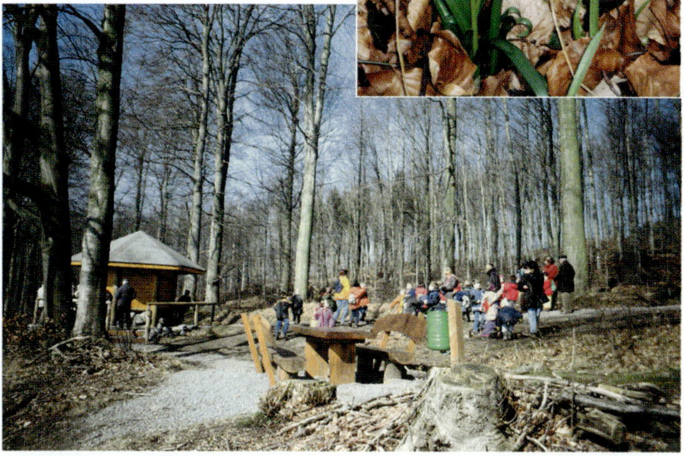

Nicht nur zur Märzenbecherblüte ist der Schweineberg ein gut frequentiertes Wandergebiet

schen Fernwanderweg. Jetzt verlassen wir den Schweinebergweg und gehen bei der Sitzgruppe einige Meter nach links bis zum Kammweg, um auf ihm die ganze Fülle des Blütenwunders zu erleben. Wenn die Märzenbecher im Verblühen sind, färbt sich der Waldboden lila von dem dann erblühenden Lerchensporn, der sich erst vor wenigen Jahrzehnten hier angesiedelt hat.

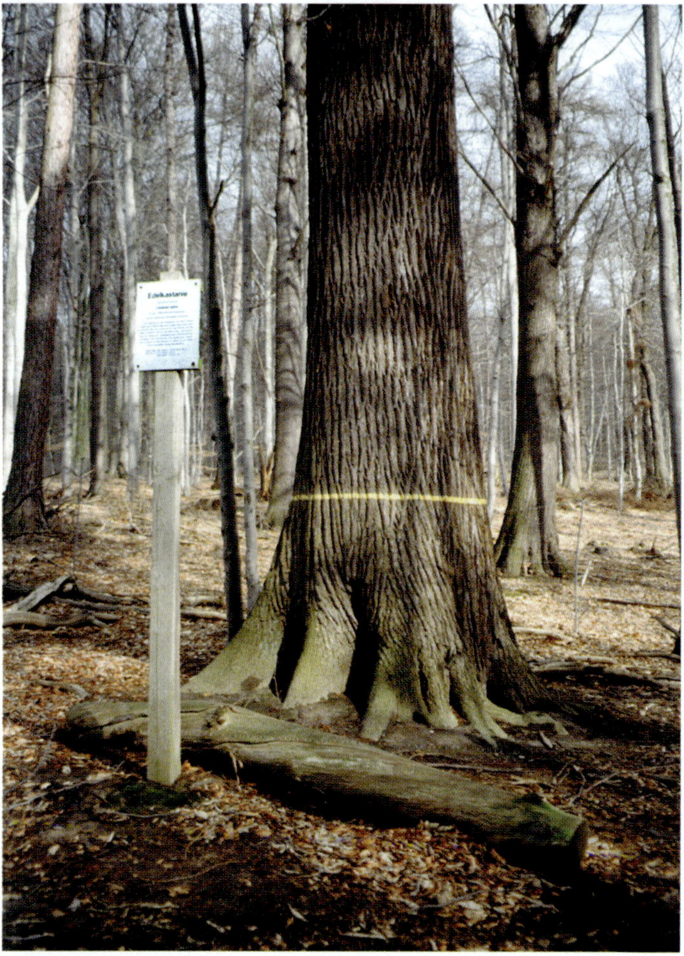

Einzelne Exemplare der Edelkastanien sind mit einem gelben Ring gekennzeichnet

Der Kammweg endet bei dem direkt hinunter zum Parkplatz führenden Hauptweg. Unverzichtbar ist vor dem Abstieg ein Blick vom jenseitigen Waldrand hinüber zum Süntel und zu den drei Sünteldörfern Holtensen, Unsen und Welliehausen. Wer dem starken Begängnis auf dem breiten Forstweg beim Hinunterlaufen entgehen will (und unbefestigte Wege nicht scheut), bleibt am Waldrand, genießt noch etwas länger den schönen Blick und wandert dann an umzäunten Grundstücken entlang im Linksbogen auf die ersten Häuser von Holtensen zu. Von hier aus sieht man bereits die parkenden Autos und geht auf einem jetzt breiteren Weg zum Ausgangspunkt zurück.

Die Rundwanderung ist ohne völlige Umrundung des Waldbaulichen Lehrpfades und ohne Abstecher zur Heisenküche sechseinhalb Kilometer lang bei einem Höhenunterschied von rund 140 Metern. Wir sind dann etwa zwei Stunden unterwegs. Einkehrmöglichkeiten gibt es im Waldrestaurant Forsthaus Heisenküche (Öffnungszeiten: Dienstag bis Sonntag ab 12.00 Uhr, Sonntag abends und Montag geschlossen). Wer zur Blütezeit mit dem Auto zum Schweineberg kommen will, sollte das besser nicht am Wochenende tun, weil die Parkplätze dann häufig überfüllt sind.

Wanderaufzeichnungen / Notizen

26 Über den Scheckenkamm mit Obensburg und Stolle

Tafeln erinnern an Kriege

„Der Berg ruft" könnte man vom Schecken behaupten, jenem lieblich wirkenden Höhenzug südöstlich von Hameln, der so zu sagen direkt vor der Haustür der Weserstadt liegt. Und besonders verlockend erscheint eine Wanderung auf dem gesamten Kammweg, der markiert ist vom XN des Fernwanderwegs Harz–Niederlande und vom R des Rattenfänger-Rundwegs. Unser Aufstieg zum Kammweg beginnt bei Voremberg am südöstlichen Ende des Schecken, trotzdem empfehlen wir als Ausgangspunkt den Parkplatz beim Friedhof Afferde im Nordwesten des Höhenzugs.

Auf halbem Weg liegt das zu Hameln gehörende Dorf Hastenbeck, das mit der besonders schönen frühbarocken Dorfkirche und dem imposanten neugotischen Schloss besondere Sehenswürdigkeiten aufweist. In die Geschichte eingegangen ist der Ort aber durch jene Schlacht im Zuge der Auseinandersetzungen zwischen Briten und Franzosen im Siebenjährigen Krieg, die als eine der merkwürdigsten der Geschichte gilt.

Merkwürdig deshalb, weil der Oberbefehlshaber der aus Hannoveranern, Hessen, Braunschweigern und Bückeburgern bestehenden 48.000 Mann starken alliierten Streitkräfte, der Herzog William August von Cumberland, Sohn des englischen Königs Georg II., am 26. Juli 1757 die Schlacht fälschlicherweise verloren glaubte und nicht nur das Schlachtfeld, sondern auch die stark befestigte Stadt Hameln preisgab und diese den Franzosen auslieferte. Die waren trotz ihrer großen Übermacht tatsächlich unter ihrem Oberbefehlshaber, dem Marschall d'Estrée, geschlagen gewesen, stoppten jedoch den Rückzug, als sie den Irrtum des Gegners erkannten. Für die Hamelner Bevölke-

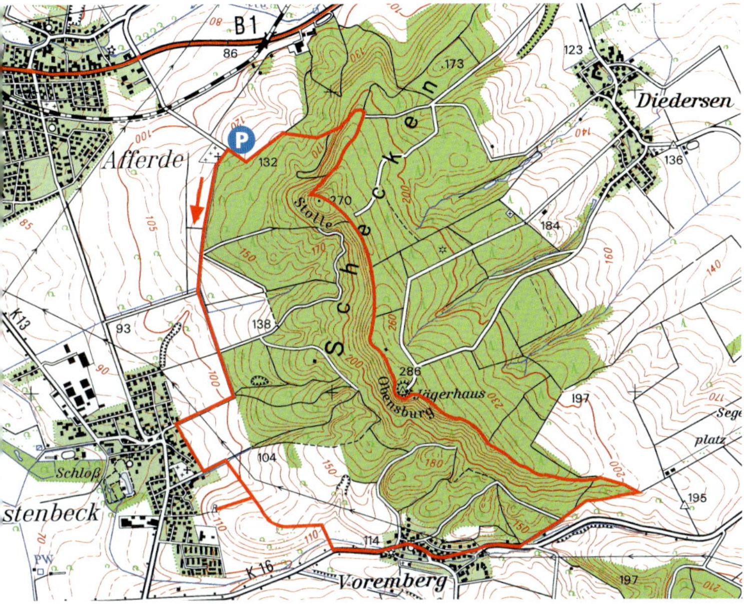

rung brach damals eine Leidenszeit an. Ein Denkmal oberhalb von Hastenbeck erinnert an dieses Ereignis.

Von kriegerischen Ereignissen lesen wir auch auf der Obensburg, der höchsten Erhebung des Schecken, wo einst eine gut gesicherte Wallburg lag. Es handelte sich vermutlich um eine Fluchtburg der Grafen von Hallermund, die im Dorf Hastenbeck eine Grundherrschaft besaßen. Seit der zweiten Hälfte des 13. Jahrhunderts seien sie von den welfischen Herzögen „in arge Bedrängnis" gebracht worden, heißt es auf einer Informationstafel. Beeindruckender auf der Obensburg erscheint heute dem Wanderer der Jagdpavillon mit seinen dorischen Säulen, der zum Gut Diedersen östlich des Schecken gehört.

Doch ehe wir dorthin ansteigen, müssen wir den Höhenzug im Osten umlaufen. Unser Startpunkt beim Friedhof Afferde liegt oberhalb des Ortsausgangs von

Hameln in Afferde und ist mit dem Auto oder zu Fuß (von der Haltestelle Lilienstraße der Buslinie 5 des Nahverkehrs Hameln-Pyrmont) gut zu erreichen. Oberhalb des Friedhofs beginnt unser Wanderweg bei einer Tafel über die heimische Vogelwelt, der uns teils

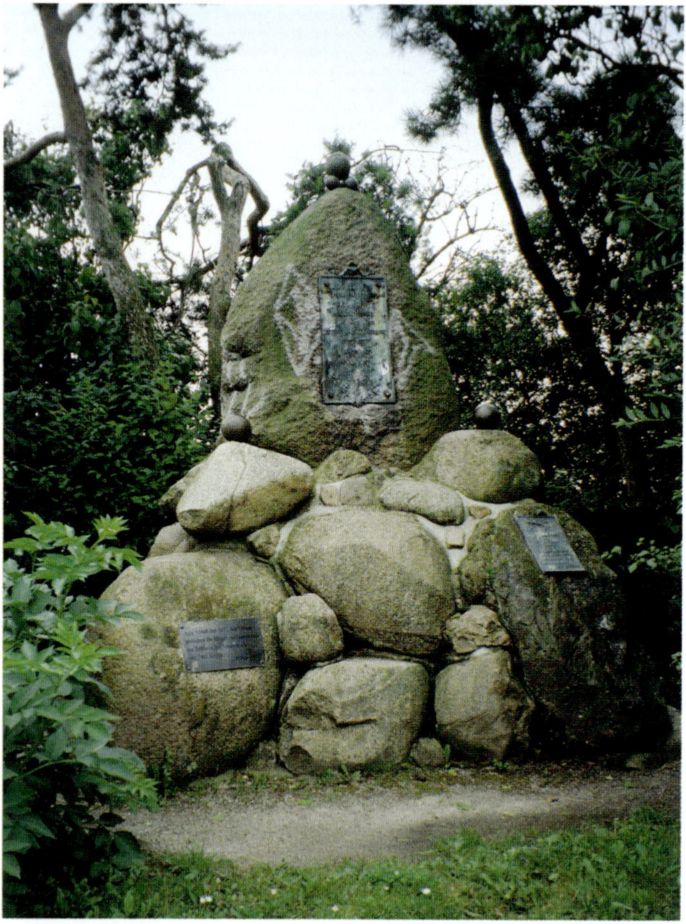

Ein mit Findlingen gestaltetes Denkmal erinnert an die Schlacht bei Hastenbeck

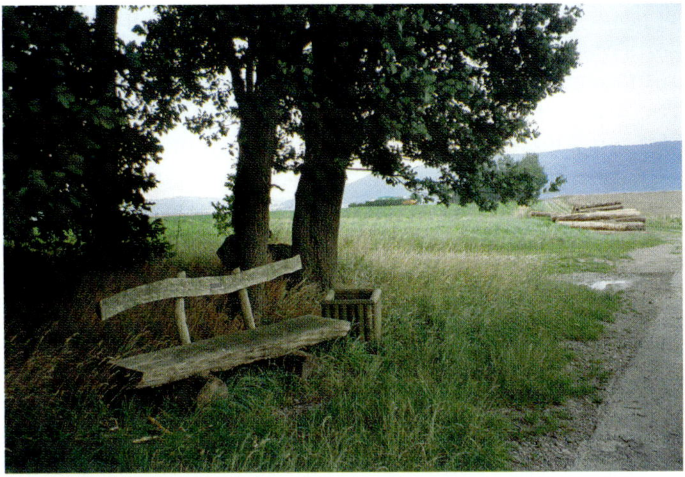

Bei einer hoch gelegenen Bank umgehen wir eine Waldspitze des Schecken

am Waldrand, teils durch die Feldflur nach Süden führt und uns einen weiten Blick gewährt. Wo die Befestigung des Weges aufhört, empfiehlt sich trotz des damit verbundenen Umwegs der Abstecher hinunter zum Dorfrand von Hastenbeck. Dort biegen wir nach links ab, um bei der nächsten Möglichkeit wieder anzusteigen, diesmal allerdings nur bis zu dem nach rechts abzweigenden, einseitig mit Obstbäumen bestandenen Feldweg. Ehe wir auf ihm nach Völkerhausen wandern, können wir auf dem wiederum nach rechts abbiegenden Weg zu jenem aus Findlingen gestalteten Denkmal mit alten und neuen Erinnerungstafeln gehen, das in etwa 300 Meter Entfernung auf einer Art Feldherrenhügel errichtet wurde.

Später durchlaufen wir den hübschen Ort Voremberg, um hinter dem letzten Haus am Waldrand anzusteigen. Oben an der Waldspitze schauen wir nach rechts zur Hasselburg und sehen vor uns den Segelflugplatz Bisperode und dahinter den Ith liegen. Im spitzen Winkel geht es dann nach links am jenseitigen Waldrand weiter. Wir freuen uns an dem neuen Panorama, ehe wir das Innere des Waldes erreichen, der recht abwechslungsreich ist. Bei einer Gabelung halten wir uns rechts und steigen mäßig an, schauen ein einziges Mal bei einer Schneise ins Tal und erreichen endlich den schroff abfallenden Steilhang der Obensburg in 286 Meter Höhe. Doch eine Fernsicht ist uns auch hier nicht vergönnt. Die können wir erst genießen, wenn wir den schmalen Grat zwischen Obensburg und Stolle, dem 270 Meter hohen nördlichen Gegenstück, schon fast hinter uns gebracht und uns am jungen und vielfältigen Baumbestand gefreut haben. Dann verlässt uns die Markierung des Rattenfängerwegs hinab ins Tal, während wir dem Fernwanderweg geradeaus folgen zur Stolle, um dort im rechten Winkel nach rechts abzubiegen und nun abzusteigen. Nach einer scharfen Linkskurve wandern wir in einem Hohlweg hinunter, erreichen einen ausgebauten Forstweg und auf ihm den Waldrand. Dort geht es nach links zu unserem Ausgangspunkt zurück.

Die zehn Kilometer lange Wanderung setzt eine gewisse Ausdauer voraus, zumal sie relativ wenig landschaftliche Besonderheiten aufweist. Da viele Wege unbefestigt sind, empfiehlt sie sich nur bei trockenem Wetter. Wir müssen rund 200 Meter Höhenunterschied bewältigen und sind drei bis dreieinhalb Stunden unterwegs. Einkehrmöglichkeiten bestehen in Afferde und in Hastenbeck.

27 Durchs Hellbergtal zum Bückeberg

„Reichserntedankfeste" als Volksverführung

Gäste der Region, die der älteren Generation angehören, stutzen häufig, wenn sie den Namen Bückeberg hören. „Gab es da nicht während der Nazizeit...?" In der Tat fanden auf jenem markanten Berg unweit von Hameln mit seinem künstlich begradigten und verbreiterten, flach abfallenden Nordhang und dem großartigen Blick ins Wesertal zwischen 1933 und 1937 die so genannten Reichserntedankfeste statt. In den Orten ringsum sind sie bei jenen Bewohnern, die diese Jahre noch bewusst miterlebten, nach wie vor in Erinnerung, strömten doch von Jahr zu Jahr mehr Menschen, 1937 über eine Million, zu diesem Spektakel. Dass sich nun auch jüngere Leute mit dem Phänomen dieser neben den Nürnberger Reichsparteitagen größten Propagandaveranstaltung der Nazis und der davon ausgehenden Massensuggestion befassen, ist nicht zuletzt dem Hamelner Oberstudienrat Bernhard Gelderblom zu verdanken, der sich intensiv mit der Hamelner Geschichte in der Zeit des Nationalsozialismus beschäftigt hat.

Durch Nachforschungen in Archiven und bei Zeitzeugen sammelte er das Text- und Bildmaterial für zahlreiche Vortragsveranstaltungen und Ausstellungen und für eine im Verlag CW Niemeyer erschienene Dokumentation, die in der Zwischenzeit allerdings nicht mehr lieferbar ist. Ausführlich werden darin Vorbereitungen und Ablauf der gigantischen Veranstaltungen geschildert, mit denen das deutsche Volk, vor allem aber die Bauernschaft, an das Regime gebunden werden sollte. Eine perfekt geplante und einstudierte Schau war das Instrument dieser Volksverführung, über alle deutschen Rundfunksender in jedes Haus übertragen. Dass dazu stets auch Wehrübungen in den

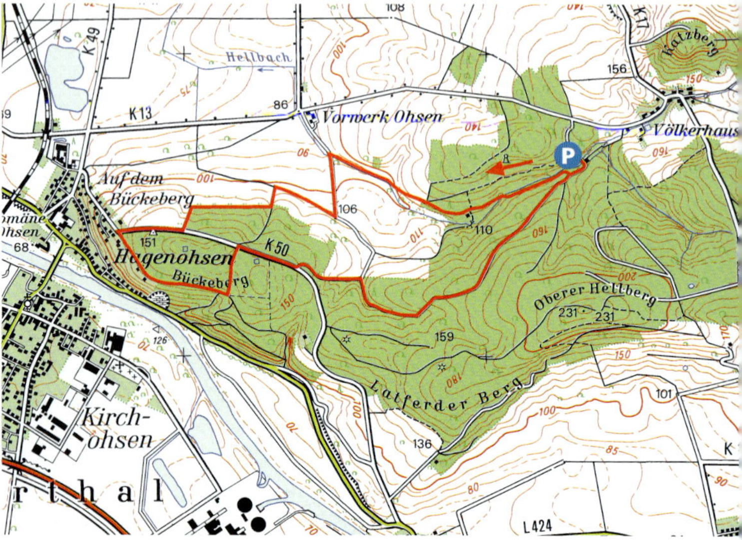

Kulissen des eigens dafür erbauten „Bückedorfs" am Fuß des Berghangs gehörten, hätte bei den dem „Führer" zujubelnden Menschenmassen zu denken geben müssen...

Doch weshalb das alles gerade auf dem Bückeberg bei Hameln? Niedersachsen war für die Nationalsozialisten bäuerliches Kernland, die Weser mit Quelle und Mündung in Deutschland der deutsche Strom schlechthin. Zu den ideologischen Beweggründen kamen praktische: Die damaligen Bahnverbindungen im Raum Hameln waren vergleichsweise gut, das benötigte Gelände war Domänenland im Besitz des preußischen Staates, also leicht verfügbar, und der Nordhang des Bückebergs bot sich wegen seiner günstigen Neigung als Bühne für die Großveranstaltung in geradezu idealer Weise an.

Der Bückeberg ist das Ziel unserer Rundwanderung, die im Hellbachtal unweit von Völkerhausen beginnt. Dort gibt es einen besonders schönen Grillplatz an dem sich lieblich windenden Bach. Er liegt etwas abseits einer Straße, die von Hagenohsen, dem nördlich der Weser gelegenen Ortsteil von Emmerthal, nach Völkerhausen führt. Von ihr zweigt der Weg zur Grillanlage nach rechts ab, wo auf der linken Seite der Wald endet. Beim Grillplatz gibt es Parkmöglichkeiten, umweltfreundlicher ist es allerdings, den Wagen schon am Straßenrand stehen zu lassen. Busbenutzer fahren mit der Linie 44 Hameln–Voremberg des Nahverkehrs Hameln-Pyrmont bis Hagenohsen und steigen die Bückebergstraße hinan, um unsere Rundwanderung auf dem Bückeberg zu beginnen.

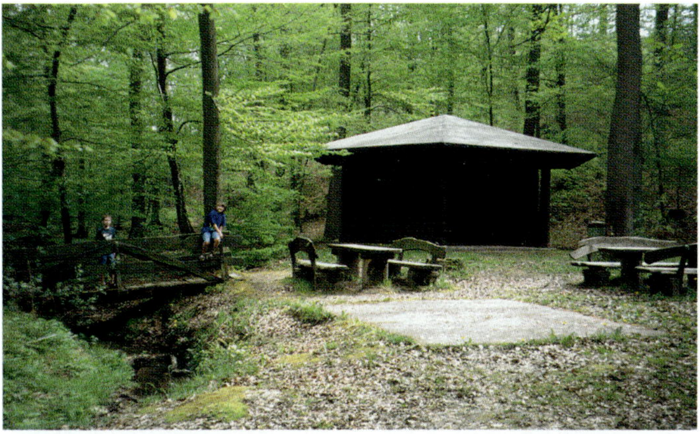

Am Hellbach liegt der liebevoll gestaltete Grillplatz

Vom Grillplatz aus folgen wir der Forststraße, die am Bach entlang führt und halten uns bei der Gabelung des Weges rechts. So bleiben wir in Nähe des Hellbachs, der zunächst rechts, später links von uns fließt. Nachdem wir den Wald verlassen haben, sind die Ufer von Erlen, Weiden und anderen Bäumen und Sträuchern bewachsen. Rechts steigt sanft der Pfingstberg an. Dann sehen wir die roten Dächer des Vorwerks Ohsen vor uns. Wir biegen jedoch bereits vor diesem bei einer steinernen Brücke im spitzen Winkel nach links ab und wandern jetzt bergan.

Bevor wir den Waldrand erreichen, folgen wir dem Feldweg nach rechts, der parallel zum Wald verläuft. Von ihm aus erfreuen wir uns zum ersten Mal an dem Blick nach Norden mit dem Schecken oberhalb von Hastenbeck, aber auch weiter bis zum Süntel und zum

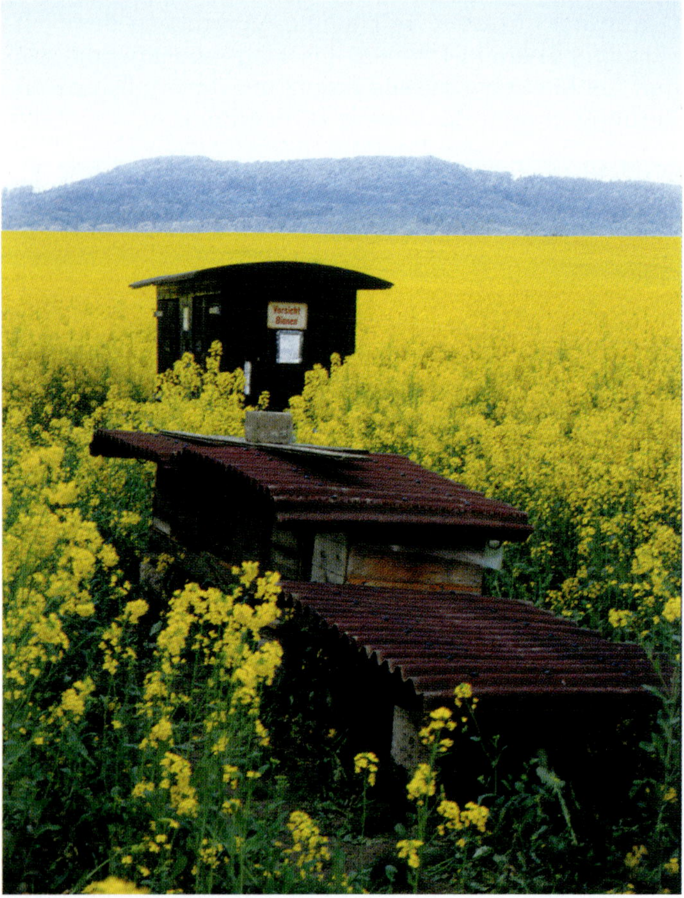

Blühendes Rapsfeld mit Bienenwagen in der Nähe des Vorwerks Ohsen

Wesergebirge. Auf einem Grasweg werden wir dann hinauf zum Waldrand und an diesem entlang geführt. Schließlich durchqueren wir ein kleines Tal, um nun im Linksbogen die Kuppe des Bückebergs und schließlich die Fahrstraße zu erreichen. Von hier aus ist die Aussicht noch großartiger, so dass es sich lohnt, ein wenig zu verweilen. Auch das Betrachten des einstigen Festgeländes mit der heute von Buschwerk bewachsenen Tribüne ist interessant.

Dann beginnen wir den Rückweg auf der abwärts verlaufenden Fahrstraße, die wir allerdings beim Ortseingangsschild von Hagenohsen nach links verlassen. Oberhalb einiger Grundstücke wandern wir jetzt am südlichen Steilhang des Bückebergs hoch über der Weser entlang, auf einem besonders abwechslungsreichen Weg. Vor einer Bank werden wir nach links tiefer in den Wald geführt und stoßen auf die Fahrstraße. Ihr folgen wir einen knappen halben Kilometer nach rechts. Dann geht bei einer Rechtskurve der Straße ein Forstweg nach links ab, auf dem wir ein kurzes Stück zum Waldrand hin absteigen. Von dort aus haben wir einen letzten bezaubernden Blick und gehen bis zu einem Querweg, den wir nach rechts einschlagen, um am Waldrand noch einmal anzusteigen. Durch den zu jeder Jahreszeit erholsamen Buchenwald wandern wir dann am Hang des Hellbergs entlang und schließlich hinunter ins Hellbachtal zurück zu unserem Ausgangspunkt.

Die Rundwanderung ist rund neun Kilometer lang bei einem Höhenunterschied von 70 Metern. Wir sind gut zweieinhalb Stunden unterwegs. Einkehrmöglichkeiten bestehen nur in Emmerthal.

28 Von Bodenwerder aus hinauf zum Voglerkamm

Zur Königszinne und zum Bodoturm

Der Vogler, der sich in den von Weser und Lenne gebildeten spitzen Winkel hinein zu schieben scheint und im Süden von der kleinflächigen Landschaft der Rühler Schweiz begrenzt wird, ist so etwas wie der kleinere Bruder des südlich davon gelegenen Sollings. Beide Gebirge bestehen aus Buntsandstein, der auch als Solling- oder Roter Wesersandstein bezeichnet wird. Im Gegensatz zum hellen Deistersandstein entstand er in einem von heftigen Regenfällen unterbrochenen Wüstenklima vor etwa 225 Millionen Jahren. Durch tektonische Bewegungen hatte sich die Erdkruste gesenkt und ein riesiges Becken gebildet, in das von Flüssen und Meeren aus den umgebenden Hochgebieten große Sandmassen gespült wurden. In Millionen von Jahren verfestigten sie sich unter dem Druck jüngerer Deckschichten zu dem heutigen Gestein. Doch Vogler und Solling sind ungleiche Geschwister. Im Gegensatz zu der ruhigen, kuppelförmigen Aufwölbung des Sollingmassivs wirkt die Landschaft des Voglers bewegt und in ihrem eigenwilligen Aufbau geradezu dramatisch. Das macht sie zum beliebten Wanderziel.

Wir starten zu unserer Rundwanderung im äußersten Norden des Voglers in Bodenwerder. Dorthin fährt die Linie 520 Hameln–Holzminden der Regionalbus Braunschweig GmbH, Geschäftsstelle Holzminden. Für Autofahrer gibt es oberhalb des Ortes am Waldrand keinen Wanderparkplatz mehr. Sie müssen ihren Wagen, nachdem sie die Weserbrücke überquert haben, im oberen Teil einer jener Straßen abstellen, die von der Rühler Straße bergwärts führen. Oben am Waldrand gehen wir zunächst nach links, bis wir ober-

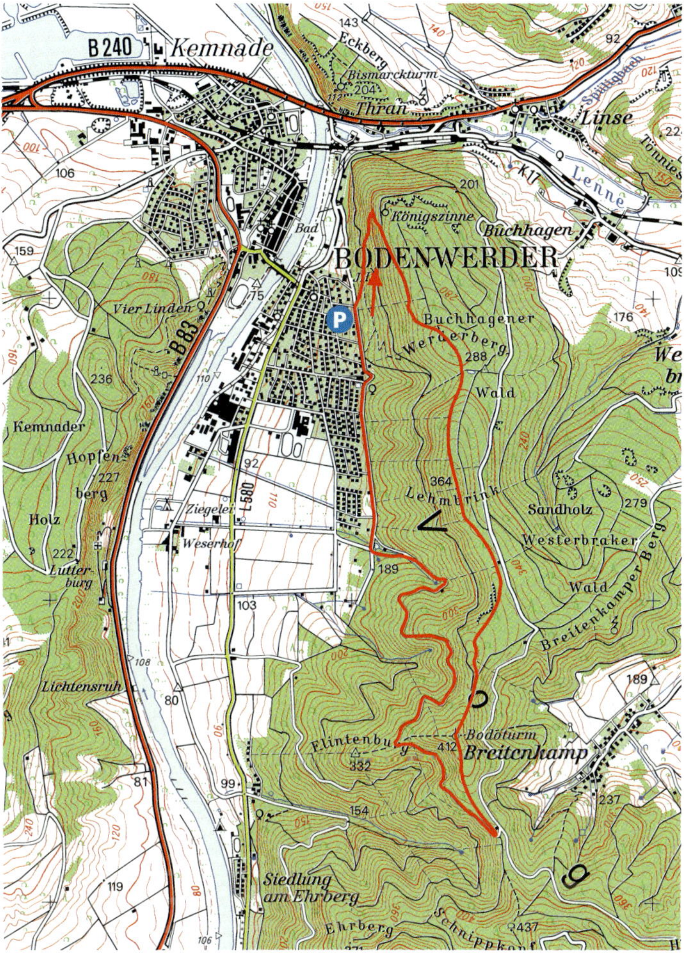

halb einer turmbewehrten gelben Villa rechts einen Wegweiser zur Königszinne entdecken. Hier steigen wir zügig an, überqueren eine Forststraße und freuen uns an dem von Eichen beherrschten Mischwald. Nach etlichen Kurven führt unser Anstieg noch einmal über einen Forstweg, auf ihm werden wir später nach rechts weiterlaufen. Doch zunächst geht es hinauf zu

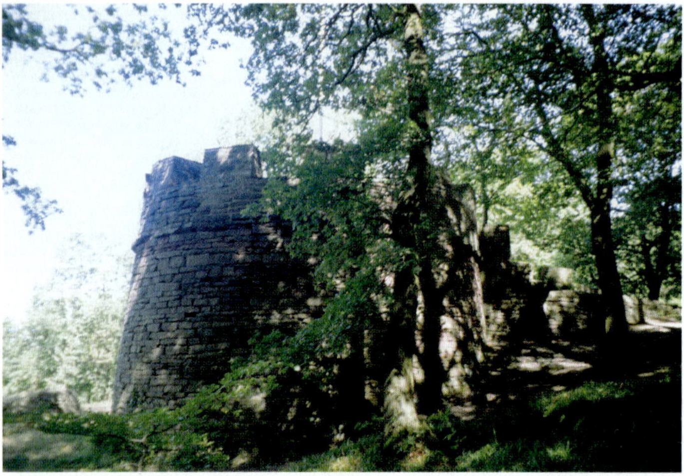

Aus Buntsandstein wurde die Königszinne erbaut

dem wieder von Eichen bestandenen Platz mit dem an einen Burgsöller erinnernden Turm der Königszinne. Das aus Sollingsandstein bestehende Bauwerk entstand 1862 und wurde ein Jahr später anlässlich der 50-Jahr-Feier der Völkerschlacht bei Leipzig vollendet. Prächtig ist von hier der Blick hinunter auf Bodenwerder.

Da wir auf dem Voglerkamm zum Bodoturm weiterwandern wollen, gehen wir bis zu dem Forstweg unterhalb der Königszinne zurück und dort nach links. Kleine alte Steinbrüche säumen den Weg, und schön ist weiterhin der Mischwald. Bei einer Gabelung steigen wir auf dem linken Wanderweg an; von jetzt an weisen uns Schilder verlässlich zum Bodoturm. Obwohl der Weg mit lichten Abschnitten, Schutzhütten und einer durch Windbruch entstandenen Aussichtsstelle, die uns einen Blick über den östlichen Teil des Gebirges in das Lennetal ermöglicht, recht abwechslungsreich ist, scheinen sich die vier Kilometer entlang des Kammes in die Länge zu ziehen. Doch schließlich erreichen wir einen Holzplatz, bei dem ein Weg hinunter nach Bodenwerder abgeht. Hier könnten wir später zurückgehen, nachdem wir die letzte Strecke zum Turm noch einmal kräftig angestiegen sind.

412 Meter hoch ist der Zimmertalskopf, nach dem Ebersnacken die zweithöchste Erhebung des Voglers. Stolz erhebt sich auf ihm der 20 Meter hohe Bodoturm, der nach dem Ritter Bodo von Homburg benannt wurde, dem Patron Bodenwerders im 12./13. Jahrhundert. Ihm verdankt die Stadt auch ihren Namen als die

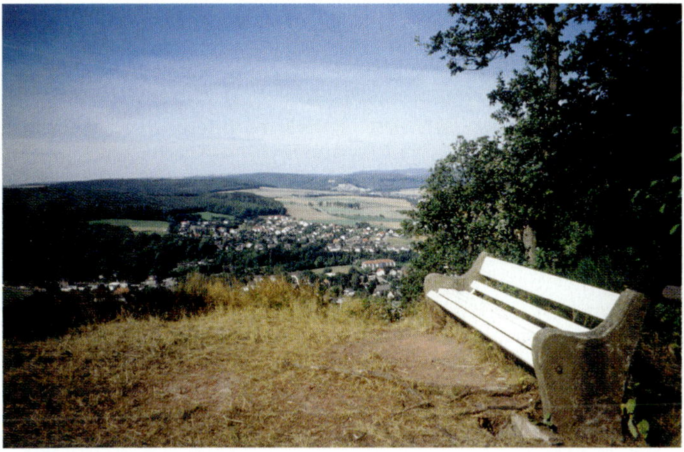

Vom Vogler aus blickt der Wanderer hinunter auf Bodenwerder

„Insel des Bodo". 100 Stufen führen auf den Gitterturm, sie sind leicht zu ersteigen. Oben wird der Wanderer mit einem großartigen Blick belohnt. Für den Abstieg bietet sich der Wanderweg von dem beschriebenen Holzplatz aus an. Wer jedoch eine kurze unbequeme Strecke nicht scheut, sollte zunächst auf dem Kammweg weitergehen. Nach etwa zehn Minuten Steilabstieg erreicht der Wanderer die Schleife einer bequemen Forststraße, die uns, wenn wir auf ihr nach rechts absteigen, einen ganz besonders reizvollen Rückweg bietet. Naturfreunde können sich an der Artenvielfalt der Vegetation entlang der kurvenreichen Forststraße freuen, die schließlich in das Künneckental und dort zu einer recht komfortablen Grillanlage führt. Am Ende dieses Geländes kommen wir zu einem Querweg, dem wir nach rechts folgen. Oberhalb großzügig bebauter Grundstücke gehen wir nun in Waldrandnähe zurück zu unserem Ausgangspunkt.

Die Wanderung ist zehn Kilometer lang bei einem Höhenunterschied von rund 270 Metern und erfordert eine gewisse Kondition. Wir sind gut drei Stunden unterwegs; dazu kommt noch der Aufenthalt bei den beiden Türmen. Einkehrmöglichkeiten sind in Bodenwerder reichlich vorhanden.

Wanderaufzeichnungen / Notizen

29 Zum Ebersnacken und zum Weinberg

Viele Wege führen zum Turm

Für viele Wanderer ist der Vogler mit seinem fast rechtwinklig gebogenen Kamm, seinen vielen Seitentälern und der krausen Faltung das interessanteste Gebirge des Weserberglands. So abwechslungsreich wie seine Landschaft, so zahlreich sind die Ausgangsorte mit Aufstiegsmöglichkeiten aus allen Himmelsrichtungen. Dazu gehören auch Golmbach und Holenberg im Süden des Voglers, die sich selbstbewusst als „Sommerfrische" anpreisen. Holenberg liegt unmittelbar am Gebirgsrand, geschützt von zwei Vorbergen, dem Bützeberg im Osten und dem Weinberg im Westen. Auf letzterem bauten einst die Zisterziensermönche des nahe gelegenen, im 12. Jahrhundert gegründeten Klosters Amelungsborn ihren Wein an. Wir werden diesen seiner Weitsicht wegen besonders empfehlenswerten Berg zum Schluss unserer Wanderung umrunden. Deren Ziel aber ist der Ebersnacken, die mit 460 Meter Höhe höchste Erhebung des Voglers. Der weithin sichtbare hölzerne Turm bietet eine der am meisten beeindruckenden Fernsichten unserer Region.

Wir starten zu dieser Rundwanderung in Holenberg. Dort hält die Linie 531 Holzminden–Stadtoldendorf der Regionalbus Braunschweig GmbH, Geschäftsstelle Holzminden; bis Holzminden fährt aus Hameln die Linie 520. Mit dem Auto ist die Anfahrt über Bodenwerder und Rühle durch die liebliche Rühler Schweiz empfehlenswert, zumal uns dann schon vom Voglerkamm her der Turm grüßt. In Golmbach lassen wir uns nach Holenberg weisen. Eine weitere Möglichkeit für die Fahrt besteht über Eschershausen und weiter auf der Bundesstraße 64 nach Holenberg. Am westlichen Ortseingang führt eine Straße bergwärts, sie bringt

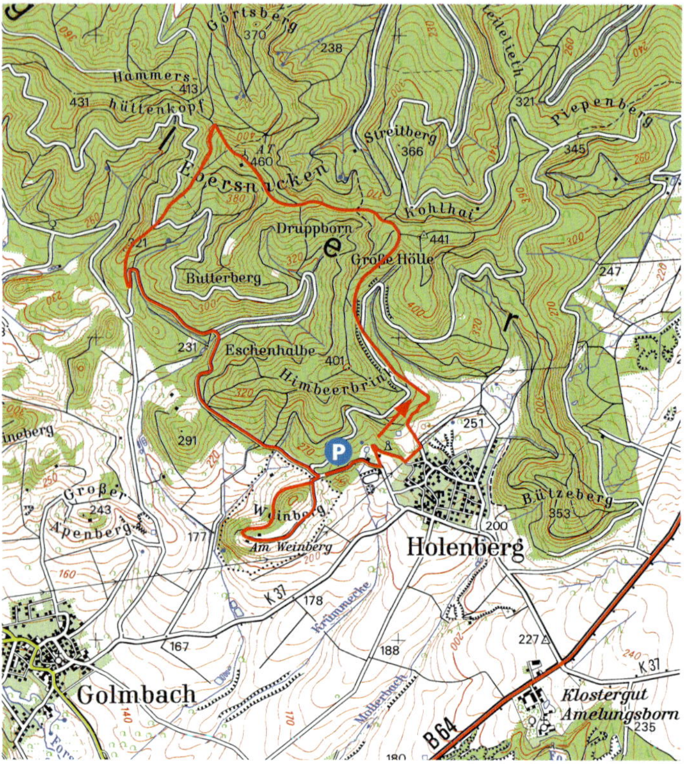

uns zum Wanderparkplatz im Wald. Von hier aus gehen wir zurück bis zu der Gebäudegruppe, an der wir soeben vorbeifuhren, und dort hinauf zu dem phantasievoll gestalteten Grillplatz, vorbei an einem kleinen Teich. Oberhalb der Anlage führt ein Weg nach rechts, zunächst zu einem anrührenden Ehrenmal, dann am Waldrand entlang bis zu den obersten Häusern des Ortes. Dabei erfreuen wir uns zum ersten Mal an der weiten Sicht.

Der Wanderweg mündet im Ort auf den nach links führenden Fernwanderweg XW, dem wir zum Waldrand und in den Wald hinein folgen. Am Ende einer Koppel halten wir uns links, überqueren einen Forst-

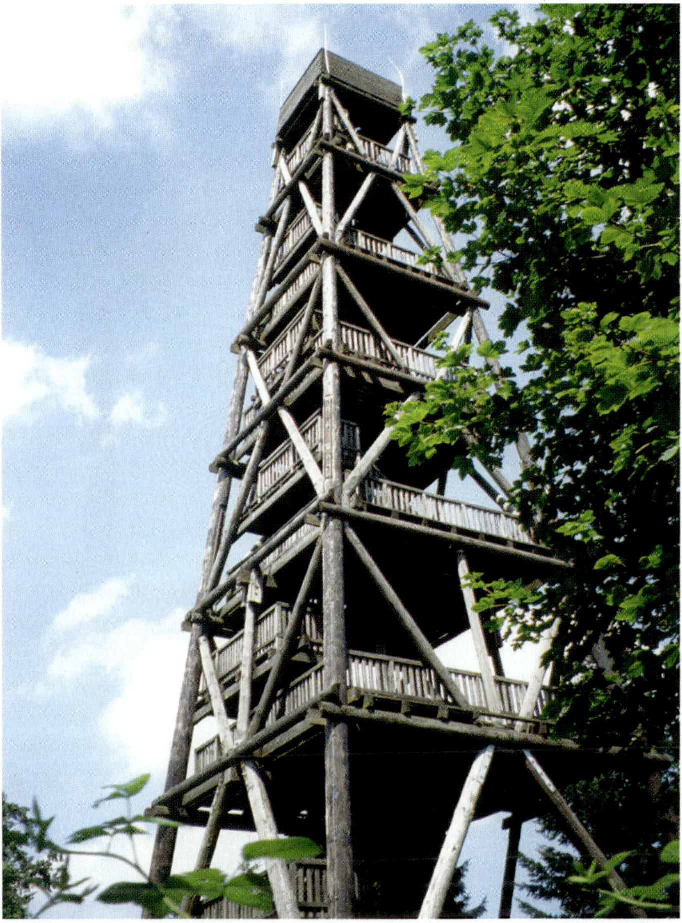

Auf der höchsten Erhebung des Voglers steht der weithin sichtbare Ebersnackenturm

weg und werden dann nach rund 100 Metern auf einen nach rechts abzweigenden Weg geleitet. Nach einem schweißtreibenden Anstieg erreichen wir den Kamm und stoßen auf einen breiteren Wanderweg, der uns nach links zum Ebersnacken führt. Hier lässt sich gut rasten, vor allem aber ist der Blick vom hölzernen Turm geradezu atemberaubend. Eine Tafel informiert uns über das Panorama. Für den Rückweg gehen wir noch etwa 150 Meter in der bisherigen Richtung wei-

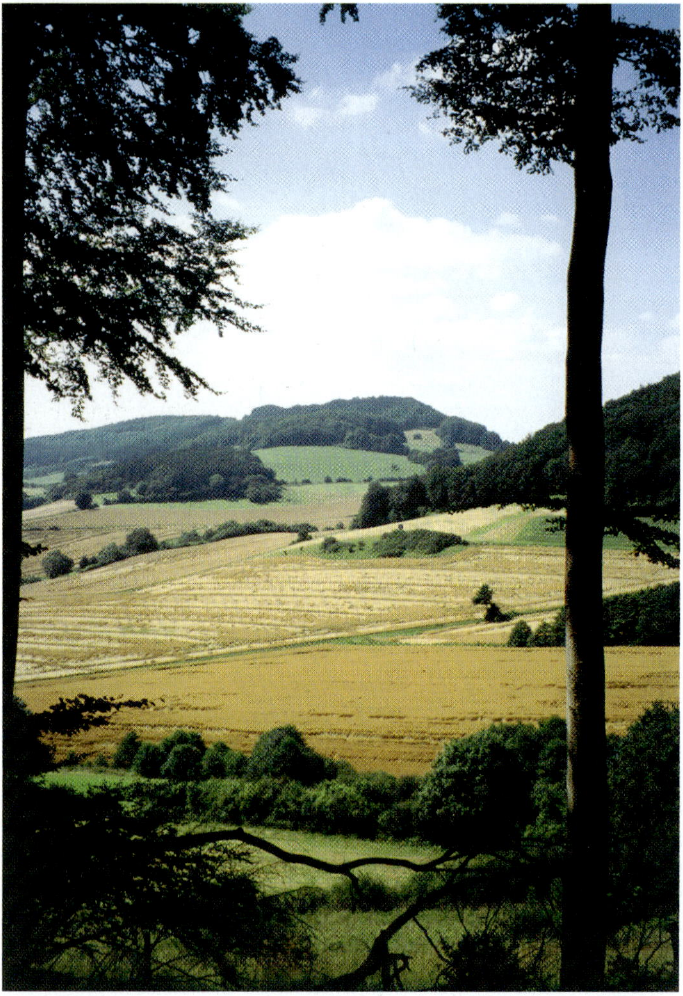

Vom Weinberg aus hat der Wanderer einen imposanten Weitblick

ter auf dem Kammweg, um dann nach links auf einem schmalen Wanderweg zügig abzusteigen. Dabei überqueren wir eine breite Forststraße. Hier besteht die Möglichkeit, dem Wegweiser nach links zurück nach Holenberg zu folgen. Doch dorthin kommen wir auch, wenn wir die Straße überqueren und jenseits weiter auf unserem bisherigen Weg absteigen. Der mündet in eine betonierte Straße, auf der wir nach links weiterwandern, zunächst scheinbar zurück. Erst nachdem wir ein tief eingeschnittenes Bachbett umwandert haben, stimmt die Richtung wieder. Nahezu eben verläuft dann der weitere Rückweg am Hang des Butterbergs und – nach einem weiteren Tal – dem des Himbeerbrinks entlang.

Unmittelbar vor dem Parkplatz zweigt nach rechts der Weg zum 302 Meter hohen Weinberg im spitzen Winkel ab. Bei der Gabelung wählen wir zunächst den schmaleren Weg nach rechts, der den Berg umrundet und uns hinauf zum Aussichtsplatz mit Bank und Schutzhütte führt. Dass der Weinberg, an dem schon längst kein Wein mehr angebaut wird, unter Naturschutz steht, merkt der Wanderer im Sommerhalbjahr voller Freude an der Fülle der Blumen und Schmetterlinge. Und er genießt die Aussicht auf Homburg, Burgberg und Solling mit dem Kloster Amelungsborn im Vordergrund, ehe er auf der ausgebauten Straße zurück zum Ausgangspunkt geht.

Reichlich drei Stunden dauert diese zehn Kilometer lange Rundwanderung, bei der wir rund 240 Meter Höhenunterschied zu bewältigen haben. Den Wanderer werden möglicherweise die Wegweiser zu anderen An- und Abstiegsmöglichkeiten irritieren, denen man ebenfalls folgen kann. Es führen nun einmal viele Wege zum Ebersnacken-Turm! Einkehrmöglichkeiten bestehen sowohl in Holenberg als auch in Golmbach.

30 Zur Ruine der Homburg und zum Kellberg

Gips aus dem Zechsteinmeer

Gesteine aus dem Erdaltertum oder Paläozoikum sind rar in unserer Wanderregion. Das gilt auch für die häufig zusammen auftretenden Gips- und Anhydritvorkommen aus der Perm-Periode, der jüngsten des Erdaltertums. Sie gehören der Zechstein-Epoche an und entstanden vor etwa 245 Millionen Jahren in einem riesigen Meer, dem so genannten Zechsteinmeer, durch Eindampfung des Meerwassers. Da Gips in großen Mengen in der Bauindustrie gebraucht wird, sind die Lager sehr begehrt. Das gilt auch für die gewaltigen Gipsbrüche an der Westseite der Homburg, in denen Gipsstein und Anhydrit abgebaut werden. Zum Teil sind die Brüche allerdings bereits rekultiviert, trotzdem haben sie den ehemals grünen Bergkegel verändert.

Die Homburg liegt nordöstlich des Städtchens Stadtoldendorf und hat ihren Namen (Hohe Burg) von der gleichnamigen Burg bekommen, deren Ruine zu den besterhaltenen unserer Region zählt. Einer der beiden Bergfriede wurde neu aufgebaut, so dass er heute als Aussichtsturm dient und auf einer Höhe von nahezu 400 Metern einen weiten Blick in das Land ermöglicht. Auch hinüber zum Großen Eberstein jenseits von Stadtoldendorf, wo die Gegenspieler der Edelherren von Homburg, die Grafen von Everstein, ihren Stammsitz hatten. Im Verlauf von zwei Jahrhunderten vergrößerten die Homburger ihren Herrschaftsbereich beträchtlich. Nach ihrem Aussterben 1409 wurde die Burg noch bis 1535 vom Welfenhaus genutzt, dann verfiel sie und wurde als Steinbruch missbraucht. Heute zeigen sich die Reste der aus Buntsandstein und Gipsstein gemauerten und mit Gipsmörtel verfugten Burg vorbildlich restauriert.

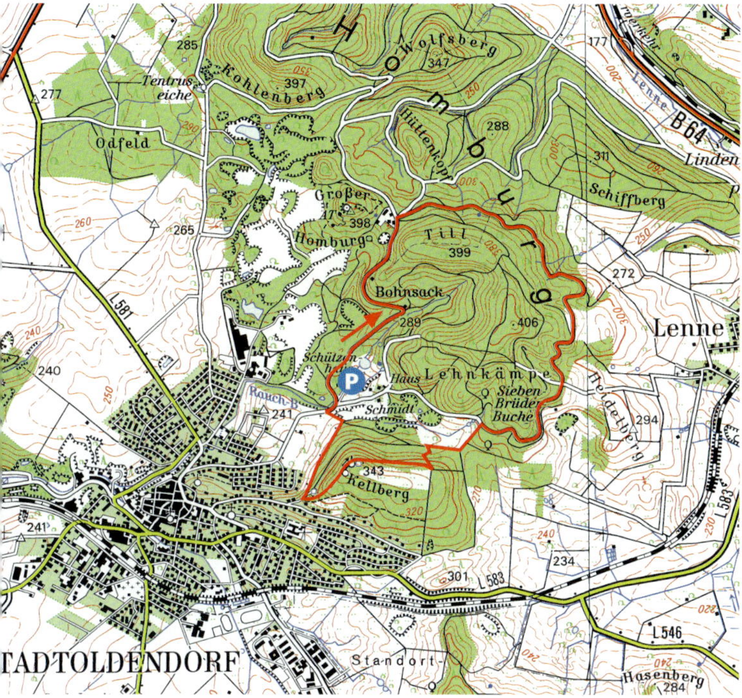

Unsere Rundwanderung bezieht aber auch noch den Kellberg westlich von Stadtoldendorf mit ein, dessen Bergspitze mit dem weithin sichtbaren Umsetzer die Stadt überragt. Der 20 Meter hohe Kellbergturm hält sich dagegen für die Betrachter aus dem Tal in den Bäumen verborgen, trotzdem ist die Fernsicht von seiner Plattform aus geradezu prächtig. – Stadtoldendorf ist mit der Buslinie 523 Bodenwerder–Stadtoldendorf der Regionalbus Braunschweig GmbH, Geschäftsstelle Holzminden, erreichbar. Diese Linie hat in Bodenwerder Anschluss an die Linie 520 Hameln–Holzminden. Autofahrer können sowohl die Route über Eschershausen als auch die über Rühle und Negenborn wählen, beide sind empfehlenswert und reizvoll. Geparkt wird bei der Waldgaststätte Schützenhaus, der Weg dorthin

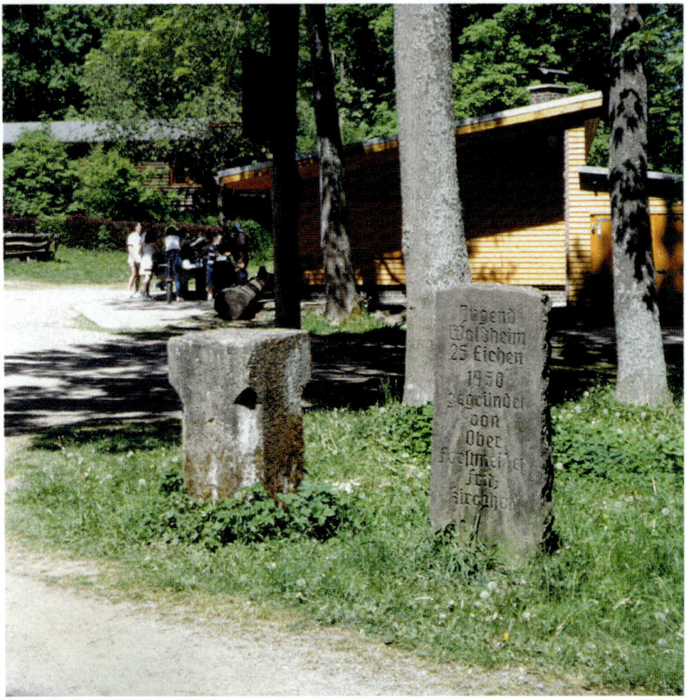

Unterhalb der Ruine Homburg liegt das „Jugendwaldheim 25 Eichen“

über die Straße Am Rodekamp ist in Stadtoldendorf ausgeschildert.

Vom Wanderparkplatz steigen wir auf dem Roten Weg, einer asphaltierten Forststraße, hinauf zum „Jugendwaldheim 25 Eichen". Vom Waldlehrpfad dorthin sind nur noch wenige Tafeln übrig geblieben. Dafür lohnt sich die Betrachtung der rekultivierten Gipsbrüche auf der linken Seite. Nicht ganz so lohnend ist der Abstecher vom Jugendheim (vom Hauptweg aus nach links zwischen den Gebäuden entlang) zum Naturdenkmal Zechstein. Die großen, zum Teil moosbewachsenen Gipssteinblöcke liegen nach etwa 200 Metern links vom Weg vor einer Linkskurve, aus der heraus man etwas weiter die großen Abbauflächen des grauweißen Gipsgesteins unter dem aufliegenden roten Buntsandstein betrachten kann. Nach diesem

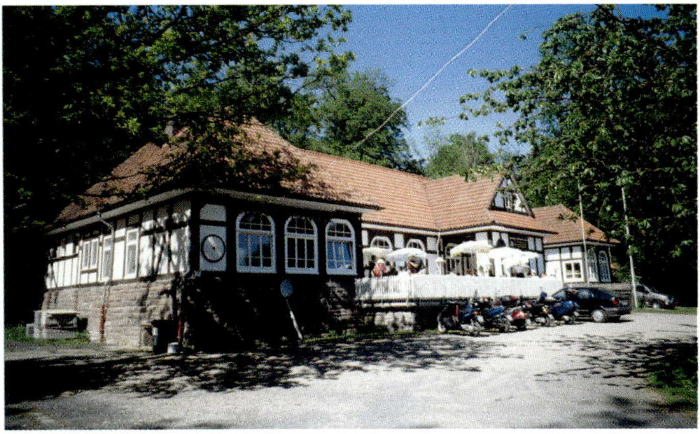

Die Waldgaststätte Schützenhaus empfiehlt sich zur abschließenden Einkehr

Ausflug gehen wir zurück zum Jugendheim und auf dem bisherigen Weg noch ein kurzes Stück bergan bis zum Abzweig nach links. Dort geht es ziemlich steil hinauf zur Burg. Hier kann man den Turm besteigen, die Informationstafel studieren und bei entsprechendem Wetter auf den Rasenflächen ein Picknick veranstalten.

Dann steigen wir wieder zum Jugendheim ab. Für den Rückweg wählen wir den rechten der beiden jenseits der Gebäude abzweigenden Wege, der auf der Wanderkarte am eichenumstandenen Platz als Tillrundweg bezeichnet ist. Auf ihm sind am Anfang die Eichenveteranen nummeriert. Der Weg führt um die Lehnkämpe mit dem rund 400 Meter hohen Till und gewährt im Osten vom Waldrand aus einen ganz besonders schönen Rundblick. Nach einer Reihe von

Kurven erreichen wir auf der linken Seite ein Wiesental, zu dem ein Forstweg rechtwinklig abzweigt. Ein Schild warnt hier vor Sprengarbeiten. Wenn wir jetzt an dieser hübschen Waldwiese geradeaus weiter wandern, erreichen wir nach einem Kilometer wieder das Schützenhaus. Doch schließlich wollen wir noch den Kellberg erklimmen, dessen lang gezogener Bergrücken jenseits der Lichtung aufsteigt. Deshalb gehen wir auf dem bei dem Warnschild abzweigenden Weg nach links. Er führt am Waldrand zum jenseitigen Ende der vom Bergwald eingerahmten Wiese. Dort biegen wir nach rechts ab und gehen in Waldrandnähe an ihr entlang.

Am Ende dieser Wiese führt ein Wanderweg nach links schräg zurück hinauf in den Wald. Er stößt nach etwa 150 Metern auf einen ebenfalls schräg ansteigenden Weg. Das wiederholt sich noch einmal, bis wir am Ende dieser Zick-Zack-Tour oben auf dem Bergrücken angekommen sind. Etwas unterhalb des Kamms wandern wir nun nach rechts, bis wir schließlich auf der Spitze des 363 Meter hohen Kellbergs direkt auf den Turm treffen. Sitzgruppen und eine Schutzhütte beweisen, dass der Berg ein beliebtes Ausflugsziel ist. Wenn wir dann in der bisherigen Richtung weiter gehen, gelangen wir auf einen asphaltierten Weg, der in einem lockeren Mischwald rasch abwärts führt. Bei einem Wasserbehälter auf der rechten Seite biegen wir nach rechts ab und laufen nun am westlichen Waldrand entlang mit einem schönen Blick auf das Städtchen. Dann stoßen wir auf einen Querweg, halten uns links und gehen direkt zurück zum Schützenhaus.

Der Rundweg ist acht Kilometer lang bei einem Höhenunterschied von rund 150 Metern. Wir müssen zweimal ansteigen und sind gut zweieinhalb Stunden unterwegs. Einkehrmöglichkeiten bietet unter anderem die Waldgaststätte Schützenhaus.

31 Zur „Frauenschuhfläche" auf dem Burgberg

Orchideen als Publikumsmagnet

Zwischen den geschlossenen Waldgebirgen von Vogler und Solling liegt eine völlig anders gestaltete, kleinteilige Landschaft, zu der neben der Rühler Schweiz auch der Burgberg gehört. Seinen Namen erhielt er von jener Burg der Grafen von Everstein, die auf dem Großen und Kleinen Eberstein am östlichen Ende des lang gestreckten Bergrückens lag. Die Ruine dieses Stammsitzes der Eversteiner, die im 12. und 13. Jahrhundert eine führende Rolle im Oberweserbereich spielten, ist eines der Anziehungspunkte einer Rundwanderung auf dem Burgberg. Einen weiteren stellt die Optische Telegraphenstation als eine Art Denkmal für eine beachtliche technische Erfindung aus den Dreißiger Jahren des 19. Jahrhunderts dar. Informative Tafeln vermitteln dem Besucher das nötige Wissen über diese Besonderheiten am Wanderweg.

Die meisten Wanderer aber suchen auf dem Burgberg mehr die Natur als Kultur und Geschichte. Auf seinen Muschelkalkkuppen hat sich im Buchenwald, besonders an den Wegrändern, eine üppige Flora entwickelt, die vor allem im zeitigen Frühjahr, aber auch bis in den Sommer hinein mit ihrem Blühen die Menschen entzückt. Zwischen Mitte Mai und Mitte Juni setzt jedoch geradezu ein Ansturm auf den Berg ein, wenn auf einer von der Forstverwaltung vorbildlich für den Besucher erschlossenen Waldfläche in einer für Norddeutschland seltenen Fülle der exotisch anmutende Frauenschuh blüht.

Es handelt sich bei der „Frauenschuhfläche" um so genannten Kalkmagerrasen. Als der Mensch im Mittelalter begann, die Wälder großflächig zu roden, um seinen vielfältigen Holzbedarf zu decken, entstanden Flächen, auf denen Wind und Regen den freiliegenden

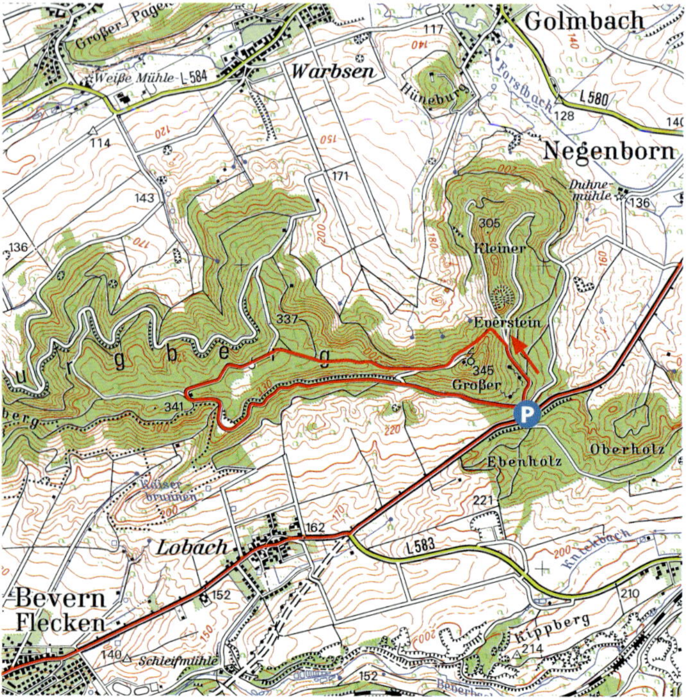

Boden abtragen konnten. Die Böden wurden immer trockener, da das Wasser schneller verdunsten und versickern konnte. Der Kalkboden begünstigte diese Entwicklung noch. Außerdem wurde das Gelände am Burgberg für Triftweiden genutzt, zu denen Ziegen- und Schafherden von einem Dorfhirten – in diesem Fall aus dem nördlich gelegenen Warbsen – getrieben wurden. Auf den freien Flächen entstand nun eine ganz besondere Tier- und Pflanzengemeinschaft. Zu den „lichthungrigen Überlebenskünstlern" unter den Pflanzen, die mit der Nährstoffarmut und Trockenheit des Bodens fertig werden, gehören der Wacholder, der auf der „Frauenschuhfläche" das Bild am Berghang bestimmt, aber auch verschiedene Enzianarten, Thymian und Orchideen.

Der Burgberg ist ausgesprochen publikumsfreundlich ausgeschildert. Ein etwa sechs Kilometer langer Rundweg mit zwei möglichen Abstechern verbindet alle Sehenswürdigkeiten und bietet auch gelegentlich Ausblicke vom Waldrand aus. Er beginnt am Parkplatz an der Bundesstraße 64, die von Eschershausen nach

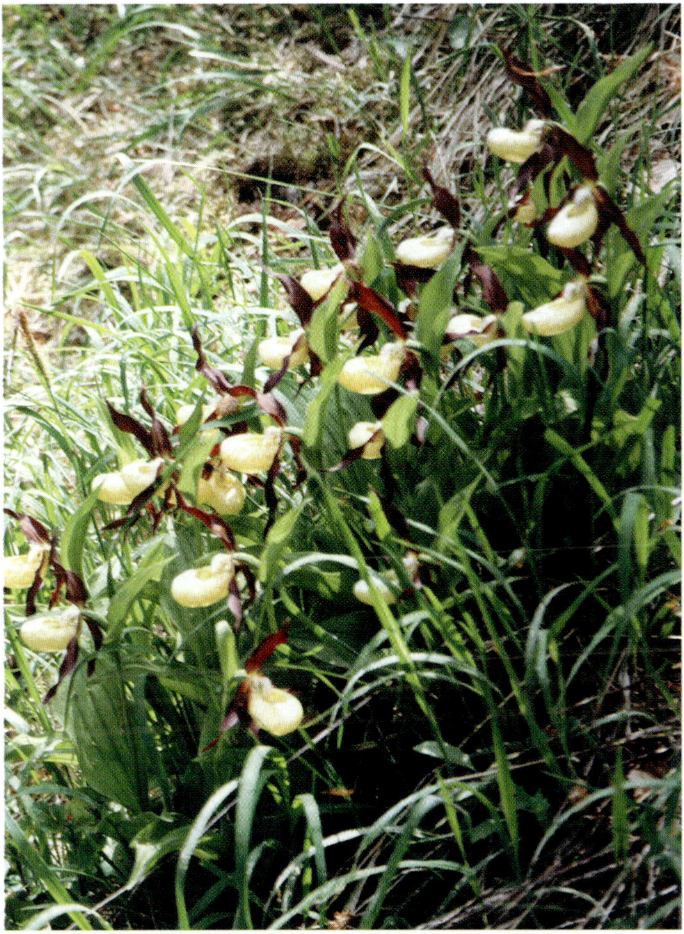

Blühender Frauenschuh ist die Hauptattraktion des Burgbergs

Holzminden führt. Dieser liegt etwa auf der Mitte zwischen den Dörfern Negenborn und Lobach und ist durch das Zeichen des Nottelefons zu erkennen. Wenn dort kein Platz mehr ist, gibt es für den Autofahrer auch noch schräg gegenüber in Richtung Lobach eine weitere Abstellmöglichkeit für den Wagen. Busbenutzern steht die Linie 530 Holzminden–Grünenplan der Regiobus Braunschweig GmbH, Geschäftsstelle Holzminden, zur Verfügung; nach Holzminden unter anderem die Linie 520 Hameln–Holzminden. Die Haltestellen in Negenborn und Lobach liegen allerdings jeweils rund zwei Kilometer vom unserem Ausgangspunkt entfernt.

Der Rundweg Burgberg, den wir benutzen, ist nur in einer Richtung durch Schilder des Naturparks Solling-Vogler gekennzeichnet. In seinem Verlauf werden wir auf die kulturhistorischen und naturkundlichen Besonderheiten hingewiesen. Er führt etwa im rechten Winkel zur Fahrstraße bergan. (Wenn zur Blütezeit die meisten Besuchergruppen nach links ansteigen, zeigt das nur, dass sie lediglich die Orchideen sehen wollen.) Durch Buchenwald steigen wir an. Bei einer Gabelung liegt rechts über uns der Kleine Eberstein, auf dem sich einst eine Vorburg der eigentlichen Burganlage befand. Wenn wir nach links weiterwandern, bietet sich uns der schönste Blick des Ausflugs über den Ort Warbsen in eine heiter wirkende Landschaft.

Dann erreichen wir nach einem kurzen weiteren Anstieg bei einer Rechtskurve unseres Wanderwegs den Abzweig nach links zur Ruine des „castrum Everstein maius“ auf dem 345 Meter hohen Großen Eberstein. Außer Wällen und Gräben ist dort nicht mehr viel zu sehen. Dafür erfährt der Wanderer viel über Aufstieg und Fall der Eversteiner und über das Schicksal ihrer 1265 erstmals urkundlich erwähnten Stammburg. Auf der Bergspitze steht heute jener Antennenmast, der als ein gewisses Wahrzeichen den Burgberg überragt.

Über die alte Steinbrücke zum Hauptweg zurückgekehrt, geht es auf diesem geradeaus weiter, zunächst leicht bergab bis zum Abkürzungsweg nach links hinab zum Parkplatz, dann wieder etwas ansteigend auf dem Kamm entlang bis zu jener Stelle, wo

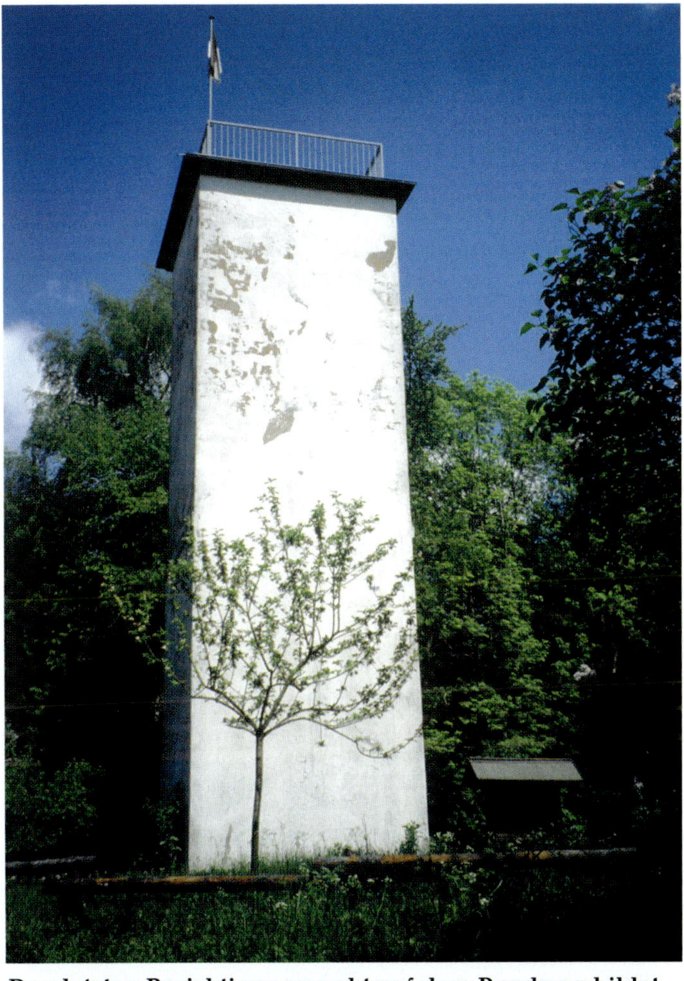

Den letzten Besichtigungspunkt auf dem Rundweg bildet die „Königlich Preußische Optische Telegraphenstation“

wir zum zweiten Abstecher nach rechts hinunter zur „Frauenschuhfläche“ gewiesen werden. Hier erwartet uns wieder eine bebilderte Informationstafel. Sorgsam angelegte Pfade mit Treppen und Geländern führen uns durch eine zu jeder Jahreszeit bemerkenswerte Vegetation.

Letzter Besichtigungspunkt auf unserem Rundweg ist dann die „Königlich Preußische Optische Telegraphenstation Nr. 28“ in 356 Metern Höhe, von der allerdings nur der Turm übrig geblieben ist. Vor allem technisch interessierte Besucher werden fasziniert die Bilder und den Text auch der dortigen Tafel betrachten, die gut verständlich das Funktionieren der 1832/33 nach französischem Vorbild erbauten optisch-mechanischen Telegraphenlinie schildert. Sie bestand aus insgesamt 62 Stationen von Berlin bis Koblenz und verband die preußische Hauptstadt mit den 1815 erworbenen preußischen Rheinprovinzen. – Der Abstieg erfolgt zunächst noch in der gleichen Richtung. Nach 500 Metern werden wir bei einer Schutzhütte nach links hinunter gewiesen, umrunden einen alten, recht romantisch wirkenden Steinbruch und wandern zurück zu unserem Ausgangspunkt.

Mit den unbedingt empfehlenswerten Abstechern ist der Rundweg etwa sechs Kilometer lang und kann eher als Spaziergang denn als Wanderung bezeichnet werden. Einschließlich aller Informationen und Betrachtungen sollten trotzdem mindestens zwei Stunden eingeplant werden.
Der Ausflug ist auch für Familien lohnend – häufig begegnet man drei Generationen von Spaziergängern. Einkehrmöglichkeiten bieten die Orte an der Bundesstraße 64.

32 Zur Weserschleife jenseits von Polle

Eindrucksvoll und lehrreich: „Lebensraum Kiesgrube“

In den letzten Jahrzehnten haben sich entlang der Weser viele so genannte Abgrabungsgewässer gebildet als Folge des Kiesabbaus in den Weserauen. Die meisten dieser Seen wurden zu Freizeitgebieten und als solche zum Angeln, Baden oder Surfen genutzt. Relativ selten entstanden Naturschutzgebiete mit dem Ziel, der Tier- und Pflanzenwelt einen Ersatz für den weitgehend zerstörten Lebensraum der Auegebiete zu bieten. Denn die Flussauen der Weser gehörten zu den vielfältigsten und artenreichsten Landschaften, ehe die bis zu 30 Meter hohen Schichten von Kies und Sand in den letzten Jahrzehnten maschinell abgebaut wurden. Erstaunlich schnell sind jedoch die unter Schutz stehenden Wasserflächen und die ganz unterschiedlichen Uferformen der ehemaligen Kiesseen wieder besiedelt worden und bilden nun ein Biotop, das jenem der früheren Flusslandschaft entspricht.

Eindrucksvoll und lehrreich für den Besucher ist die Kiesgrube Heidbrink bei Reileifzen, die im Gelände des Naturparks Solling-Vogler liegt. Von einer Hütte aus besteht hier die Möglichkeit, den See und angrenzende Tümpel zu betrachten, aber auch jene Wasservögel zu beobachten, die auf einer in jeder Hinsicht informativen Karte beschrieben werden. – Für uns ist dieser Aussichtspunkt das erste Ziel einer Rundwanderung, welche uns jenseits von Polle durch das Gelände einer der markantesten Weserschleifen führen soll.

Um nach Reileifzen zu kommen, biegen wir in Bodenwerder von der Bundesstraße 83 stadteinwärts ab, überqueren die Weser und fahren weiter nach Rühle.

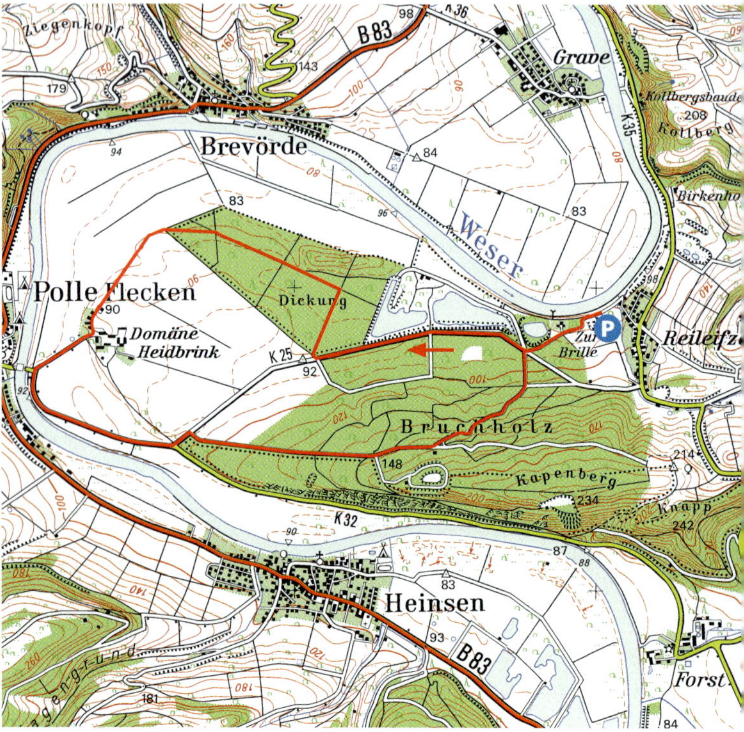

Jenseits des hübschen Ferienortes geht es an der Weser entlang in Richtung Holzminden über Dölme bis nach Reileifzen. Dort folgen wir dem Schild schräg zurück hinunter zur Weser, das uns zum Schiffsanleger führt, wo es einen größeren Parkplatz gibt. Busbenutzern steht die Linie 520 Hameln–Holzminden der Regiobus Braunschweig GmbH, Geschäftsstelle Holzminden, bis Bodenwerder zur Verfügung, von dort die Linie 528 Bodenwerder–Rühle–Holzminden.

Am Fluss entlang führt der Weserradweg, der auf den Schildern als „die schönste Reise entlang der Weser" gelobt wird. Auf ihm beginnen wir stromaufwärts unsere Rundwanderung. Er führt uns in einer Serpentine durch ein Wäldchen mit knorrigen Bäumen und dann durch die Feldflur, vorbei an der ehemaligen Gaststätte „Zur Brille". Durch den Wald kommen wir zu einer Kreuzung und folgen dem Radwanderweg nach rechts. Bei der Zufahrt zur rechts der Straße liegenden Kiesgrube beginnt das Naturschutzgebiet, und sehr bald erreichen wir dann eine kleine Straßenbucht, bei der wir zur Vogelbeobachtungsstelle gewiesen werden. Dort sollte man sich etwas Zeit nehmen und möglichst ein Fernglas mitgebracht haben.

Weiter geht unsere Wanderung bis zum Waldrand, wo es beim Verlassen der Kreisstraße zwei Möglich-

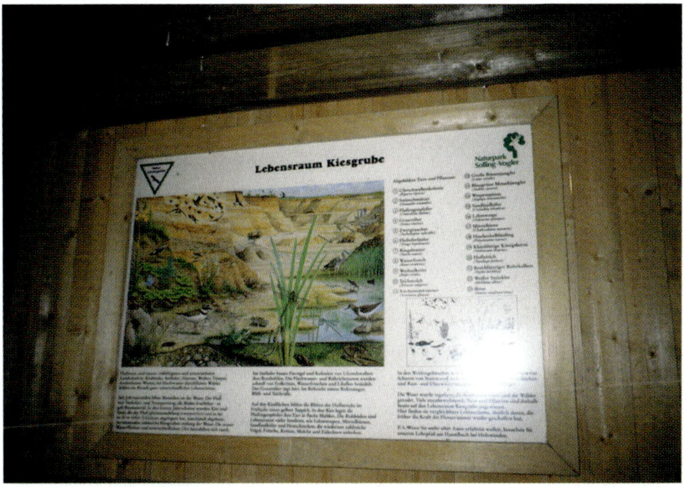

Über den „Lebensraum Kiesgrube" kann sich der Besucher der Beobachtungsstelle informieren

keiten gibt: Dem Naturschutzschild folgend können wir nach rechts durch den Wald oder aber bei dem Fahrverbotszeichen unter schönen Bäumen am Waldrand entlang gehen. Beide Wege treffen sich am Ende des Dickung genannten Wäldchens, wo sich uns ein beeindruckender Blick auf den Weserbogen bei Brevörde und die dahinter ansteigende Hochfläche bietet.

Durch die Feldflur wandern wir dann auf die Domäne Heidbrink zu und an den ersten Gebäuden vorbei, ehe wir nach rechts in die Birkenallee zum Weserufer mit der Poller Fähre hin abbiegen.

Noch vor dem Fluss führt uns die Straße nach Bevern auf dem dazugehörigen Radweg stromauf am

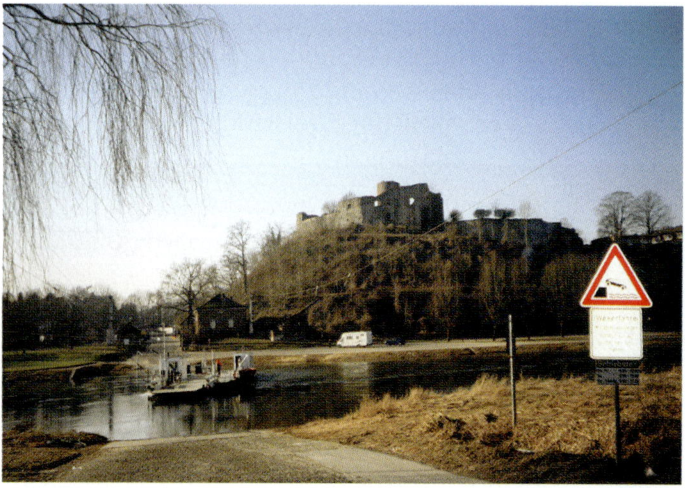

Jenseits von Polle erreichen wir das Weserufer

Fluss entlang, bis sich die Straße gabelt und wir nach links in Richtung Reileifzen wandern. Zwar gibt es hier keinen getrennten Radweg mehr, doch wir verlassen die Straße bereits am nächsten Waldrand und steigen leicht im so genannten Bruchholz an. Links liegen die Gebäude einer Mülldeponie, rechts beginnt wieder ein Naturschutzgebiet.

Zweimal folgen wir den Wegweisern nach Reileifzen und gehen auf Forstwegen zunächst eben, dann bergab durch erholsam wirkenden Wald, ehe wir bei einer weiteren Kreuzung nicht dem Hauptweg nach rechts folgen, sondern auf dem unbefestigten Weg geradeaus absteigen. Er führt uns hinunter zur Kreisstraße in Höhe der alten Einfahrt zur Kiesgrube. Auf dem Radwanderweg laufen wir nun in Richtung Hameln bis zum Parkplatz am Schiffsanleger zurück, wo wir uns in den Sommermonaten an einem Kiosk stärken können.

Die Rundwanderung ist neun Kilometer lang bei einem Höhenunterschied von nur 70 Metern. Wir sind zweieinhalb bis drei Stunden unterwegs. Einkehrmöglichkeiten gibt es gegebenenfalls am Kiosk, sonst im Ort Reileifzen. In Anbetracht möglicher Kies- und Müllfahrzeuge empfiehlt sich der Ausflug am Wochenende.

Wanderaufzeichnungen / Notizen

33 In und um das Hellental im Solling

Eine Kulturlandschaft wird geschützt

Die lieblichen Wiesentäler des Solling sind für den Wanderer von besonderem Reiz. Das gilt nicht zuletzt für das Hellental, von dem schon Hermann Löns als dem „Tal der Lieder" schwärmte. Wie die anderen Sollingtäler auch, die sich vom Rand des Gebirges kilometerlang entlang der Bäche bis tief in die Wälder hinein erstrecken, ist das Hellental eine vom Menschen geschaffene Kulturlandschaft. Als im Mittelalter eine extensive Beweidung der Täler begann, wurden die Erlenwälder zurückgedrängt und machten Wiesen und Weiden Platz. Im 20. Jahrhundert jedoch kam es zu einer intensiven Bewirtschaftung der Flächen durch Düngung und Entwässerung, was zur Verarmung der ehemals reichhaltigen Landschaft führte.

Seit 1990 ist nun das Hellental unter Naturschutz gestellt, um den vielen negativen Einflüssen Einhalt zu gebieten. Ziel der Maßnahmen ist es, das vielfältige Mosaik von Wiesenpflanzen und daran gebundenen Tieren dauerhaft zu erhalten. Dazu werden Weihnachtsbaumkulturen und Fichtenaufforstungen beseitigt, aber auch finanzielle Hilfen für die Landwirte gewährt, um die Pflege des Tals durch Beweidung und Mahd zu garantieren. Auf die Besonderheit des Wiesentales wird der Wanderer am Anfang des Naturschutzgebietes hingewiesen, wenn er von dem anheimelnd am Berghang gelegenen Erholungsort Hellental in das gleichnamige Tal hineinwandert.

Hellental ist mit dem Auto über Eschershausen und Stadtoldendorf zu erreichen. Letzteren Ort durchfährt man in Richtung Dassel; die Beschilderung ist vorbildlich. Nach Braak und Heinade, vorbei an dem links aus einer parkartigen Landschaft aufsteigenden Holzberg,

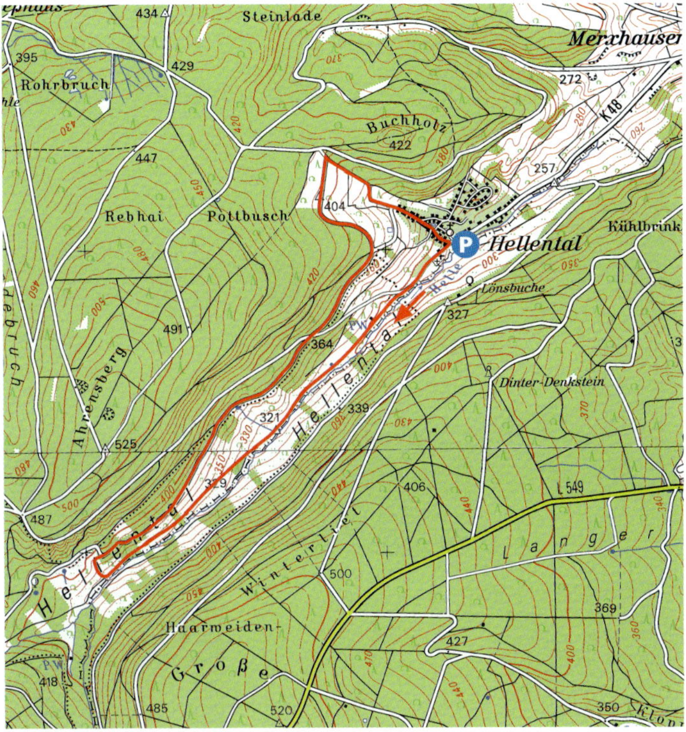

erreicht der Autofahrer Merxhausen und wird dort nach rechts nach Hellental geleitet. Parkmöglichkeiten bestehen ausreichend an einem Weg, der in Höhe der weiß leuchtenden Kirche nach links von der Fahrstraße abzweigt. Der Ferienort liegt an der Buslinie 543 Stadtoldendorf–Dassel der Regiobus Braunschweig GmbH, Geschäftsstelle Holzminden. Stadtoldendorf ist durch die Linien 530 und 531 mit Holzminden verbunden.

Schon bei der Anfahrt hat sich uns das Tal als eine liebliche Landschaft präsentiert. Der Eindruck verstärkt sich, wenn wir weiter in das Tal hineingehen und dabei auch einmal zurückschauen. Im Sommer belebt Vieh die Wiesen, durch die sich die schmale

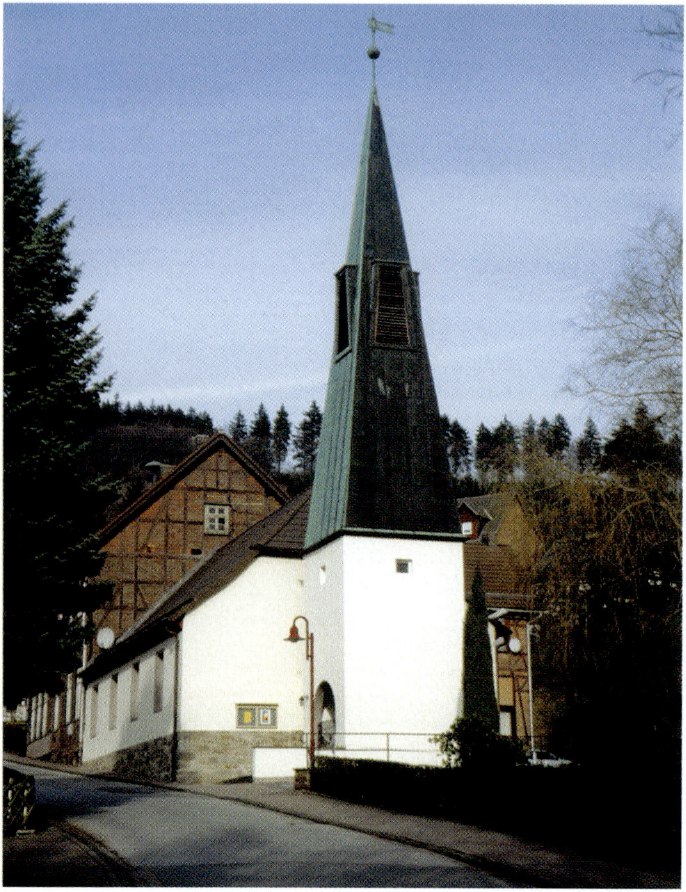

Weiß leuchtet die Kirche im Ferienort Hellental

Helle schlängelt. Aber auch im Winterhalbjahr lohnt sich die Wanderung, wenn wir sowohl hier im Tal als auch später auf der Höhe die Sonne voll genießen. Am Anfang des Naturschutzgebietes können wir die Informationen studieren. Unser Weg teilt sich hier – von rechts könnten wir später auf einem Abkürzungsweg zurückkommen.

Zunächst folgen wir dem grünen Rundwegeschild des Naturparks Solling–Vogler, durchwandern das unterschiedlich breite Tal und überqueren gelegentlich eins der vielen Quellbächlein. Etwa 200 Quellen soll es im Hellental geben! Nach drei Kilometer Wanderweg durchlaufen wir ein Stück Fichtenwald und kommen anschließend dem Bach bei einer Holzbrücke ganz nahe. Dann werden wir von unserem Rundwege-Schild nach rechts bergan gewiesen und steigen in einer S-Kurve auf einem Wiesenweg hinauf. Oben erreichen wir einen Waldweg, der uns oberhalb des Tals zurückbringt und uns gelegentlich einen Blick hinunter ermöglicht. Bei einer lang gestreckten Kreuzung ließe sich die beschilderte Rundwanderung auf kürzestem Weg beenden, nur einen Kilometer ist der Ort entfernt. Unbedingt empfehlenswert ist es jedoch, auf dem nach links ansteigenden Weg weiterzugehen. Denn der jetzt vor uns liegende zweite Teil der Wanderung vermittelt uns ein geradezu beglückendes Bergerlebnis, ohne dass wir noch erheblich ansteigen müssten.

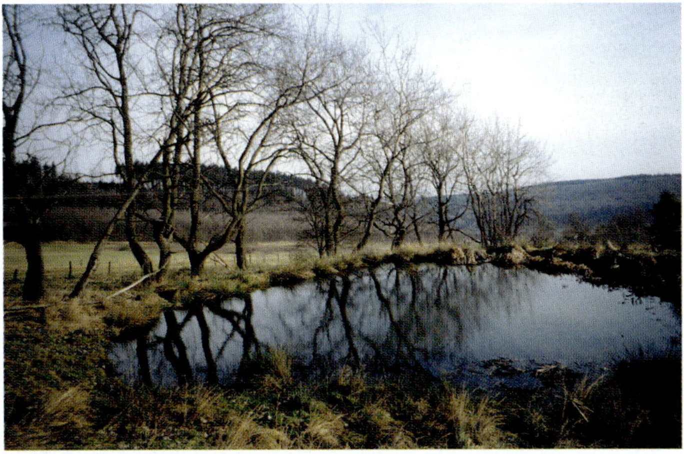

Hoch über dem Tal überrascht uns ein baumumstandener Weiher

Bald öffnet sich der Blick über den Ort Hellental vor dem Panorama sanfter Höhenzüge. Wir lassen das Naturschutzgebiet hinter uns und wandern nach links in Waldrandnähe entlang. Weit in den Wald hinein schiebt sich hier eine eigenwillige Feldflur, die wir im großen Rechtsbogen umwandern. Oben überrascht uns ein baumumstandener Weiher, der in dieser malerischen Kulisse besonders hübsch wirkt. Auch die Fernsicht bis zum Harz ist beeindruckend. Dann stoßen wir auf einen breiten Wanderweg, auf dem wir nach rechts bergab zurück nach Hellental gehen und den Fachwerkort bis zurück zu unserem Ausgangspunkt durchqueren.

Die Rundwanderung ist knapp acht Kilometer lang bei einem Höhenunterschied von 140 Metern. Sie eignet sich als Familienausflug und ist auch im Winterhalbjahr lohnend. Wir sind etwa zweieinhalb Stunden unterwegs. Einkehrmöglichkeiten bestehen in Hellental.

Wanderaufzeichnungen / Notizen

34 Von Bevern aus in den Solling

Ein Schloss dient der Kultur

Die mächtige Vierflügelanlage des Schlosses Bevern nordöstlich von Holzminden gehört ohne Zweifel zu den bedeutendsten Bauwerken der Weserrenaissance. 50 Meter lang ist jeder der vier Flügel, die den quadratischen Innenhof umgeben. Den Eindruck des ehemaligen Wasserschlosses vermittelt dem Besucher noch heute der Wassergraben vor der Eingangsfront. Die ist mit zwei Hauptgiebeln und zwei Zwerchhäusern geschmückt; das durch vertikale Pilaster und horizontale Lisenen belebte Mauerwerk ist verputzt und weiß gestrichen. Besonders beeindruckend ist der Innenhof mit seinem in Fachwerk ausgeführten Obergeschoss, den beiden unterschiedlichen Treppentürmen und den reich verzierten Portalen.

In den Jahren zwischen 1603 und 1612 ließ Statius von Münchhausen das Schloss bauen, das eine sehr wechselvolle Geschichte erleben sollte. Knopffabrik und Erziehungsanstalt, SA-Sportschule und Pionierkaserne, Flüchtlingsunterkunft und Möbellager waren dort einmal untergebracht. Seit 1986 der Landkreis Holzminden das Gebäude kaufte, hat es sich jedoch zu einem bedeutenden und beliebten Kulturzentrum entwickelt. Neben Heimatmuseum, Ausstellungsräumen und unterschiedlichen kulturellen Angeboten besitzt vor allem das nächtliche Licht- und Musik-Spektakel einer Zeitreise große Anziehungskraft, das von Mai bis Oktober samstags nach Einbruch der Dunkelheit im Innenhof zelebriert wird und bei dem die Schlossmauern als „Leinwand" fungieren.

Der Ort Bevern ist aber auch Ausgangspunkt für eine ausgedehnte Wanderung in den Solling. Am Schloss gibt es einen großen Parkplatz mit einer besonders informativen Wanderkarte. Es empfiehlt sich jedoch für den Autofahrer, von Eschershausen auf der Bundesstraße 64 kommend, noch bis zur nächsten nach links abbiegenden Angerstraße zu fahren. Diese gabelt sich nach einem knappen Kilometer. Wir fahren nach rechts unter zwei Brücken bergan. Die Fahrstraße endet bei einem Militärgelände, kurz davor führt eine schmale Straße nach links zu einem kleinen Parkplatz. Für Benutzer des öffentlichen Nahverkehrs gibt es zwischen Holzminden und Bevern gleich vier Linien der Regionalbus Braunschweig GmbH, Geschäftsstelle Holzminden, nämlich die 528, 530, 531 und 540. Holzminden ist verkehrsmäßig gut angebunden, aus dem Raum Hameln mit der Buslinie 520.

Unser Wanderweg beginnt vor dem Zaun des Militärbereichs nach rechts und führt uns zum Nordrand des Bertramgrunds. Es ist ein liebliches Tal, das im Gegensatz zu anderen Sollingtälern von keinem Bächlein durchflossen wird. Abzweigungen nach rechts und links nutzen wir nicht, sondern halten uns an die beim Aufstieg zuverlässigen Hinweise nach Schießhaus. Dorthin müssen wir kräftig und ausdauernd ansteigen, bis wir bei der Kreuzung „Rehspitze" die Höhe erreicht haben und fast eben das letzte Stück bis zu der gepflegten Siedlung Schießhaus wandern können. Eine

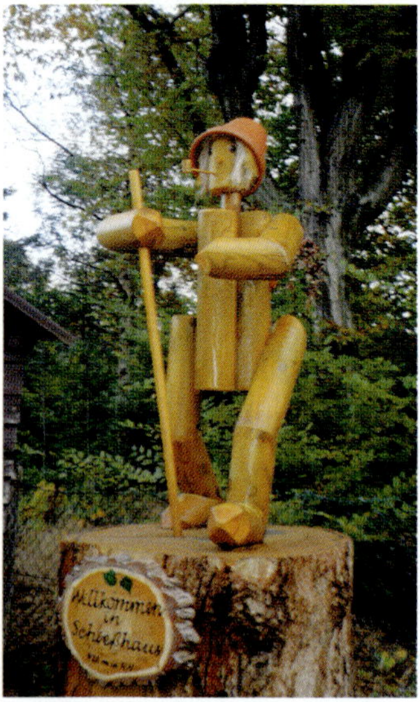

In der hoch gelegenen Siedlung Schießhaus wird der Wanderer auf originelle Weise willkommen geheißen

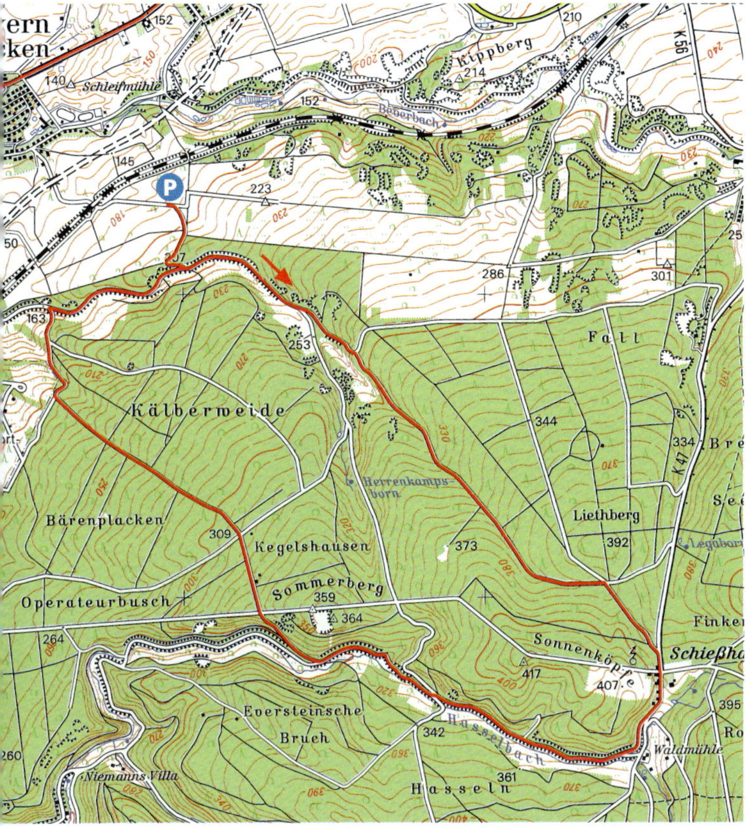

lustige Holzfigur begrüßt uns dort, wir werden ihren „Verwandten“ noch mehrfach bei unserem Weg durch den kleinen Ort begegnen. Die Fahrstraße führt aus der Siedlung heraus bis zur „Waldmühle“ an dem hier beginnenden Hasselbachtal. Die Gaststätte ist zurzeit nicht geöffnet.

Auf der rechten Seite des besonders anmutigen Tals beginnt unser Abstieg. Wir freuen uns an dem sich durch die Wiesen windenden Bach und an dem artenreichen Baumbestand am Steilabhang zum Tal hin. Bei der zweiten Kreuzung verlassen wir das Hasselbachtal nach rechts bergan (nach links führt nur ein Wiesenweg hinunter), überqueren auf der höchsten Erhebung dieses Wanderwegs eine schnurgerade nach Holzminden führende Forststraße, kreuzen beim Abstieg einen weiteren Querweg und gelangen schließlich zum Waldrand. Ehe wir nach rechts weiterwandern, schauen wir nach Osten bis hin zum Köterberg. Nach einer Kurve geht es weiter leicht bergab bis zu einer lang gezogenen Kreuzung. Hier biegen wir scharf nach rechts ab und finden uns sehr bald in jenem Tal wieder, in dem wir zu Beginn unserer Wanderung aufstiegen. Auch jetzt geht es noch einmal bergauf, bis wir nach einem Kilometer jenen Weg erreicht haben, auf dem wir vom Parkplatz kamen. Auf ihm erfolgt nun der letzte Anstieg dieses Ausflugs.

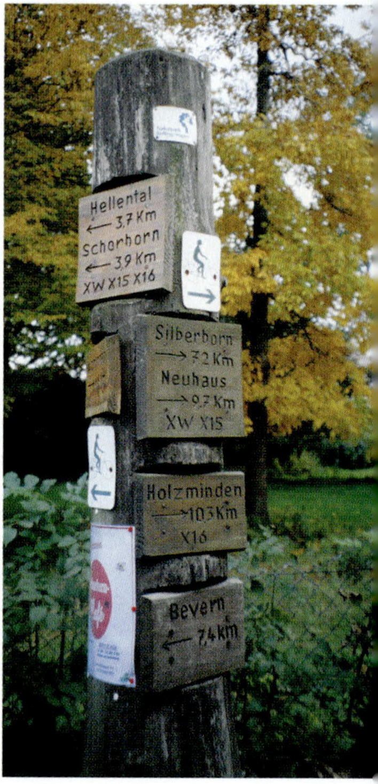

Viele Wege führen durch den Solling

Der Rundweg vom Waldrand oberhalb von Bevern aus ist 13 Kilometer lang bei einem Höhenunterschied von 245 Metern. Wir sind dreieinhalb bis vier Stunden unterwegs. Die Wanderung durch den Sollingwald ist zu jeder Jahreszeit zu empfehlen, auch wenn wir zurzeit nur in Bevern einkehren können.

35 Zum Rumbecker Berg ab Wennenkamp

Ein Turm, eine Burg und eine tolle Fernsicht

Im Gegensatz zu den Gebirgszügen nördlich der Weser, dem Süntel und dem Wesergebirge, scheinen die Berge jenseits des Flusses bei den Ausflüglern weniger bekannt zu sein. Dabei ist die vielfältige Landschaft links der Weser von ganz besonderem Reiz und allemal eine Wanderung wert. Sie gehört zum so genannten Lippischen Keuperbergland, auch wenn der von uns erwanderte Rumbecker Berg in der Grafschaft Schaumburg und damit in Niedersachsen liegt. Die Vielgestaltigkeit dieses auf 345 Meter ansteigenden Gebirgsmassivs liegt in seiner geologischen Beschaffenheit begründet, da die vor 215 bis 196 Millionen Jahren in der Keuper-Zeit abgelagerten Schichten von Sandstein, Tonstein und Mergelstein unterschiedlich verwittert sind. Mit der Hünenburg Hohenrode hoch über der Weser begegnet dem Wanderer am Rumbecker Berg auch ein Stück Geschichte, und schließlich genießt er vom Ludwigsturm aus eine großartige Aussicht.

Erlebnisreich ist bereits die Anfahrt nach Wennenkamp im Süden des Rumbecker Bergs, ob der Autofahrer nun die Strecke über Haverbeck, Heßlingen und Friedrichsburg oder über Groß Berkel, Grupenhagen, Goldbeck und Friedrichswald wählt. In jedem Fall verlässt er nördlich von Friedrichswald die Straße in Richtung Rinteln, um den besonders hübschen Ort Wennenkamp und dort über die Turmstraße den hoch gelegenen Wanderparkplatz zu erreichen. Benutzer des öffentlichen Nahverkehrs kommen mit der Buslinie 2022 Rinteln–Heßlingen der Schaumburger Verkehrs-GmbH (SVG) Stadthagen nach Wennenkamp (bis Rinteln Weserbahn Hildesheim–Bünde).

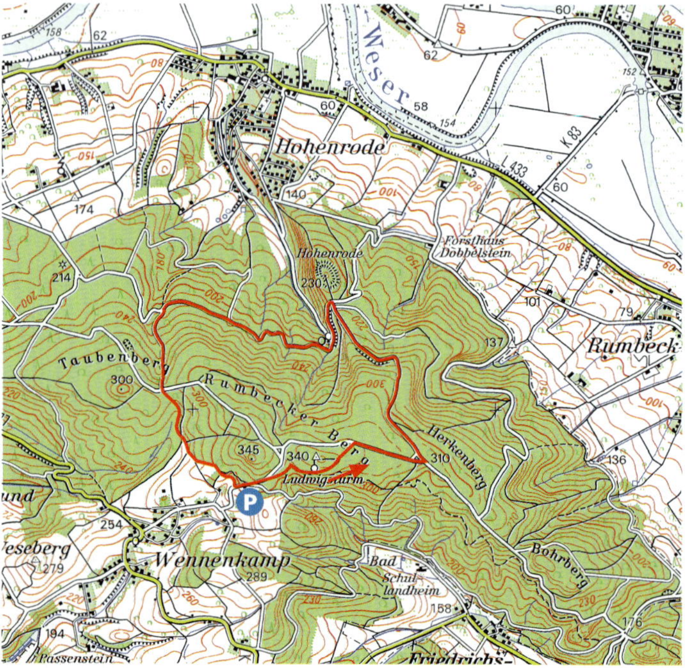

Der Wanderparkplatz oberhalb von Wennenkamp ist einer der schönst gelegenen unserer Region. An der Schutzhütte macht uns ein Schild auf den geologischen Wanderweg mit dem gelben Ammoniten-Zeichen aufmerksam, den auch wir zum Teil benutzen. Unsere Wanderung führt uns an der Schutzhütte vorbei auf dem linken der beiden Wege in den Wald. Bei einer Dreiteilung verlassen wir den Hauptweg nach rechts und folgen einem der zuverlässigen Wegweiser direkt zum Ludwigsturm. Der hölzerne Turm ist bequem zu besteigen und erlaubt einen tollen Rundblick, vor allem über die gesamte Gebirgskette jenseits der Weser vom Süntel bis zum Wiehengebirge. Eine von der Dorfgemeinschaft Wennenkamp erbaute Schutzhütte eignet sich in dem durch einen ehemaligen Sandsteinbruch zusätzlich belebten Gelände zur klei-

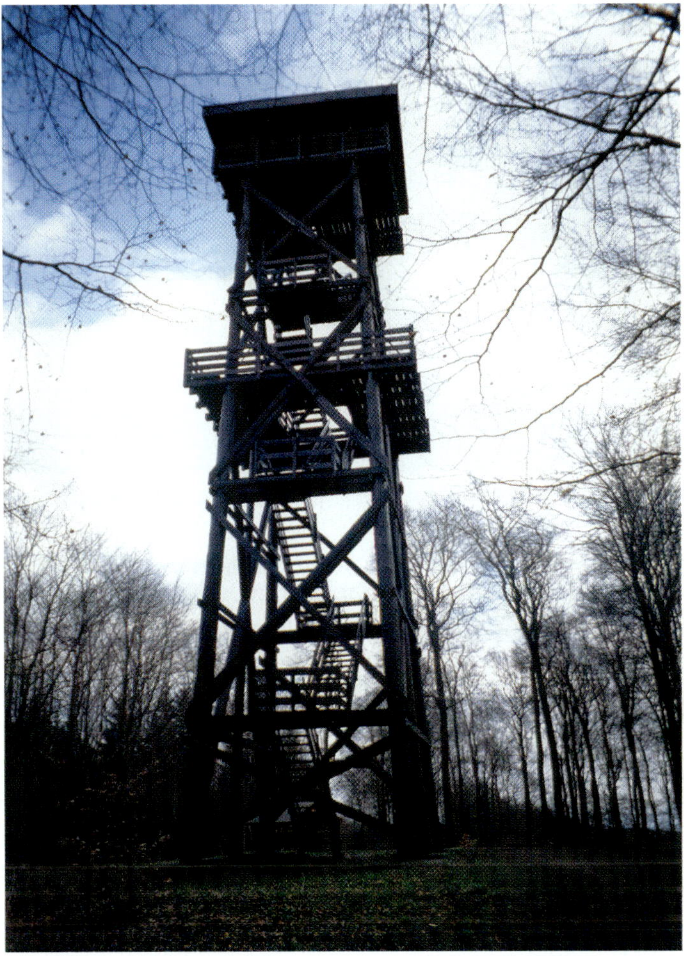

Der hölzerne Ludwigsturm lohnt wegen seiner tollen Aussicht einen Ausflug

nen Pause. Dann geht es in der bisherigen Richtung weiter auf dem Kamm entlang zurück zum Hauptweg und auf diesem nach rechts bis zu einem von drei Wegen gebildeten Platz. Hier halten wir uns an das

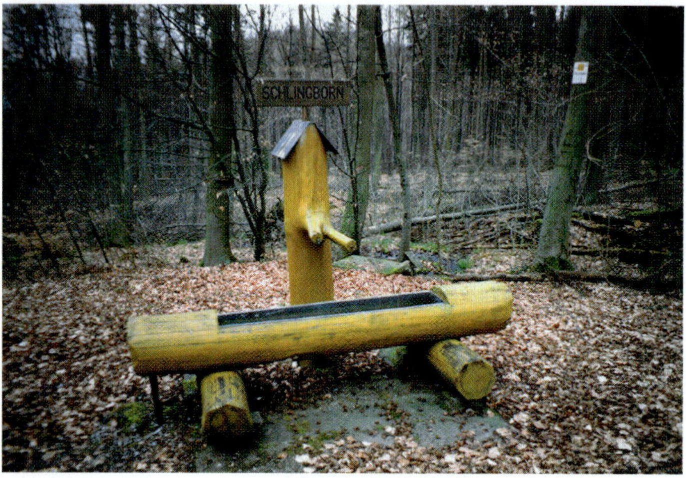

Aus dem hübschen Brunnen fließt das Wasser des Schlingborns

Schild zur Hünenburg nach links und wandern zunächst eben, später leicht bergab durch artenreichen Mischwald.

Dann liegt sie vor uns, die Hünenburg auf dem vorgelagerten Bergkegel. 1170 wurde sie von Konrad von Roden erbaut und bereits elf Jahre später von dem auf der Schaumburg jenseits des Flusses lebenden Grafen Adolf III. zerstört. Im Zuge der kriegerischen Auseinandersetzungen zwischen Kaiser Barbarossa und dem sächsischen Herzog Heinrich dem Löwen hatten sich die beiden Adelsgeschlechter verfeindet. Es lohnt sich schon wegen des Blicks auf Rinteln hinauf auf das Plateau mit Wällen, Gräben und Mauerresten zu steigen, um dann über die mächtige hölzerne Brücke auf den Weg unterhalb des Bergkegels zu gelangen und dort die Informationstafel zu studieren.

Bei der Kreuzung mit dem pilzartig überdachten Sitzplatz gehen wir – von der Burg aus gesehen – nach rechts weiter und kommen zum Hexentanzplatz am oberen Ende eines tief eingeschnittenen Tals. Den Talschluss bildet ein Teil der so genannten Roten Wand aus rötlich gefärbtem Steinmergelkeuper. Auf dem weiteren Wanderweg am nördlichen Berghang stoßen wir auf das kleine Gebäude einer Trinkwasseranlage. Daneben finden wir einen schönen hölzernen Brunnen vor einer reichlich sprudelnden Quelle, dem Schlingborn. Auch hier lädt eine Sitzgruppe zur Rast ein. Der weitere Weg ist zunächst etwas eintönig. Von rechts kommt eine Forststraße hoch, und schließlich können wir auf einer entsprechenden nach links am Rande eines Tals zum Kamm ansteigen. Wir überqueren ihn und steigen jenseits auf einem wieder besonders abwechslungsreichen Wanderweg ab zum Waldrand. Von diesem aus haben wir während des Rückwegs nach Wennenkamp noch reichlich Gelegenheit, die liebliche Landschaft anzuschauen.

Der Rundweg ist sieben Kilometer lang bei einem Höhenunterschied von rund 140 Metern. Wir sind zwei Stunden unterwegs. Nach dem Motto „Der Weg ist das Ziel" lohnt sich ein Ausflug nach Wennenkamp auch für Nichtwanderer als Autotour mit einem Spaziergang bis zum Ludwigsturm. Dann ist die Rückfahrt über Goldbeck mit Blick auf die hügelige Welt des Extertals unbedingt zu empfehlen.

Wanderaufzeichnungen / Notizen

36 Rundweg um Goldbeck im Lippischen Bergland

Fernblick wie vom Feldherrenhügel

Vom Tauben- und Rumbecker Berg bei Hohenrode bis zum Kurzen Heidebrink oberhalb von Flakenholz erstreckt sich südlich der Weser ein fast zusammenhängendes Waldgebiet, das nur von den Rodungen bei Friedrichsburg unterbrochen wird. Es bildet eine Barriere zwischen dem Wesertal im Osten und der kleinteiligen Landschaft des Lippischen Berglands im Westen. Mit dem Hasselberg steigt der Gebirgszug auf eine Höhe von 378 Meter an. Genauso hoch ist eine fast unbewaldete Anhöhe zwischen Hasselberg und Rintelnschem Hagen. Sie liegt unmittelbar an einer der Fahrstraßen von Rinteln nach Bösingfeld zwischen Klein Goldbeck und Goldbeck. Trotz eines Wasserbehälters wirkt sie unspektakulär. Und trotzdem: Von dieser Anhöhe aus hat der Wanderer in fast alle Himmelsrichtungen einen Fernblick, der einen Feldherrenhügel auszeichnen könnte. Deshalb ist sie das Ziel unserer Wanderung. Bei guten Sichtverhältnissen bietet sich uns der grandiose Blick jedoch schon in weiten Teilen des Rundwegs um den hoch gelegenen Ort Goldbeck. Nur auf einer kurzen Strecke durchwandern wir den Wald; mit der Goldbachquelle ist aber auch sie besonders reizvoll.

Wir starten zu dieser Rundwanderung in Goldbeck, wo wir auf dem großen Festplatz an der Schevelsteiner Straße am östlichen Ortseingang einen Parkplatz finden. Zwei empfehlenswerte Routen gibt es nach Goldbeck. Die eine führt über Heßlingen, Friedrichsburg und Friedrichswald, die andere über Groß Berkel, Grupenhagen und Schevelstein dorthin. Für Benutzer des öffentlichen Nahverkehrs ist Schevelstein der Ausgangspunkt. Denn dort hält die Buslinie 34 Hameln–

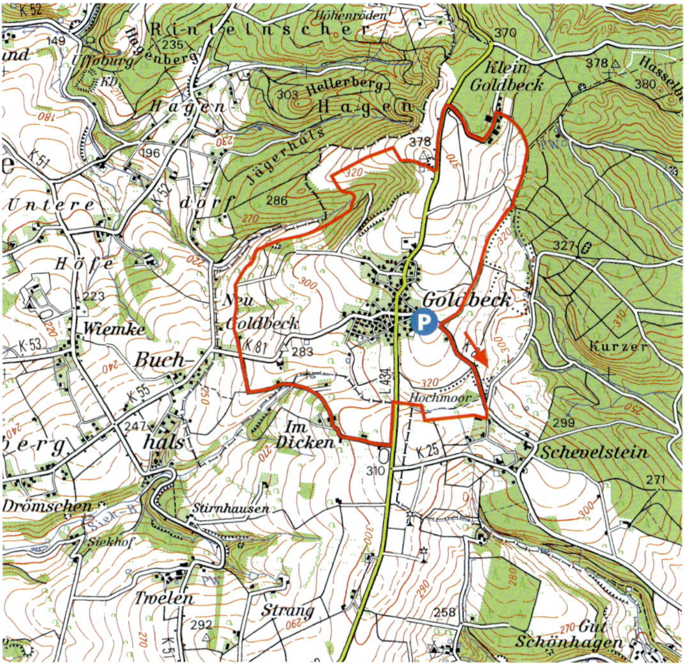

Bösingfeld des Nahverkehrs Hameln-Pyrmont. (Linie 834 der Verkehrsbetriebe Extertal VBE).

Der informativen Wanderkarte am Festplatz werden wir noch mehrfach begegnen. Das E im weißen Kreis, die Markierung des Extertalwegs, die uns über lange Strecken begleitet, ist dort allerdings nicht vermerkt. Zunächst gehen wir auf der Schevelsteiner Straße nach links aus dem Ort hinaus vorbei an dem rechts neben der Straße beginnenden Naturschutzgebiet „Moorartiges Sumpfgebiet", das einer Tafel zufolge durch Lehmabbau entstand und vor allem dem Vogelschutz dient. Dann treffen wir ebenfalls rechts auf einige Gebäude. (Für die aus Schevelstein kommenden Busbenutzer liegt diese Häusergruppe links knapp 400 Meter von der scharfen Linkskurve entfernt, welche die nach Goldbeck führende Fahrstraße

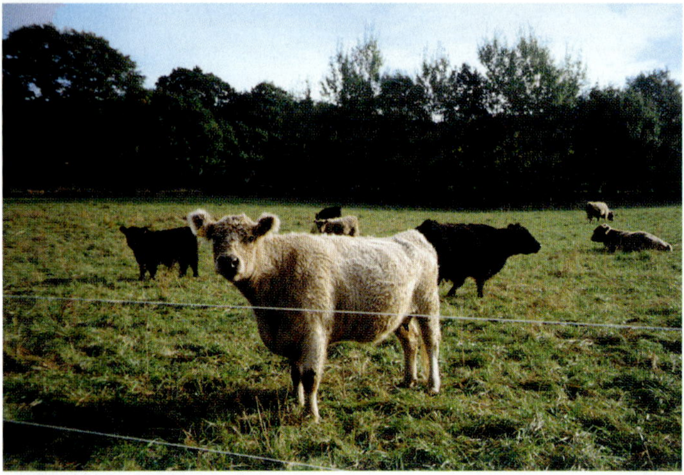

Rinder aller Rassen und Farben scheinen sich rings um Goldbeck wohl zu fühlen

beschreibt.) Zu den Häusern führt eine Straße, von der ein Weg nach rechts abzweigt, der durch rot-weiß bemalte Begrenzungssteine auffällt. Auf ihm wandern wir jenseits des Schutzgebietes zunächst geradeaus, später im Rechtsbogen auf die nach Bösingfeld führende Fahrstraße. Ihr folgen wir nach links zum Sportplatz. Auf der hier abzweigenden Straße Im Dicken finden wir das erste E, dem wir zu der Siedlung Im Dicken folgen. Nach dem letzten Gehöft biegt unser Weg im rechten Winkel nach rechts ab und bringt uns nach Neu-Goldbeck. Dort überqueren wir die Fahrstraße und wandern in der bisherigen Richtung weiter.

Immer wieder fasziniert uns die Aussicht. Hatten wir zunächst nach Süden über eine großartige Gebirgslandschaft bis hin zum Köterberg und dann nach Westen über das Extertal zu den jenseitigen Höhenzügen geschaut, so geht der Blick jetzt in nördliche Richtung zur Porta Westfalica. Trotzdem dürfen wir nicht versäumen, bei jeder Wegegabelung sorgfältig auf die

E-Markierung zu achten, denn gelegentlich werden wir vom Hauptweg auf einen abzweigenden Grasweg gewiesen. Im Rechtsbogen wandern wir am lieblichen Goldbachtal mit dem dahinter ansteigenden Jägerhals entlang in den Wald, wo wir nach wenigen Metern hinunter zur Goldbachquelle kommen. Der Platz ist liebevoll gestaltet. Jenseits geht es auf einem schmalen Pfad wieder bergan und auf einen breiteren Querweg, auf dem wir uns rechts halten. Bei einem erneuten

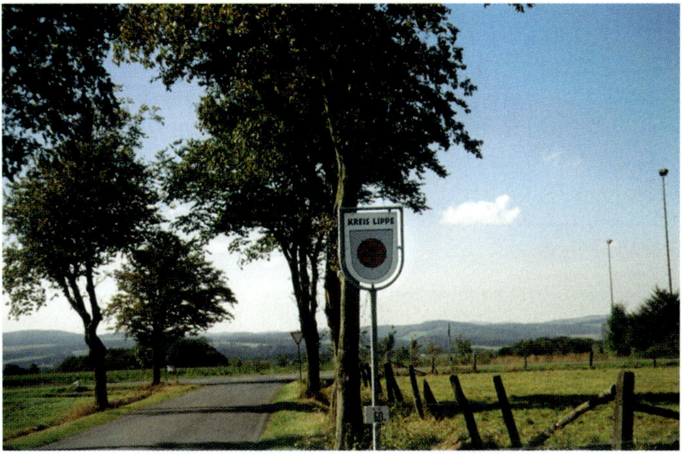

Unser Rundweg ist mehrfach grenzüberschreitend

Querweg wandern wir nach links, zunächst noch durch Wald, dann zwischen Koppeln hindurch, bis wir von unserer Markierung nach rechts gewiesen werden und nun in der Feldflur ansteigen. Am Waldrand entlang erreichen wir schließlich unser Ziel und können uns auf der Bank zu Füßen des Wasserbehälters ausruhen.

Auf der Fahrstraße ließe sich nach rechts die Rundwanderung abkürzen. Lohnenswert ist es jedoch, den idyllisch gelegenen Ort Klein Goldbeck einzubeziehen. Dazu wandern wir, immer noch dem E folgend, auf der Fahrstraße nach links bergan bis zum Waldrand und biegen dort nach rechts in die Waldstraße ab. Da uns die vertraute Markierung verlassen hat, folgen wir in der Ortsmitte dem Hinweis auf den Fernwanderweg 5 nach rechts. Er verläuft zum jenseitigen Waldrand und ein Stück an ihm entlang. Bei der Gabelung bleiben wir auf dem breiten Hauptweg, der uns, vorbei an dem Naturschutzgebiet Orchideenwiese, direkt zurück zum Festplatz in Goldbeck bringt.

Die Rundwanderung ist knapp neun Kilometer lang bei einem Höhenunterschied von 110 Metern. Wir sind zweieinhalb bis drei Stunden unterwegs. Einkehrmöglichkeiten gibt es in Goldbeck. Es lohnt sich, für diesen Ausflug auf einen klaren Tag zu warten.

Wanderaufzeichnungen / Notizen

37 Um Hemeringer und Lachemer Berg

Ein nicht ganz ernst zu nehmendes Kampfgetümmel

Alle vier Jahre macht der Hemeringer Berg Schlagzeilen. Denn bereits seit 1842 wird dort an einem Sonntag im Juni die „Schlacht am Hemeringer Berg“ im Rahmen eines historischen Schützenfestes geschlagen. Mit großem Aufwand an Pferden und Geschützen ist nahezu die gesamte Bevölkerung an diesem nicht ganz ernst zu nehmenden Kampfgetümmel beteiligt, dem eine Mobilmachung, ein siebenwöchiges Manöver und ein Zapfenstreich am Vorabend voraus gehen. Mehrere tausend Zuschauer werden stets von diesem Spektakel angelockt.

Dabei ist nicht einmal so ganz klar, welches Ereignis ihm zugrunde liegt. Möglich ist eine Begebenheit aus dem Dreißigjährigen Krieg, wo Hemeringen stark unter der kaiserlichen Besatzung zu leiden hatte. Noch wahrscheinlicher aber ist der Bezug zu den Befreiungskriegen gegen Napoleon von 1813 bis 1815, die den Hemeringer Bürgern zeitweise französische Besatzung bescherten.

Am Hemeringer Berg im Westen des sanft ansteigenden „Schlachtfeldes“ beginnt unsere Rundwanderung, die uns über den Kamm des Bergs, dann um den sich im Süden anschließenden Lachemer Berg und schließlich oberhalb von Wahrendahl am westlichen Waldrand zurückführen soll.

Der Autofahrer fährt auf der westlich der Weser von Hameln nach Rinteln führenden Straße bis Hemeringen, um dort in die Hamelner Straße einzubiegen, die als Hemeringer und später Wahrendahler Straße den Ort durchquert. Gegen Ende des Ortes, bereits nach dem Ortsausgangsschild, gibt es bei der Bushaltestelle der Linie 28 Hameln–Rumbeck des Nahverkehrs

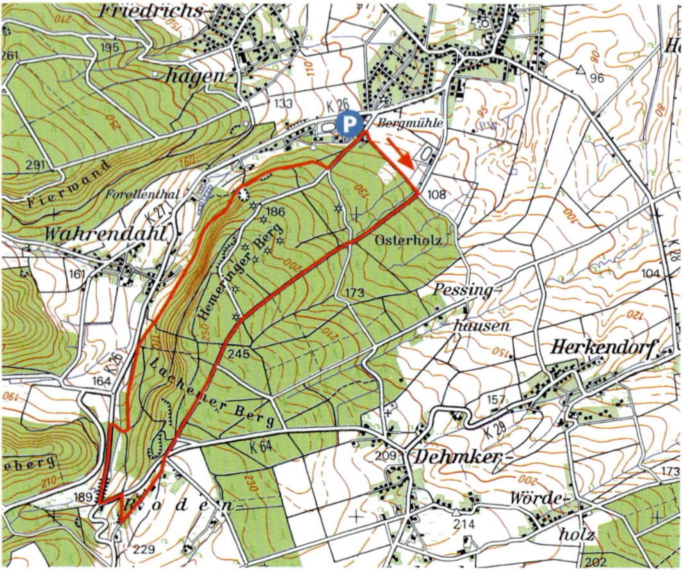

Hameln-Pyrmont auf der linken Seite einen großen Parkplatz.

Von dort gehen wir zunächst bis zum Wald und wandern nach links auf dem Waldrandweg oberhalb jenes Geländes, auf dem alle vier Jahre Attacken geritten und die Erstürmung der feindlichen Festung durch königstreue Bataillone lautstark betrieben wird. Gewöhnlich bietet sich dem Wanderer dagegen ein friedlicher Anblick über Hemeringen und das Wesertal. Wo vom Ort eine landwirtschaftliche Straße heraufkommt, biegen wir nach rechts in den Wald ab entsprechend dem Wegweiser nach Rodenbeck. Wir steigen durch ganz unterschiedliche Waldabschnitte an, unter hohen Eichen und Lärchen, im Buchen- und im Fichtenwald, vorbei an Nadel- und Laubgehölzplantagen und an einer Schutzhütte. Nach zügigem Anstieg haben wir bei einer Kreuzung in knapp 245 Meter Höhe die Kuppe des lang gezogenen Bergmassivs erreicht und wandern weiter geradeaus.

Bei der Fahrstraße müssen wir von unserem schönen Waldweg Abschied nehmen. Vier Straßen treffen hier zusammen. Wir wählen die Bergstraße, die geradeaus weiter läuft. Sie macht ihrem Namen alle Ehre, denn sie führt uns über den Bergrücken mit Blick in eine liebliche Landschaft mit Wiesen, Wäldern und den unvermeidlichen Windkraftanlagen. Die Gehöfte

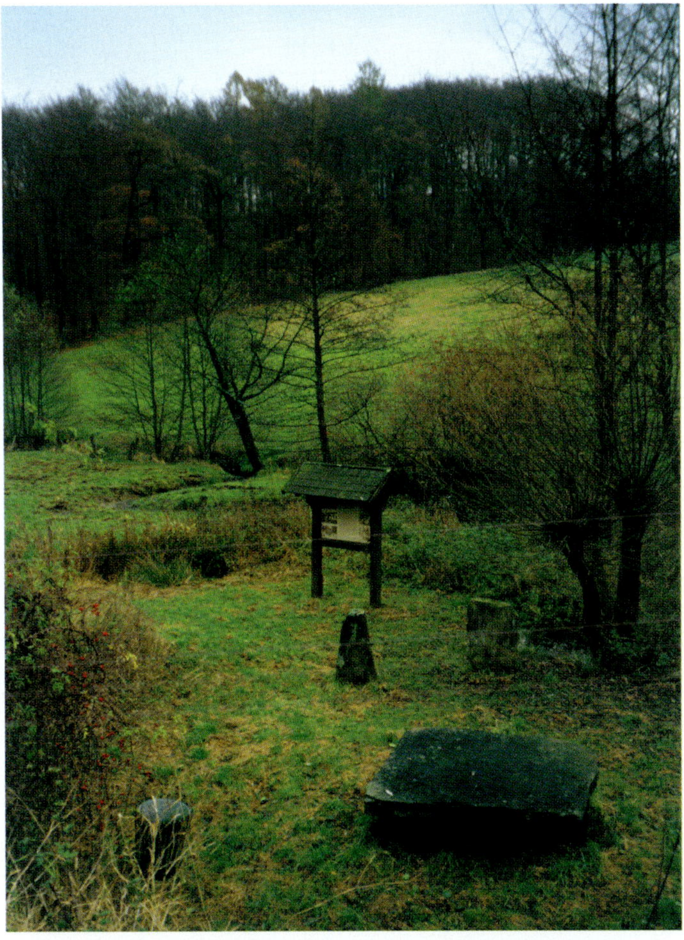

Die ehemaligen Rottekuhlen gelten als Naturdenkmal

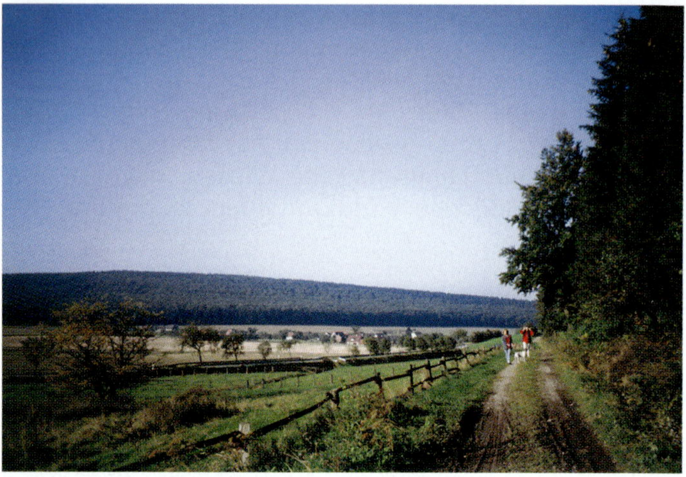

Der Waldrandweg oberhalb von Wahrendahl ist einer der schönsten der Region

links gehören zu Rodenbeck, wie ein altes Ortsschild an der Hauswand verrät. Dann geht es hinunter zur Posteholzer Straße. Ehe wir sie erreichen, liegt links vom Weg das von einer Klinik genutzte „Berghaus". Gegenüber führen Stufen hinunter zu einem Parkplatz und zu einem Wiesenpfad, der die Windungen der Fahrstraße abschneidet und uns nach rechts zwischen Koppeln und Hecken zur Straße bringt.

Wir könnten sie überqueren und jenseits durch den Wald zum Waldrandweg oberhalb von Wahrendahl laufen. Dann würde uns jedoch ein Naturdenkmal entgehen: die Rottekuhlen. Deshalb gehen wir auf der Fahrstraße nach links zur Kreuzung und biegen dort nach rechts in die nach Hemeringen führende Straße ein. Sehr bald entdecken wir dann auf der rechten Straßenseite vor dem von Erlen gesäumten Hemeringer Bach das idyllisch gelegene Gelände. Alte Grenzsteine und ein steinerner Tisch vervollständigen die Anlage rund um die ehemaligen Rottekuhlen. In drei ausgehobenen Kuhlen wurde früher der Flachs der umliegenden Bauernhöfe gerottet, das heißt, mehrere Wochen lang gewässert. Dadurch löst sich der Pflanzenleim, und die Flachsstängel werden für die Weiterverarbeitung vorbereitet. Auf einer Tafel, zu der ein Pfad führt, erfährt der Wanderer allerlei über die Bedeutung des Flachses, dessen Fruchtkapseln Leinöl, die Stängelfasern das Rohmaterial für die Leinenherstellung liefern. Noch zu Beginn des vorigen Jahrhunderts wurde in unserer Gegend Flachs angebaut, ehe Baumwolle und Kunstfasern das Leinen weitgehend verdrängten.

Auf der Straße durchqueren wir ein kurzes Waldstück und biegen dann, nachdem wir einen Blick auf den lieblich im Tal liegenden Ort Wahrendahl geworfen haben, noch vor dem Ende des Waldes auf den breiten Weg nach rechts ab. Den Bach müssen wir allerdings mit Hilfe einiger Steine oder eines etwas weiter rechts liegenden Baumstamms überqueren, ehe wir dem Weg nach links folgen. Wir bleiben am Waldrand, auch wenn der Hauptweg hinunter zur Straße führt. So wandern wir auf einem der schönsten Waldrandwege der Region weiter. Unter uns liegen die Häuser von Wahrendahl, und dahinter steigt beeindruckend die Fierwand an. Dann umfängt uns noch einmal der Wald. Im Rechtsbogen führt unser Wanderweg auf eine Forststraße. Ihr folgen wir nach links und gelangen so direkt wieder zu unserem Wanderparkplatz.

Die Rundwanderung ist acht Kilometer lang bei einem Höhenunterschied von 145 Metern. Wir sind etwa zweieinviertel Stunden unterwegs. Zur Einkehr lockt die Ausflugsgaststätte „Forellental“ (Dienstag Ruhetag) am nördlichen Ortsende von Wahrendahl, deren Besuch einen Abstecher wert ist.

38 Zum Riepen in Hamelns Stadtwald

Auf den Spuren der Grenzbezieher

Der Hamelner Stadtwald ist zu jeder Jahreszeit ein empfehlenswertes Ziel. Für die Stadtbewohner liegt er sozusagen vor der Haustür, und auswärtige Wanderer erreichen ihn auch am Wochenende bequem mit öffentlichen Verkehrsmitteln. Außerdem kann man ziemlich sicher sein, dass hier die unvermeidlichen Forstarbeiten im Interesse der Naherholung so schonend wie möglich durchgeführt werden. Auch die Markierung ist besonders gründlich, und der Wanderer kann sich sogar im Winter auf verschneiten Pfaden orientieren. Das gilt auch für den Riepen südöstlich von Hameln mit seinem markanten Steilabfall zum Hummetal hin. Der Blick von der so genannten Riepenkanzel ist allein schon den (gemächlichen) Anstieg wert.

Wer im Riepen wandert, wie im Hamelner Stadtwald überhaupt, wird immer wieder auf Spuren der Grenzbeziehung stoßen, eine zunächst von bewaffnetem Forstpersonal, später von Bürger-Schützenkompanien durchgeführte Grenzkontrolle. Seit 1717 werden die Grenzbeziehungen dann als ein städtisch finanziertes Volksfest begangen, zunächst im zweijährigen Turnus, später und bis heute alljährlich. Wegen der Vergrößerung des Stadtgebiets durch die Gebiets- und Verwaltungsreform 1973 wird jetzt jeweils ein Viertel der Hamelner Grenzen abgeschritten. Seit 1930 findet das sehr volkstümliche Ereignis unter der Regie eines zur Aufrechterhaltung dieses historischen Brauchtums gegründeten Vereins statt, der sich „Verein für Grenzbeziehung und Heimatpflege“ nennt.

Wir beginnen unsere Rundwanderung am Wanderparkplatz im Wiengrund, östlich der letzten Häuser

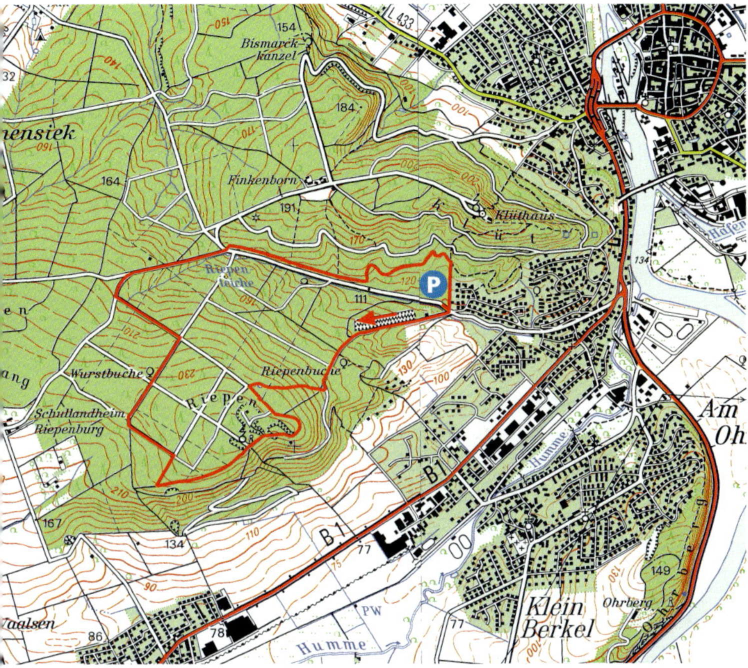

des Hamelner Ortsteils Wangelist. Dorthin biegt der Autofahrer von der Bundesstraße 1 bei der Ampel in den Kapellenweg ab, um dann nach links der Riepenstraße bis zum Parkplatz zu folgen. Busbenutzern steht die Linie 7 des Nahverkehrs Hameln-Pyrmont zur Verfügung, am Wochenende die Linie 95, die bis hinauf zum Klüt fährt.

Zwischen dem Waldrand und der vom Riepenbach geschaffenen hügeligen Wiesenlandschaft wandern wir an dem besonders attraktiven Forsthaus vorbei in den Wald hinein, wo uns sehr bald das bewegte Gelände der alten Schießanlagen auf der rechten Seite unseres Weges erwartet. Bereits 1870 war in einem Schreiben des damaligen Hamelner Garnisonskommandanten von ihnen die Rede. Vor dem 2. Weltkrieg wurden sie erheblich ausgebaut, nach seinem Ende dann gesprengt. Naturfreunde werden sich hier für die alten Eichen und Buchen begeistern.

Zwei nach rechts abbiegende Wege lassen wir beim Ansteigen unberücksichtigt, ehe wir vor dem eigentlichen Steilanstieg dem blauen Punkt, der uns auf dem überwiegenden Teil der Wanderung begleitet, auf den schmalen Weg nach rechts folgen. Er steigt etwas sachter an und führt uns außerdem durch den großzügig angelegten Rastplatz „Hut Huts Ruh".

Diese Anlage mit ihren vielen Sitzgelegenheiten neben einem kleinen Teich wurde von einem auf 25 Mitglieder begrenzten, traditionsreichen Wangelister Verein gestaltet. Der Gründer, von Beruf Lokomotivführer, trug in Anspielung auf die von ihm während der Fahrt betätigte Dampfhupe den Spitznamen „Hut Hut". Ihm zu Ehren erhielt der Waldplatz den merkwürdigen Namen.

Wir umwandern den Weiher nach links und erreichen nach einem kurzen letzten Anstieg eine Forststraße. Ihr folgen wir nach links, bis wir vor dem Steilabfall hinter bizarr geformten Bäumen die Riepenkanzel mit der beliebten Schutzhütte erreichen. In der Mittagssonne kann man auch im Winter hier eine Ruhepause einlegen und den Blick ins Humme- und Wesertal genießen. Hinter der Hütte finden wir dann wieder unseren blauen Punkt.

Jetzt gehen wir nach links weiter auf dem Wanderweg oberhalb des Hangs. Dabei können wir uns zusätzlich auf das R des Rattenfängerwegs verlassen. Keupersandstein wurde hier oben von 1863 an fast hundert Jahre lang gebrochen. Er lässt sich gut schlagen, zeichnet sich trotzdem durch besondere Härte aus und wurde für Fundamente beim Hausbau, vor allem aber für den Straßenbau als Kanten-, Pflaster- und Schottersteine verwendet. 30 Leute waren in den Riepenbrüchen beschäftigt, ehe andere Materialien den Sandstein verdrängten. Noch immer ist die Landschaft heute von den früheren Steinbrüchen geprägt.

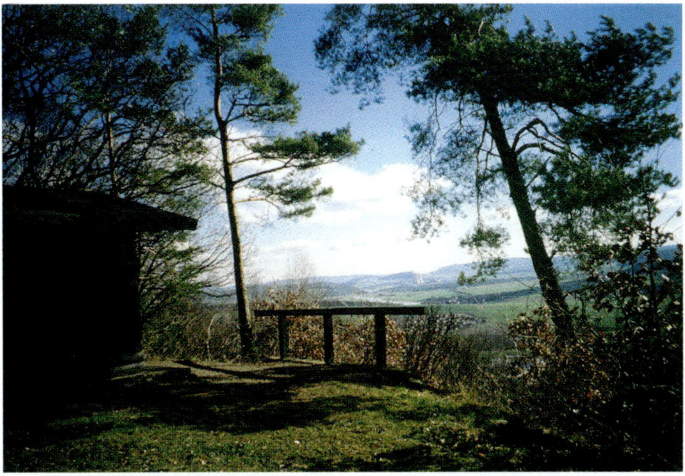

Rastplatz und Aussichtspunkt zugleich ist die Riepenkanzel mit der Schutzhütte

Dann verläuft der Weg nahezu eben zunächst durch Laub-, später durch Nadelwald. Rechts steht an einem kleinen Platz der 47 Meter hohe Mast des Fernsehumsetzers, weiter vorn vor einer Birkengruppe ein Granitfindling. Er ist dem Gedenken an einen langjährigen Präsidenten des Vereins für Grenzbeziehung und Heimatpflege gewidmet. Im Fichtenwald führt später ein Weg hinunter, während wir uns von dem blauen Punkt schräg nach rechts leiten lassen. Eine alte Fichte überragt hier malerisch den übrigen Wald.

Beim nächsten Querweg geht es nach links. Nach einem Rechtsbogen kommen wir zu einem hübschen Platz mit einer Sitzgruppe. Hier könnten wir der Markierung nach rechts direkt zum Wiengrund folgen. Doch wir halten uns links, um noch den Kuttenborn zu besuchen. Dazu gehen wir geradeaus bis zur Fahrstraße, die nach links zum Schullandheim Riepen führt. Wir wandern jedoch nach rechts, bis uns nach einer Linkskurve der Straße ein Schild zum rechts etwas zurück liegenden Kuttenborn weist. Der Name der aus dem Keupergestein entspringenden, gefassten Quelle wird als „Guter Born“ gedeutet. Zumindest bei Aquarianern ist das Wasser dieses Borns entsprechend be-

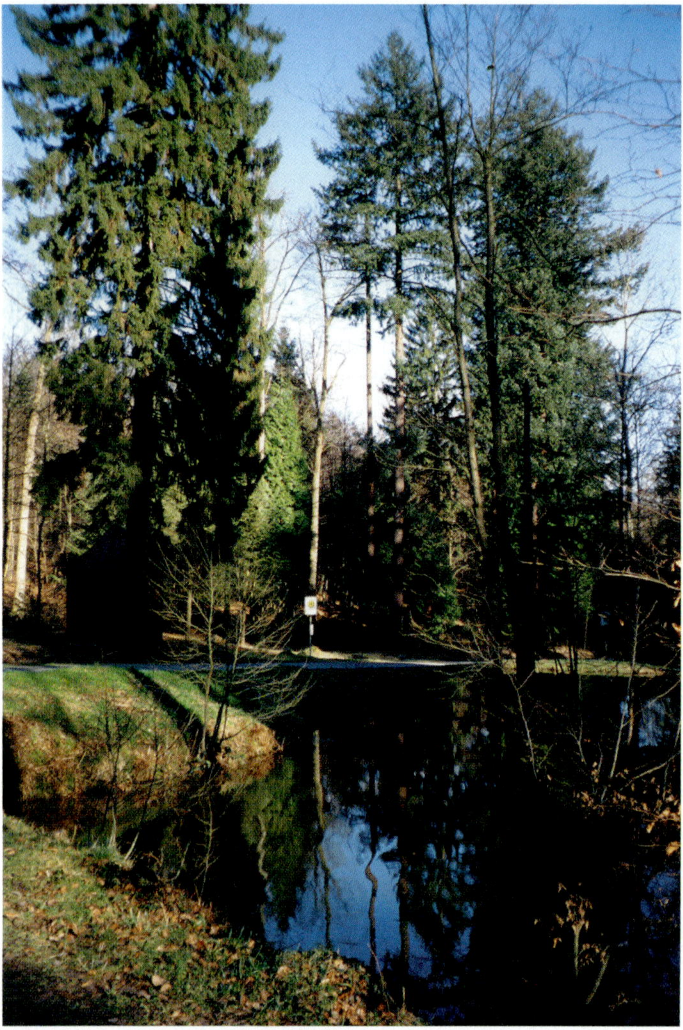

Malerisch liegen die Teiche im Wiengrund

liebt wegen seines besonders niedrigen Härtegrades. Im Sommer sieht man hier häufig Interessenten ihre Kanister füllen.

Dann geht es auf der wenig befahrenen Straße weiter. Sie stößt sehr bald mit der von Bannensiek kommenden zusammen, ehe sie bei den malerisch gelegenen Wiengrundteichen auf die Kurve der zum Finkenborn und Klüt führenden Fahrstraße stößt. Vorbei an der Schutzhütte auf der linken und Granitfindlingen und weiteren Teichen auf der rechten Seite wandern wir nun hinunter zum Ausgangspunkt, je nach Wegebeschaffenheit auf der Wiengrundstraße oder auf dem links etwas oberhalb verlaufenden Fußweg.

Die Rundwanderung ist etwa acht Kilometer lang bei einem Höhenunterschied von rund 150 Metern. Eine Einkehrmöglichkeit besteht nicht – es sei denn, man erweitert die Wanderung bis zu der etwa einen Kilometer entfernten Waldgaststätte Finkenborn (Montag Ruhetag).

Wanderaufzeichnungen / Notizen

39 Zum Klütturm und den Resten der Festungsanlage

Der Hausberg der Hamelner

Der Wiengrund mit dem munteren Riepenbach unterteilt das größte geschlossene Waldgebiet des Hamelner Stadtforsts. Im Süden des Tals liegt der Riepen, jenseits steigen Finkenborn und Klüt an. Abgesehen vom Schweineberg zur Zeit der Märzenbecherblüte ist dieser Teil des Stadtwalds zweifellos das beliebteste Ziel bei Spaziergängern und Ausflüglern, zumal nicht nur zahlreiche gepflegte Wanderwege hinaufführen, sondern auch eine bequeme Fahrstraße. Während die Buslinie 7 des Nahverkehrs Hameln-Pyrmont nur bis zum Anfang des Wiengrundes fährt, bringt am Wochenende die Linie 95 die Ausflügler bis hinauf zum Klüt. Doch nicht allein die gute Anbindung macht den Klüt zum Hausberg der Hamelner, es ist vor allem der geradezu hinreißende Ausblick auf die Stadt und ihre Umgebung, der jeden Besucher fasziniert.

Wer sich für die Geschichte der Stadt interessiert, stößt auf dem Klüt aber auch auf die Überreste einer gewaltigen Festungsanlage. Als Ergänzung des sternförmig angelegten Befestigungsgürtels, der sich im Halbkreis um die Stadt legte, entstand um 1760, also im Siebenjährigen Krieg, die Klütfestung. Als das „Gibraltar des Nordens" gepriesen, sollte dieses Bollwerk den äußersten westlichen Eckpfeiler des Königreichs Hannover uneinnehmbar machen. Dass dieses Festungswerk mit seinen terrassenförmig angelegten Forts im Jahre 1806 kampflos den Truppen Napoleons übergeben wurde, galt als äußerst schmachvoll. Die Hamelner Bürger mögen allerdings froh gewesen sein, einer vermutlich folgenschweren Verteidigung Hamelns entgangen zu sein, zumal sie sich den Preußen – als Anhänger der Welfen – kaum mehr verbündet fühlten als den Franzosen. Zwei Jahre später ließ Na-

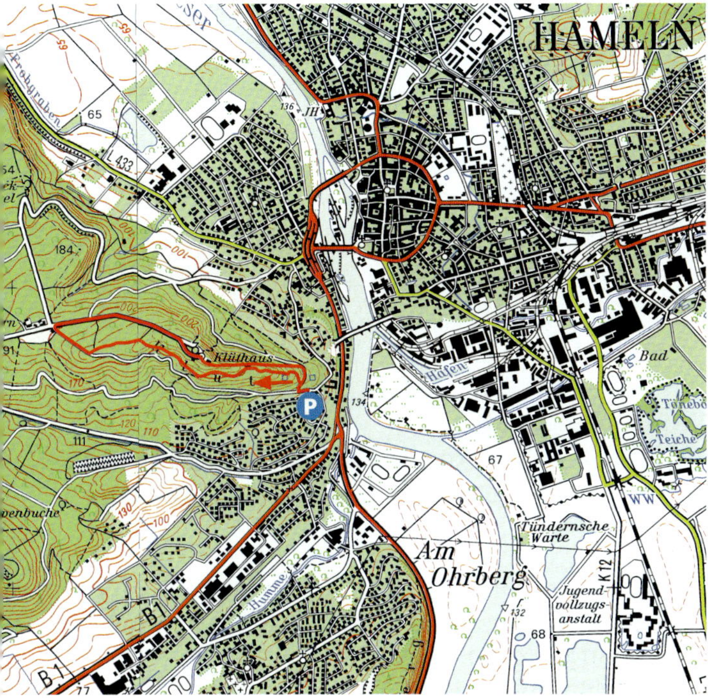

poleon die gesamte Anlage schleifen und zwar so gründlich, dass heute nur noch wenige Spuren zu finden sind. Das alles erfährt der Besucher auf einer ganz besonders informativen Tafel, die ausführlich – und illustriert mit zeitgenössischen Stichen – Auskunft gibt über die gesamte Geschichte der Landesfestung Hameln. Sie wurde vom Hamelner Verein für Grenzbeziehung und Heimatpflege gestiftet und steht am „Balkon Hamelns", der Aussichtsterrasse auf dem Klüt.

Ausgangspunkt für unsere auch landschaftlich besonders reizvolle Wanderung ist der obere Teil der Straße Felsenkellerweg, wo wir bei der Einbiegung zur Liegnitzer Straße kleinere Parkbuchten finden. Hier beim Seniorendomizil gibt es eine Bushaltestelle der Linien

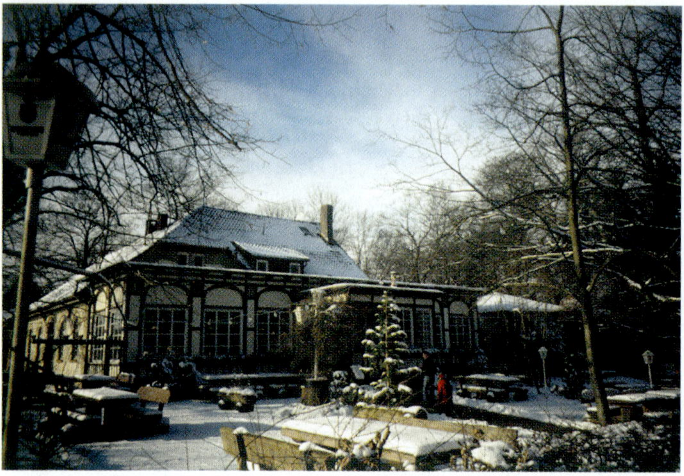

Auch im Winter einladend: das Forsthaus Finkenborn

7 und 95. Wir gehen noch ein kurzes Stück den Felsenkellerweg weiter, um auf dem ersten nach rechts abzweigenden Weg anzusteigen. Auf dem zweiten Querweg wandern wir dort nach links durch einen bezaubernden Waldabschnitt mit ganz unterschiedlichen Baumarten. Der Steilhang über uns ist als Schutzwald aus der forstwirtschaftlichen Nutzung herausgenommen, um ihn vor drohender Erosion zu schützen. Dadurch wurde ein wertvolles Biotop geschaffen, das mit umgestürzten und zerfallenden Bäumen pittoresk anzuschauen ist.

Der Name Philosophenweg für diesen Anstieg ist recht passend. Nachdem ein Pfad hinauf zu dem über uns sichtbaren Klütrestaurant abbog, wird unser Weg schmaler. Auch den zum Turm des Umsetzers führenden Weg benutzen wir nicht, sondern gehen geradeaus, bis wir auf einen breiten Wanderweg stoßen, der nach rechts zum Klüt führt. Da wir aber zunächst zum Finkenborn wandern wollen, halten wir uns links und bei der nächsten Kreuzung rechts, so dass wir auf dem beliebten Grünen Weg das vielseitig genutzte Gelände auf dem Finkenborn erreichen.

Auf dem mit modernen Informationstafeln bestückten Forstlehrpfad gehen wir dann nach rechts zum Klüt, zunächst entlang der Fahrstraße, später im Wald, vorbei an der Betonröhre des Umsetzers. Beeindruckend ist dann am Steilabfall der 260 Meter hohen Bergspitze der Blick auf die Stadt am Strom inmitten

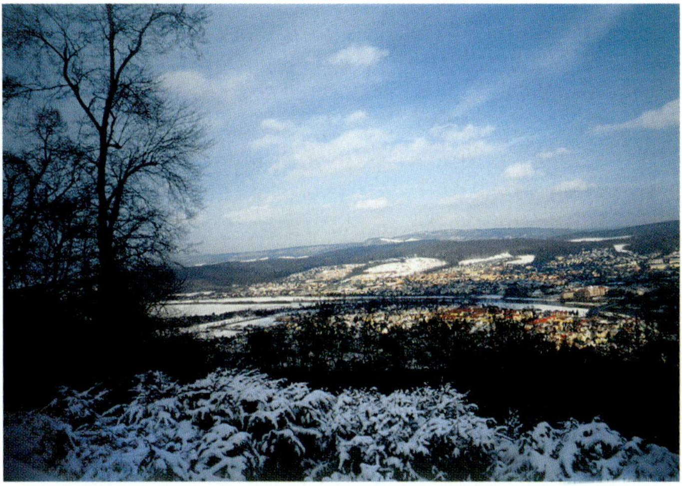

Dem Klütbesucher liegt Hameln zu Füßen

der waldreichen Gebirgslandschaft. Sie lässt sich von der Aussichtsterrasse oder vom Klütturm aus betrachten. Dieser wurde 1843 aus Steinen der ehemaligen Festung erbaut und 1887 noch einmal aufgestockt. Wie das nach dem hannoverschen König Georg benannte Fort wurde er Georgenturm benannt. Geplant und begonnen wurde die gigantische Festungsanlage als ein mächtiges Beton- und Mauerwerk bis hinunter zur Weser mit drei Forts, vielen Laufgräben und Kasematten allerdings unter jenem Graf Wilhelm von Schaumburg, der auch die Miniaturfestung Wilhelmstein im

Steinhuder Meer erbaute. Hinter dem Turm können wir noch den ehemaligen Festungsbrunnen betrachten, ehe wir an der Gaststätte vorbei auf dem Kammweg, der jenseits des Wendehammers beginnt, den Rückweg antreten. Wir benutzen den rechten der beiden Wanderwege, der uns – jetzt oberhalb des Schutzwaldes – zu dem mittleren Fort führt. In Serpentinen wandern wir schließlich hinunter zu unserem Aufstiegsweg unweit des unteren Forts mit seinen Wällen und Gräben. Heute liegt dort eine Wasserversorgungsanlage. Nach rechts in Richtung Parkplatz beenden wir schließlich unseren Rundweg.

Der ist nur knapp viereinhalb Kilometer lang bei einem Höhenunterschied von rund 150 Metern. Auch für Kinder ist der etwa anderthalb Stunden dauernde Spaziergang interessant, bei dem das Forsthaus Finkenborn (Montag Ruhetag) zur Einkehr einlädt. Ein naturnaher Spielplatz liegt direkt gegenüber des Forsthauses.

Wanderaufzeichnungen / Notizen

40 Zum Lünings- und Ahornberg

Wo einst die Geister kegelten

Viele Sagen und Mythen gibt es im Weserraum. In fast jeder Region sind Geschichten von Mensch und Tier, von Helden und Bösewichten, von Riesen, Zwergen und anderen Geistern überliefert. Auch am Lüningsberg nordwestlich von Aerzen sollen einst Geister ihr nächtliches Spiel getrieben haben, als sie mit goldenen Kegeln und goldenen Kugeln kegelten. Nur die Tiere des Waldes seien Zuschauer gewesen, denn kein Mensch habe sich in die Nähe der Geister gewagt. Bis eines Tages ein armer Weberknecht, der ein ebenso armes Mädchen heiraten wollte, in einer mondhellen Nacht allen Mut zusammennahm und unter Einsatz seines Lebens eine der goldenen Kugeln stahl. Über ein Bächlein entkam er den wütenden Kegelspielern und begründete mit Hilfe der wertvollen Beute seine Familie. An der Aerzener Schule zeigt ein Mosaik die Sage, die Geister sind hier als Zwerge dargestellt. Heute rollen am Lüningsberg nur die Golfbälle der Spieler auf dem Golfplatz von Schloss Schwöbber, und das auch nur im nördlichen Teil des Berges. Wir aber wandern am sonnigen, südlichen Berghang entlang, über weite Strecken am ausblickreichen Waldrand. Und weil das so schön ist, beziehen wir auch noch den sich nach Westen anschließenden Ahornberg in unsere Wanderung ein.

Wir beginnen sie am Wanderparkplatz bei der hübsch gelegenen Ausflugsgaststätte „Waldquelle“ oberhalb der Straße Aerzen–Königsförde am Anfang des Bergwalds. Busbenutzer fahren mit den Linien 30 und 34 des Nahverkehrs Hameln-Pyrmont nach Aerzen und gehen in nördliche Richtung zu unserem Ausgangspunkt. Hier erwarten uns Hinweise auf mehrere Fern-

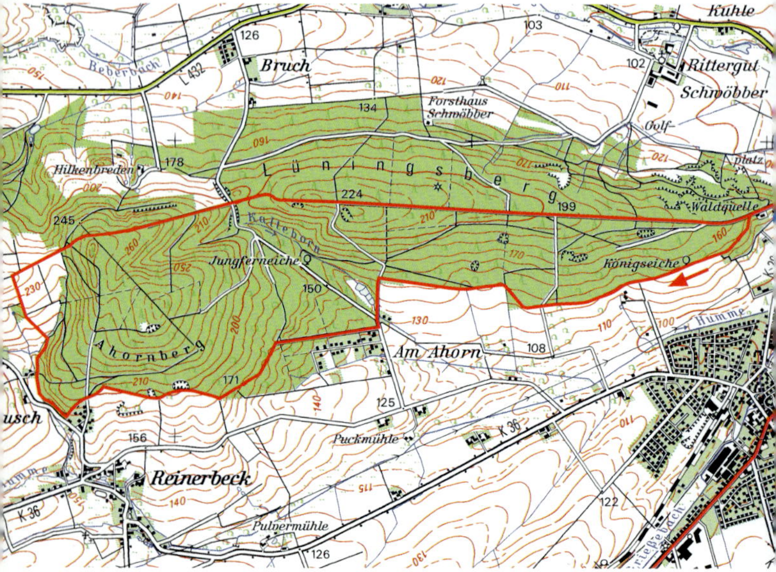

und Rundwanderwege. Wir halten uns zunächst an die Variante 6, bei der wir nur wenige Meter hinter den letzten Gebäuden vom Kammweg nach links zum Waldrand gewiesen werden. Der Blick hinunter nach Aerzen ist ebenso beeindruckend wie die Eichen am Waldsaum. Ein besonders prächtiges Exemplar ist die Königseiche ein Stück weiter, sie ist über 600 Jahre alt. Später kürzen wir eine Ecke des Fichtenwalds diagonal ab. Ansonsten bleibt uns der Blick zum jenseitigen Pyrmonter Berg unverwehrt. Später liegen die roten Dächer des Ortsteils Ahorn links unter uns. Nach einer einladenden Sitzgruppe und einer Schutzhütte stoßen wir auf einen Querweg, dem wir nach links zu den Häusern von Ahorn folgen.

Noch vor den Gebäuden biegt schräg zurück ein Wanderweg nach rechts ab, auf dem wir auf kürzeste Weise zum Kammweg gelangen würden. Er ist mit einer 9 gekennzeichnet. Da wir jedoch noch den Ahornberg umrunden wollen, wandern wir erst oberhalb der Grundstücke nach rechts, auch hier begleitet von der Markierung 9. Der Weg führt in den Wald und steigt leicht an. Bei einem Querweg halten wir uns links und gehen dabei entlang an einem als „Altholzinsel" ausgewiesenen Naturschutzgebiet, das laut Informationstafel von der EG und dem Land Niedersachsen gefördert wird und dem Schutz empfindlicher Wald-Lebensgemeinschaften in Altholzbeständen dient. Bis zum Waldrand geht der Weg weiter etwas bergan, dafür werden wir dann wieder mit einer schönen Aussicht belohnt. Die mächtigen Windräder, die wir schon von weitem sahen, liegen jetzt direkt vor

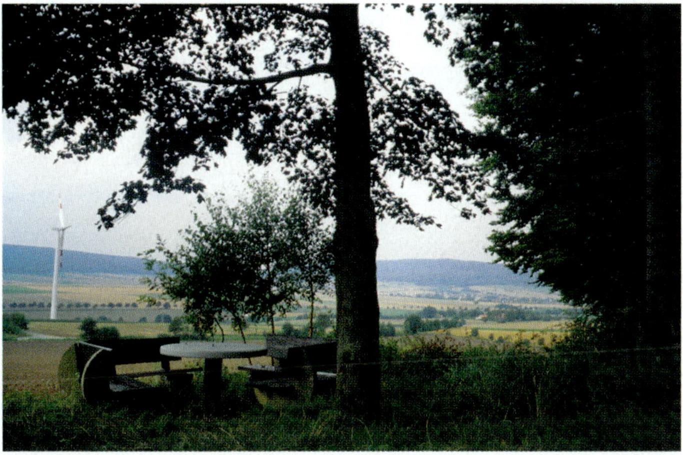

Oberhalb des Aerzener Ortsteils Ahorn erwartet uns eine ansprechende Sitzgruppe

uns. Der Hauptweg umrundet das Naturschutzgebiet und führt wieder in den Wald. Für uns heißt es aufpassen, denn der mit der 9 markierte Waldrandweg biegt nach den ersten großen Buchen nach links als schmaler Pfad ab und bringt uns zu den obersten Häusern von Reinerbeck. Auch hier verläuft unser Weg wieder oberhalb der Grundstücke und stößt auf die Reiner

Straße, der wir nach rechts folgen, ehe wir nach etwa 200 Metern wiederum nach rechts auf einen Wanderweg gewiesen werden. Er verläuft recht idyllisch neben einem Bächlein mit dem Blick über eine hügelige Landschaft.

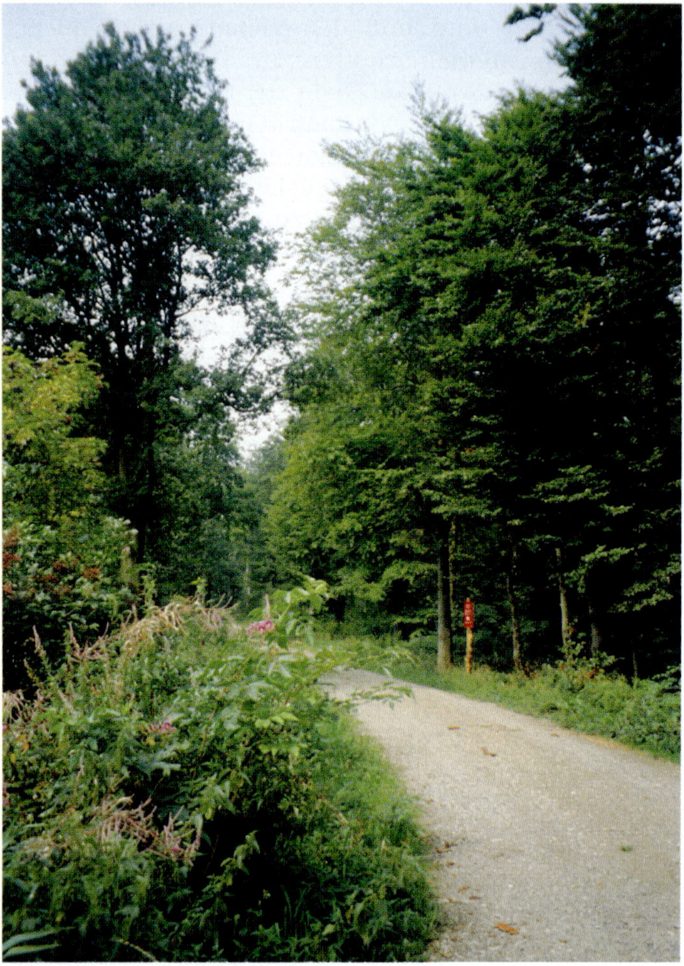

Der Wanderweg führt an dem als „Altholzinsel" ausgewiesenem Naturschutzgebiet entlang

Auf eine dieser Anhöhen führt unser Weg, die Markierung weist uns jedoch noch oberhalb des kleinen Baches nach rechts. Da dieser Pfad kaum zumutbar ist, empfehlen wir den kleinen Umweg über den Hügel. Dieser Weg endet auf dem Fernwanderweg, dem wir nach rechts zum Wald hin folgen. Auf einer Bank können wir uns ausruhen, ehe wir dann nach links ansteigen und den nördlichen Teil des Ahornbergs überqueren, zunächst an-, dann absteigend. Nach einer Koppel auf unserer linken Seite überqueren wir einen Wirtschaftsweg, auf ihm hätte man von rechts direkt von Ahorn kommen können. Dreieinhalb Kilometer lang ist nun noch der etwas eintönige Rückweg über den Kamm des Lüningsbergs, ehe wir wieder die „Waldquelle" erreichen.

Feste Schuhe und etwas Risikobereitschaft muss man zu dieser Rundwanderung mitbringen, die zwar gelegentlich auf feuchten Wegen verläuft, dennoch recht empfehlenswert ist. Sie ist zwölf Kilometer lang bei einem Höhenunterschied von 125 Metern. Wir sind etwa dreieinhalb Stunden unterwegs. Zur abschließenden Stärkung bietet sich das Restaurant Waldquelle an (siehe Anzeige unten).

41 Vom Flecken Aerzen um den Schierholzberg

„Laufend" neue Aussichten

Reisende, die auf der Bundesstraße 1 – etwa entsprechend der alten via regia, der Königsstraße – von Paderborn nach Hameln oder auch umgekehrt fahren, äußern sich häufig erstaunt über die Ortsschilder „Flecken Aerzen". Was denn ein Flecken sei, wollen sie wissen, und mancher hier Heimische vermag keine Antwort zu geben. Dabei gibt es im Landkreis Hameln-Pyrmont drei Zentren, die sich Flecken nennen, neben Aerzen auch noch Coppenbrügge und Salzhemmendorf. In anderen Landkreisen, auch den niedersächsischen, ist diese Bezeichnung seltener zu finden. Die Aussage, dass ein Flecken größer als ein Dorf und kleiner als eine Stadt sei, beinhaltet nur die halbe Wahrheit. Vielmehr gehört zu diesem historisch gewachsenen Begriff, dass der Ort einst mit gewissen städtischen Rechten ausgestattet war, vor allem dem Marktrecht. Außerdem spielte im Fall Aerzen der Amtssitz mit einem ausgedehnten Amtsbezirk verwaltungspolitisch eine größere Rolle. Noch heute präsentiert sich der lieblich im Humme- und Grießebachtal gelegene Flecken als eine selbstbewusste Gemeinde.

Den Wanderer aber interessiert besonders die hügelige Landschaft rund um Aerzen, die sich zu jeder Jahreszeit zum Durchstreifen anbietet. Dass die Wanderwege meist gut markiert sind, verstärkt die Freude daran. – Für diesen Wandervorschlag wählen wir den Schierholzberg südöstlich von Aerzen, der zusammen mit Eichberg und Waldau ein zusammenhängendes Waldgebiet darstellt, das sich bis zur Emmer erstreckt. Ausgangspunkt ist der Wanderparkplatz Bussardklause am Westrand des Schierholzberges. Dorthin biegt der Autofahrer von der zentralen Osterstraße nach

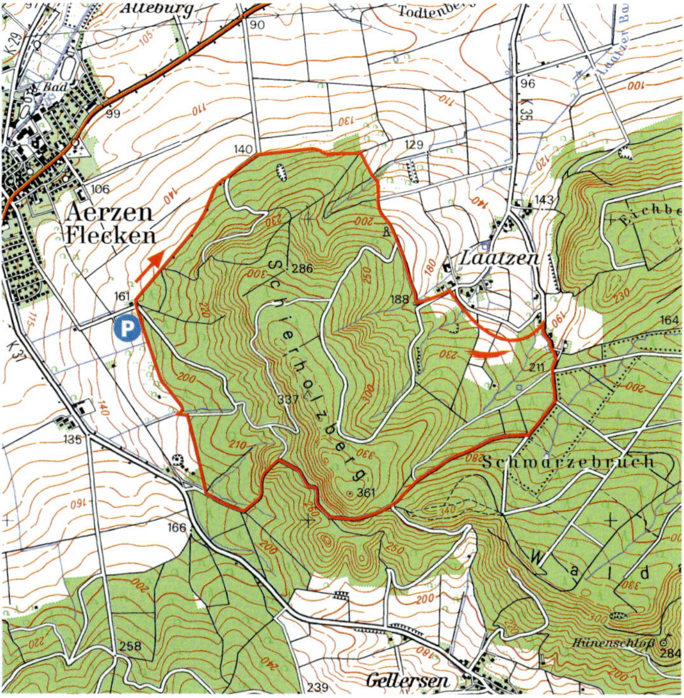

Süden in den Hohlen Weg ab, fährt bis zu der einzeln stehenden Scheune und dort nach links bis zum Parkplatz. Busbenutzer können diesen von der Haltestelle Deutsches Haus der Linien 30 und 34 des Nahverkehrs Hameln-Pyrmont auf dem gleichen Weg oder, etwas kürzer, über den Aerzener Wanderweg 1 ab Kirchplatz erreichen.

Wir halten uns bei unserer gesamten Wanderung an die Markierung für den Rundwanderweg 3. Zunächst steigen wir auf dem linken der beiden in den Wald führenden Wege leicht an, um dann nach links zum nördlichen Waldrand hin abzubiegen, wo wir nach rechts weiterwandern. Sehr hübsch ist von hier aus der Blick auf den Ort und den dahinter ansteigenden Lüningsberg.

Später liegt der flache Höhenzug des Todtenbergs im Blickfeld, und jenseits des Hummetals steigt der Riepen an. Nachdem wir durch ein kurzes Waldstück gegangen sind, ändert sich unsere Wanderrichtung. Jetzt liegen die Erdfunkstelle und der Ohrberg vor uns. Neben unserer 3 begleitet uns jetzt auch die 10 des großen Aerzener Rundwegs auf dem nächsten, recht romantischen Wegstück, das uns in Waldrandnähe durch den Wald führt, bis wir in Höhe eines Bachs erneut direkt am Waldsaum sind.

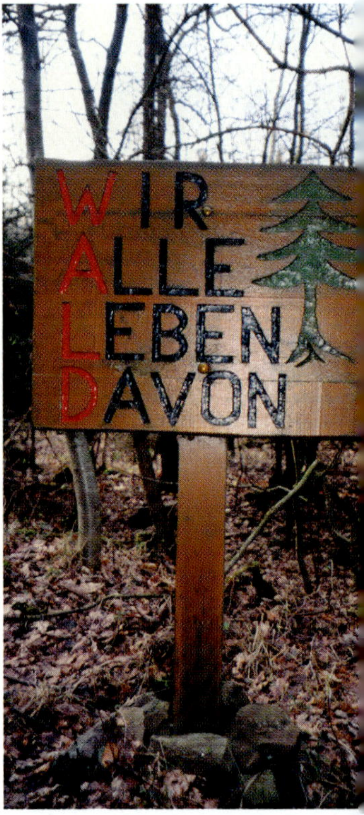

Ein bedenkenswertes Schild am Schierholzberg

Hier dürfen wir nicht nach links talwärts gehen, auch wenn dort der Hauptweg verläuft. Vielmehr wandern wir nach rechts in den Wald, werden aber sogleich wieder nach links gewiesen. Wir überqueren das Bächlein und folgen dann dem hohlwegartig ansteigenden Wanderweg, um nun endgültig den Waldrand zu erreichen. Bei einer Forsthütte mit Sitzgruppe und Gedenkstein können wir den umfassenden Blick über Felder und Knicks hinüber nach Hameln und seiner schönen Umgebung genießen. Dann gehen wir, weiter den Markierungen 3 und 10 folgend, im Linksbogen hinab zu den verstreut liegenden Häusern von Laatzen.

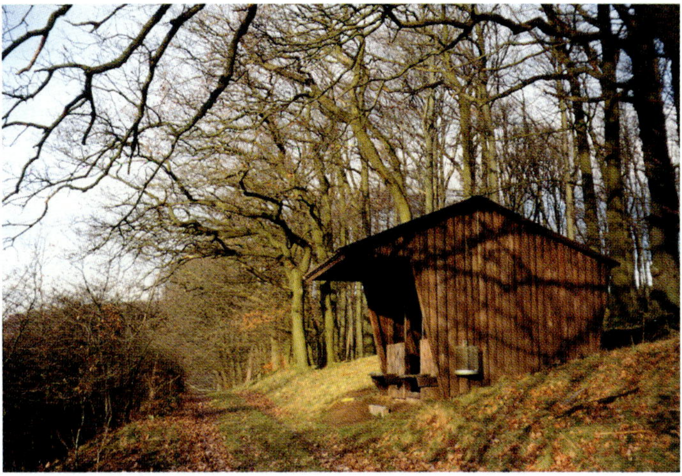

Schöne Schutzhütte an einem beliebten Wanderweg

Bei den roten Backsteingebäuden geht es nach rechts durch die Feldflur zu einem anderen Teil der Ortschaft. Links von uns steigt jetzt der Eichberg an. Vorbei an Einfamilienhäusern und an einem weißen Fachwerkgebäude werden wir in den Wald und dort zu dem beliebten Wanderparkplatz geführt. Hier beginnt das Naturschutzgebiet Emmertal, das im Zusammenhang mit der Unterschutzstellung der Emmer geschaffen wurde. Bereits hier oben, im Umfeld des Hohen Bachs, einem Nebenbach der Emmer, soll die Fichte zurückgedrängt werden, um wieder standortgerechten Bäumen wie Stieleichen und Buchen, Erlen und Espen Platz zu machen.

Der weitere Wanderweg führt uns am Westrand des Schwarzebruchs entlang, des nördlichen Teils der Waldau, der links ansteigt, während uns ein Tal vom rechts aufragenden Schierholzberg trennt. Wir kommen zu einer Fahrstraße und folgen ihr ein Stück, ehe wir bei einer Rechtskurve den geradeaus verlaufenden Wanderweg wählen. Er gabelt sich sogleich wieder. Ehe wir uns, der 3 entsprechend, nach rechts wenden und damit jetzt die 10 verlassen, sollten wir den hübschen kleinen Platz mit seinen Gedenksteinen hier auf dem höchsten Punkt unserer Wanderung betrachten. Auf dem landschaftlich vielseitigen Abstiegsweg müssen wir uns erst einmal rechts, vor einem Bergvorsprung dann links halten. Bei einer Kreuzung mit einem Forstgebäude geht es nach rechts weiter, bis wir schließlich – schon in Nähe des Waldrands – von einem Schild zur Bussardklause nach rechts und zunächst noch einmal bergan gewiesen werden. Doch wir biegen sogleich wieder nach links ab und kommen auf den besonders schönen Waldrandweg, der einen eindrucksvollen Abschluss unserer Wanderung bietet mit seinem Ausblick über das Grießebachtal. Eine Schutzhütte und viele Bänke zeugen von der Beliebtheit dieses Weges, der uns zurück zum Ausgangspunkt führt.

Die gut beschilderte Rundwanderung ist neuneinhalb Kilometer lang bei einem Höhenunterschied von 200 Metern. Mit ganz unterschiedlich beschaffenen Wanderwegen setzt sie eine gewisse Abenteuerlust voraus, die aber durchaus belohnt wird. Wir sind knapp drei Stunden unterwegs. Eingekehrt werden kann in der Bussardklause (Dienstag Ruhetag) oder in den Aerzener Gaststätten. Ein Bummel durch den gepflegten Fachwerkort mit der Domänenburg lohnt sich ohnehin.

Wanderaufzeichnungen / Notizen

42 Von Hämelschenburg bis zum Baßberg

Kultur und Natur vom Feinsten

Schloss Hämelschenburg, die „Perle der Weserrenaissance" und zweifellos eine der bedeutendsten Renaissancebauten Norddeutschlands schlechthin, kennt nahezu jeder in der Region, und sei es nur vom Vorbeifahren. Aber auch für Zehntausende von Besuchern aus Nah und Fern gehört die Besichtigung des Schlosses zum touristischen Programm eines Weserbergland-Aufenthaltes. In den letzten Jahren rückte der Ort verstärkt in das Bewusstsein der an attraktiven Zielen interessierten Menschen. Grund dafür ist die großzügige Umgestaltung der Gutsanlage jenseits des Schlosses, die mit ihren beiden stattlichen, im Stil der Frührenaissance erbauten Wirtschaftsgebäuden über 30 Jahre älter ist als jenes. Durch die Einbeziehung der Grünanlagen, des Wirtschaftshofes und die an der Emmer idyllisch gelegene ehemalige Mühle entstand ein bemerkenswertes Ensemble, das jedoch keinen musealen Charakter besitzt, sondern mit Künstlerateliers, einem Museumsshop und einer gut frequentierten Gastronomie mit Leben erfüllt ist.

Wir wollen den Ort Hämelschenburg als Ausgangspunkt einer Rundwanderung wählen, an deren Schluss der Besuch der kompletten Schlossanlage stehen kann. Wir parken ohnehin auf einem der neuen Parkplätze. In deren Nähe gibt es auch eine Haltestelle der Buslinie 40 des Nahverkehrs Hameln-Pyrmont, außerdem eine Wandertafel, die allerdings unser Wandergebiet nicht ganz abdeckt. Neben der Tafel führen Stufen hinan zur Straße Schmale Haube, auf der unsere Wanderung nach rechts beginnt. Wenn sie sich etwas später nach links wendet, gehen wir geradeaus auf dem Fußweg weiter und gelangen durch das Spiel-

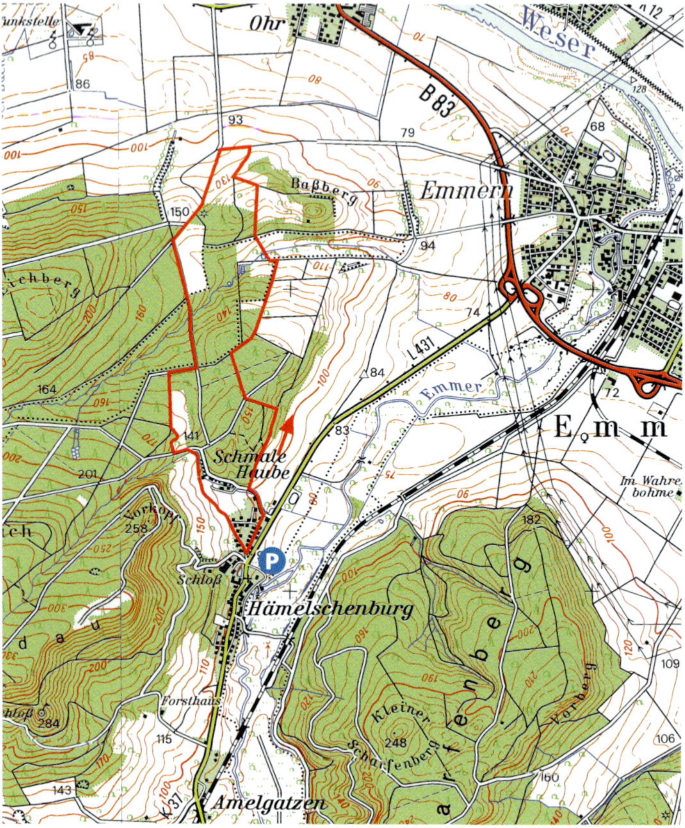

platzgelände auf die zum Sportheim ausgeschilderte Fahrstraße. Auf ihr wandern wir bis zum Waldrand, um vor der Bank nach rechts leicht anzusteigen. Bei der Gabelung halten wir uns links und steigen weiter im Hochwald an, vorbei an einer Plantage mit jungen Erlen und Eichen. Dabei überqueren wir zwei Wege, um schließlich auf einen geschotterten Forstweg zu stoßen, der uns nach rechts wiederum zum Waldsaum bringt. Hier haben wir eine besonders schöne Aussicht, die uns erhalten bleibt, wenn wir am Wald entlang nach Norden wandern.

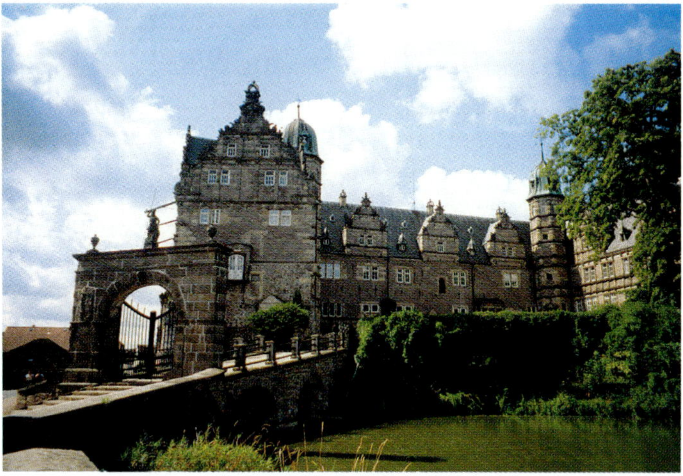

Schloss Hämelschenburg, die Perle der Weserrenaissance

Nachdem wir eine vom Emmerthaler Ortsteil Emmern hochkommende Straße leicht nach links versetzt überquert haben, durchwandern wir das Tal des Hohen Bachs, der einschließlich seiner Zuflüsse aus den Höhenzügen nördlich von Hämelschenburg kommt. Hier befinden wir uns im Naturschutzgebiet Emmertal, zu dem auch bereits ein Teil unseres zurückliegenden Wandergebiets gehörte. Als Nebenfluss der Emmer wurden Quellgebiet und Bett des Hohen Bachs in deren Schutzgebiet mit einbezogen.

Auf der anderen Seite des lieblichen Tals erwartet uns eine mächtige Eiche am Waldrand, wir wandern hier weiter geradeaus. Rechts hört der Wald sehr bald auf und wir sehen auf den 160 Meter hohen Baßberg oberhalb von Ohr. Schließlich folgen wir der großen Serpentine hinunter zu der ebenfalls von Emmern kommenden Fahrstraße. Dabei weitet sich mehr und mehr der Blick auf ein großartiges Panorama. Es reicht vom Ith im Osten bis zur Hohen Asch im Westen und –

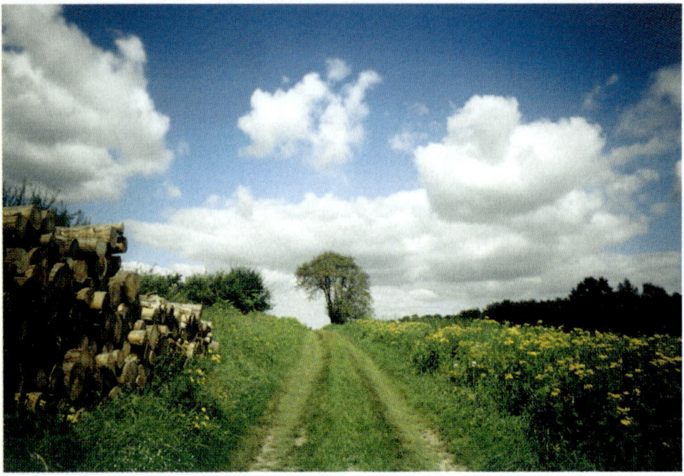

Beglückender Feldweg in Höhe des Baßbergs

im Vordergrund – von Tündern über Ohr bis nach Klein Berkel.

Wo die Fahrstraße nach rechts in Richtung Ohr biegt, zweigen nach links zwei Wege ab, deren erster uns bergan durch ein kleines Waldstück und dann an den westlichen Rand einer großen Lichtung bringt. An ihrem Ende beginnt mit dem Wald wieder das Naturschutzgebiet, in das wir hineinwandern. Geradezu lieblich wirkt der Hohe Bach, den wir überschreiten, mit seinen Mäandern auf der rechten und einer kleinen Insel auf der linken Seite.

Später kommen wir zu einer Kreuzung und wählen den nach rechts abbiegenden Querweg, um nach etwa 150 Metern bereits wieder nach links abzubiegen. Dort wandern wir an einer weiteren, kleineren Lichtung entlang, rechts von uns befindet sich der vor Jahren liebevoll angelegte Waldlehrpfad im Schwarzebruch, der nach wie vor einen Abstecher lohnt. Vor einer Apfelbaumplantage biegt unser Weg nach rechts und führt dann an der Obstwiese entlang.

An deren Ende weist uns eine Markierung hinunter auf einen noch einmal besonders hübschen Wanderweg, der uns zur Straße Hamelscher Weg und auf dieser direkt zurück zu Schloss und Parkplatz führt.

Die Rundwanderung ist nur sieben Kilometer lang bei einem Höhenunterschied von rund 60 Metern. Wir sind – ohne jegliches Besichtigungsprogramm – zwei Stunden unterwegs. Eingekehrt werden kann im Schloss-Café Hämelschenburg.

Wanderaufzeichnungen / Notizen

43 Um die Hohe Stolle im südlichen Scharfenberg

In vielen Windungen um den Bergzug

Der Höhenzug des Scharfenbergs, der den Autofahrer auf der Landesstraße 431 zwischen Emmerthal und Welsede jenseits der Emmer grüßt und zum Wandern verlockt, besitzt an der dem Flüsschen zugewandten Seite einen Steilabfall mit einer besonders interessanten Landschaftsform. In auffallend vielen Windungen passen sich hier die Wanderwege den Vorsprüngen und Tälern an. Besonders vielgestaltig ist der südliche Teil des Bergs, der mit der Hohen Stolle auch die höchste Erhebung (292 Meter) zu bieten hat. Das macht den Reiz einer Wanderung im südlichen Scharfenberg aus, auch wenn die Möglichkeiten, hinunter in das Emmertal mit seinen Dörfern zu schauen, sehr spärlich sind. Wettgemacht wird das durch den vielfältigen Wald, der zu jeder Jahreszeit reizvoll ist.

Ausgangspunkt für die Rundwanderung ist der Parkplatz bei der Scharfenberghütte in einem alten Mergelbruch am Fuß der Hohen Stolle. Er liegt etwa drei Kilometer von Welsede entfernt an der nach Grohnde führenden Straße. Allerdings fehlt an der Fahrstraße ein Hinweis zu Grill- und Wanderparkplatz. Die Zufahrtsstraße zweigt im rechten Winkel nach Norden ab – von Welsede kommend nach links – und führt auf die hoch aufragende Bergspitze zu. Busbenutzer erreichen Welsede mit der Linie 40 des Nahverkehrs Hameln-Pyrmont. Von der Haltestelle aus führt der Wanderweg W2 über die Straße Am Wasser und vorbei am Forsthaus direkt zur Scharfenberghütte.

Wir beginnen unseren Rundweg vom Parkplatz aus in Richtung Welsede auf dem mit Fernwanderwege-Zeichen und der Markierung G2 gekennzeichneten Wanderweg und gehen bei der Gabelung geradeaus.

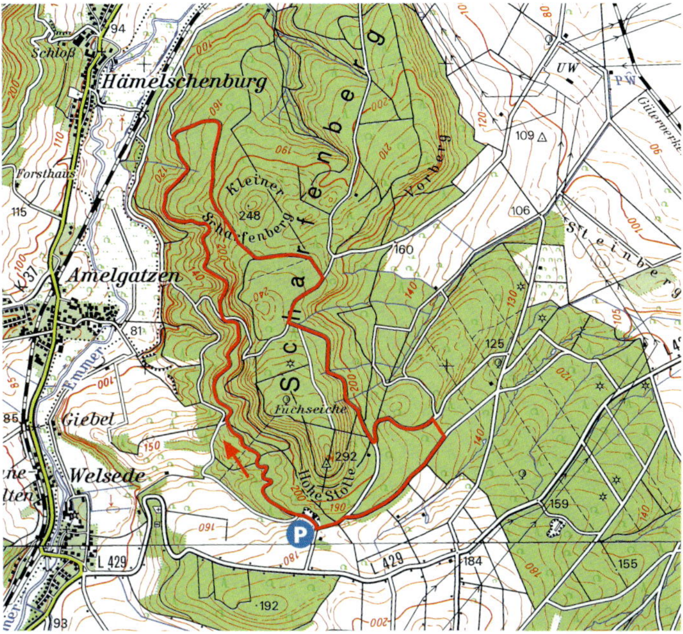

Majestätisch wirkende, hohe Bäume wachsen am Berghang: Eichen und Buchen, Lärchen und Fichten, Wildkirschen und später auch Birken. Holunderbüsche, Brombeeren und Tollkirschen gedeihen darunter. Seiten- und Querwege berücksichtigen wir nicht, wenn wir auf unserem sich schlängelnden Wanderweg fast unmerklich ansteigen. Deutlich steigt dagegen der Berg rechts über uns an, während er auf der anderen Seite ebenso steil zum Tal der Emmer hin abfällt.

Schließlich teilt sich der Weg, der linke führt im leichten Rechtsbogen hinunter, der rechtwinklig nach rechts abbiegende hinauf. Ihm müssen wir folgen. Wer jedoch einen Blick auf die jenseits des Tals liegende Hämelschenburg werfen will, sollte ein Stück nach links bis in die Mitte der Kurve gehen, um den Vorzeigebau der Weserrenaissance wie ein Märchenschloss in der Ferne liegen zu sehen. Dann geht es durch Fich-

Rechts: Vielfältig zeigt sich der Wald am Scharfenberg

Unten: Über niedrige Bäume schauen wir hinunter auf Amelgatzen

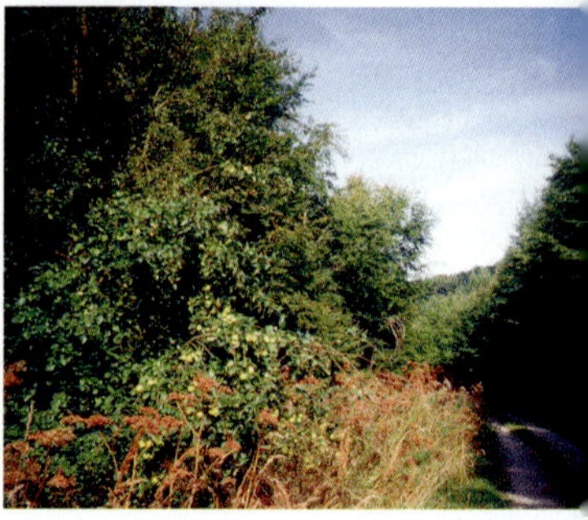

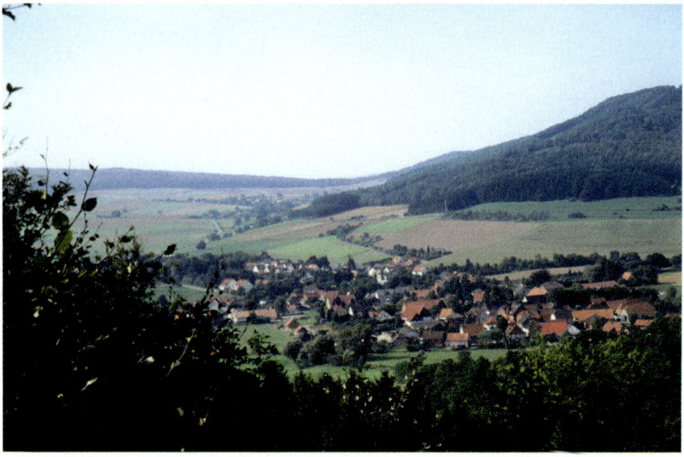

tenwald etwas steiler bergan. Nach einer scharfen Rechtskurve gehen wir am Hang zurück, weniger kurvenreich als auf dem Hinweg. Links von uns liegt jetzt der Kleine Scharfenberg, mit 247 Meter die zweithöchste Erhebung des Bergzugs.

Buchenwald löst den Fichtenwald ab. Nach einem Linksbogen geht es nahezu eben weiter. Noch immer folgen wir der Markierung G2 auf unserem Wanderweg, der jetzt zwei Rechtskurven beschreibt. Der Waldinnenrand ist hier besonders artenreich. Wir steigen noch einmal leicht an, ehe wir der breiten Forststraße nach links folgen. Zunächst verläuft sie eben, dann geht es allmählich bergab, jetzt jenseits der Hohen Stolle. Dann gabelt sich der Weg, und uns bieten sich zwei Möglichkeiten für den letzten Teil des Rückwegs an. Geradeaus kommen wir auf schnellste Weise zurück zu unserem Ausgangspunkt, jetzt ohne Markierung. Die von Grohnde ausgehende Kennzeichnung G2 führt uns dagegen schräg zurück nach links und nach insgesamt vier Rechtskurven zum Waldrand. An diesem entlang kommen wir schließlich auch wieder zur Scharfenberg-Hütte. Der Blick vom Waldrand aus lohnt allerdings kaum den längeren Weg.

Der Rundweg ist insgesamt acht Kilometer lang bei einem Höhenunterschied von rund 70 Metern. Er dauert zwei bis zweieinhalb Stunden. Einkehrmöglichkeiten gibt es in Welsede.

Wanderaufzeichnungen / Notizen

44 Große Runde über den Scharfenberg

Prächtiger Mischwald statt Fichten-Monokultur

Der Scharfenberg, der sich südlich von Emmerthal am rechten Ufer der Emmer bis zu einer Höhe von 292 Meter erhebt, gehört zu den weniger bekannten Ausflugszielen der Region. Dabei hat er viele Schönheiten zu bieten: neben der Fernsicht von den Waldrändern aus einen ganz besonders vielseitig strukturierten Wald auf anmutig gestaltetem Gelände. Viele Generationen von Forstbeamten sind für das heutige Bild des Waldes zuständig gewesen. Nicht immer hat es hier allerdings so viel Laubwald gegeben wie heute. Auf dem Keuperboden standen zunächst standortgemäß Fichten, ehe diese traditionelle Monokultur unterbrochen wurde. Dass jetzt die unterschiedlichsten Baumarten hier gedeihen, ist den Lößablagerungen zu verdanken, die den nährstoffarmen Keupersandstein bedecken. So wechselt heute auf dem Scharfenberg reiner Fichtenwald ab mit gemischtem Nadelwald, Buchenwald mit einem vorwiegend von Laubbäumen beherrschten prächtigen Mischwald. Vor allem in jüngeren Partien begeistert den Wanderer dessen Artenvielfalt.

Von nahezu allen Richtungen ist der Scharfenberg zu erwandern. Wanderparkplätze direkt am Waldrand gibt es allerdings nur im Süden, neben dem beim Grillplatz an der Hohen Stolle östlich von Welsede jenen beim Waldspielplatz an der Landesstraße von Grohnde nach Welsede. Dieser ist der Ausgangspunkt für unsere Wanderung, er liegt – von Grohnde aus – etwa 250 Meter jenseits des Waldrandes. Busbenutzer erreichen Grohnde mit der Linie 520 Hameln–Holzminden der Regionalbus Braunschweig GmbH, Geschäftsstelle Holzminden. Auf der Bahnhofstraße gehen sie bis zur Eisenbahnbrücke und unter ihr hindurch, um nach

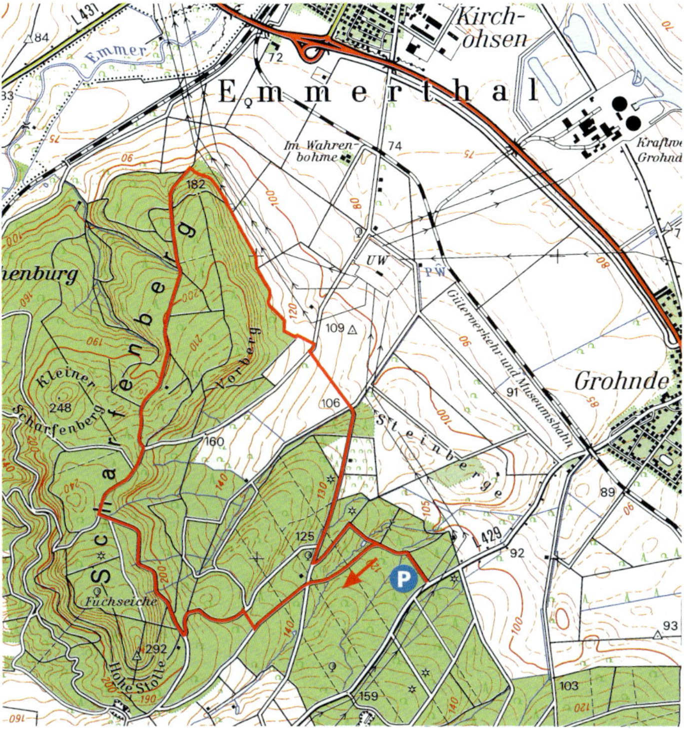

etwa 200 Metern auf den von der Fahrstraße nach rechts abzweigenden Wanderweg abzubiegen. Bei der Gabelung folgen sie der Markierung G1 und G2 nach links und wandern bis zu dem umzäunten Pflanzgarten. Sie gehen weiter geradeaus an ihm entlang bis zu dem nun auch mit K1 gekennzeichneten Querweg und dann nach links bis zu einer Kreuzung mit Grillhütte. Hier steigen sie in unsere Rundwanderung ein.

Vom Wanderparkplatz aus beginnen wir diese auf dem rechtwinklig zur Fahrstraße in den Wald führenden Forstweg. Abwechselnd leiten uns dabei die Zeichen G1 und die Symbole von Ahornblatt und Forelle. Bei einer Gabelung halten wir uns links und lassen den hübschen Weiher rechts liegen. Dann begleitet uns ein sich malerisch schlängelnder Bach, den wir schließlich überqueren. So gelangen wir zu jener Kreuzung mit Grillhütte, bei der die aus Grohnde kommenden Wanderer den Rundweg beginnen. Wir wählen den Weg links von der Schutzhütte, der mit G2 gekennzeichnet ist. Hier steigen wir fast unmerklich an. Schon in Sicht des Waldrands vor uns biegt dann ein Weg nach rechts ab, auf den uns die beiden Symbole führen. Er stößt auf einen anderen, dem wir nach links folgen.

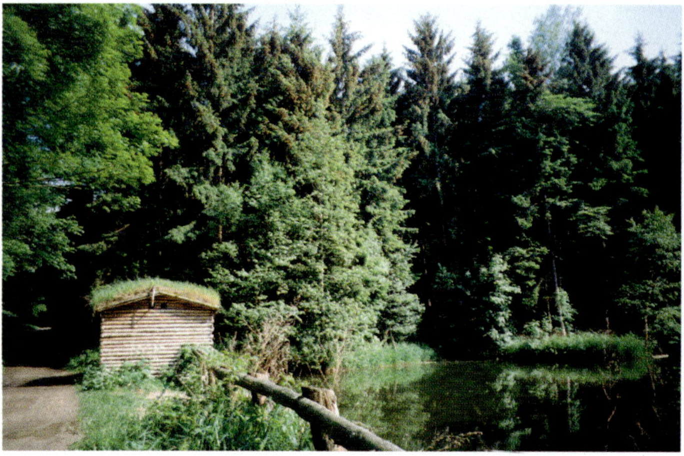

Auf dem Hin- und Rückweg gehen wir an einem hübschen Weiher entlang

Nach einer lang gezogenen Serpentine kommen wir zu einer Spitzkehre. Zwischen hohen Bäumen und jüngerem Nachwuchs steigen wir am östlichen Hang der Hohen Stolle weiter an. Jetzt leiten uns die Symbole von Ahornblatt und Elchschaufel und schließlich noch das des Wildschweins. Dann wandern wir auf der Höhe des Scharfenbergs fast eben weiter. Immer wieder können wir uns an dem Bild des vielseitigen Waldes erfreuen.

Bei einer Linkskurve biegt der mit G2 gekennzeichnete Weg nach links ab zum Kleinen Scharfenberg. Wir gehen jedoch geradeaus weiter bis zu einer Gabelung, um uns vom Wildschwein-Symbol und dem R des Rattenfänger-Rundwegs nach links in den Wald weisen zu lassen. (Eine durchaus lohnenswerte, kürzere Variante unseres Rundwegs würde hier nach rechts bergab führen entsprechend der Markierung K4. Die bequeme Forststraße führt rasch hinunter zum Waldrand und dann nach links an ihm entlang. Sie stößt schließlich auf den links vom nördlichen Scharfenberg kommenden Wanderweg unseres eigentlichen Rundwegs. Hier geht unsere Wanderung durch die Feldflur zum jenseitigen Waldstück weiter.)

Die Markierung K4 begleitet uns aber auch bei dem nach links beginnenden, etwa zwei Kilometer langen Marsch durch teilweise etwas eintönig wirkenden Fichtenwald zur nördlichen Spitze des Scharfenbergs. Prächtige Kiefern signalisieren uns auf dem letzten Stück, dass wir den nördlichsten Teil des Scharfenberg-Massivs erreicht haben. An ihnen vorbei steigen wir nun ab bis hinunter zum Waldrand oberhalb von Emmerthal. Hier genießen wir erst einmal den Blick über den Ort und die sich dahinter staffelnden Gebirgszüge.

Dann müssen wir uns für den weiteren Rundweg zwischen zwei Möglichkeiten entscheiden: Der befestigte Weg führt uns hinunter in die Feldmark und jenseits der Hochspannungsleitungen nach rechts. Kurz vor dem von Buschwerk umgebenen großen Güllebehälter steigen wir dann wieder zum Waldrand und einer Wassergewinnungsanlage an.

Sehr viel kürzer, aber nicht als Wanderweg ausgewiesen und entsprechend wenig gepflegt ist jene Abkürzung, die kurz vor dem Waldrand aus der Linkskurve nach rechts zunächst ziemlich steil ansteigt und dann grasbewachsen am Berghang entlang bis zu jenem Wasserbehälter führt. Auch hier sind im jungen

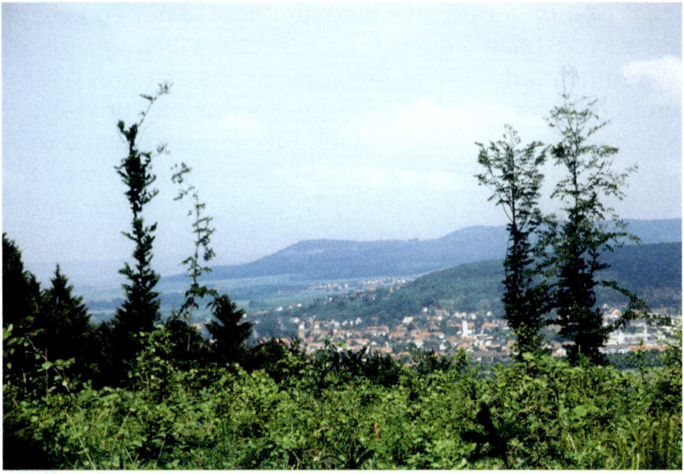

Nördlich des Scharfenbergs liegt Emmerthal vor dem Bückeberg

Wald die unterschiedlichsten Baumarten zu bewundern.

Auf dem Waldrandweg geht es in jedem Fall für uns weiter, häufig mit K4 markiert und mit schönem Weitblick. Rechts von uns steigt der Vorberg an. Schließlich werden wir in die Feldflur geführt, überqueren einen Fahrweg (den oben beschriebenen Abkürzungsweg) und wandern auf dem etwas weiter nach rechts versetzten Weg hinüber zum jenseitigen Waldrand. Es ist nur ein Wäldchen, das wir durchqueren, ehe wir auf den Pflanzgarten des Staatsforstes Grohnde stoßen. Er ist zwar als Baumschule geschlossen, imponiert aber nach wie vor durch die hohen Lebensbaum-Hecken ringsum.

Am Ende des Pflanzgartens trifft der Wanderweg von und nach Grohnde auf den unsrigen. Zum Wanderparkplatz gehen wir allerdings noch etwa 400 Meter weiter geradeaus bis zu einer Kreuzung. Der Weg nach rechts ist hier deutlich eingezogen, nach links dagegen wandern wir auf einen Hochsitz zu und werden wieder von unseren Symbolen begrüßt. Nach zwei fast rechtwinkligen Kurven zunächst nach links und dann nach rechts laufen wir schließlich an jenem Weiher vorbei, den wir auf dem Hinweg sahen. Besonders idyllisch wirkt die Blockhütte mit ihrem bewachsenen Dach. Dann stoßen wir auf unseren Weg vom Anfang der Wanderung und kehren zum Ausgangspunkt zurück.

Die Rundwanderung ist in ihrer längsten Form elf Kilometer lang, auf dem Abkürzungsweg an der Nordspitze einen Kilometer weniger. Die kürzere Variante ist sieben Kilometer lang. Der Höhenunterschied beträgt 145 Meter, und wir sind auf dem längeren Weg gut drei Stunden unterwegs. Einkehrmöglichkeiten bestehen nur in Grohnde.

Wanderaufzeichnungen / Notizen

45 Von Aerzen aus über den Pyrmonter Berg

Löwe und Ankerkreuz markieren die Grenze

Der aufmerksame Wanderer entdeckt in unserem Raum vielerorts Grenzsteine am Wanderweg als steinerne Zeugen jener Grafschaften und Ämter, die vor Hunderten von Jahren ihre Territorien auf diese Weise sichtbar voneinander abgrenzten. Viele von ihnen sind kunstvoll gestaltet mit den jeweiligen Wappen, manche auch mit Jahreszahlen. Damit sind sie gleichzeitig Dokumente der Geschichte wie Zeichen handwerklicher Steinmetzkunst. Nicht selten markieren solche Steine Grenzen, die auch heute noch Kommunen, Landkreise oder Länder trennen und ihre Funktion damit über die Jahrhunderte erhalten haben. So verläuft die heutige Grenze zwischen dem Flecken Aerzen und der Stadt Bad Pyrmont über den Pyrmonter Berg nördlich des Badeorts auf dem Grenzweg. Mit Grenzsteinen versehen wurde sie bereits 1563 entlang der ein Jahr zuvor festgelegten Grenzlinie zwischen der Grafschaft Pyrmont und dem Amt Aerzen des Fürstentums Calenberg–Hannover. Die Steine zeigen auf der Pyrmonter Seite das Ankerkreuz, auf der Aerzener den auf die Grafen von Everstein zurückzuführenden Löwen. Beide Symbole finden sich, wenn auch in etwas abgewandelter Form, in dem heutigen Wappen des Landkreises Hameln–Pyrmont wieder. Einige der gut erhaltenen Steine werden wir bei unserer Rundwanderung über den Pyrmonter Berg betrachten können.

Wir beginnen sie im Norden des Höhenzugs am Wanderparkplatz „Hühnerbusch" an der von Aerzen nach Gellersen führenden Fahrstraße, etwa 250 Meter vor Waldbeginn auf der linken Seite. Busbenutzer erreichen das Ortszentrum von Aerzen mit den Linien 30

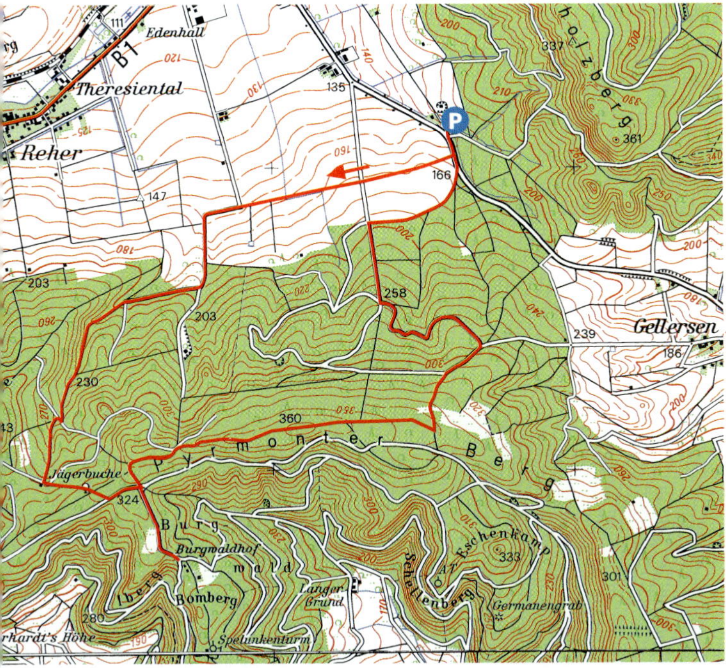

und 34 des Nahverkehrs Hameln-Pyrmont und gehen über die Straße Hohler Weg etwa 2,3 Kilometer bis zum „Hühnerbusch". Der Name steht für eine Sage, nach der einst täglich beim 12 Uhr-Glockenschlag – sowohl mittags als auch nachts – ein gespenstischer Hahn mit leuchtendem Gefieder und einem Funken sprühenden Schweif so laut schrie, dass es bis nach Gellersen zu hören gewesen sein soll. Bunten Riesenvögeln gleichen heutzutage die Modellflugzeuge, die man gelegentlich über dem gegenüber liegenden Feld beobachten kann. Wir wandern am Flugplatz des Modellflugvereins Aerzen entlang, nachdem wir vom Parkplatz aus noch ein Stück auf der Straße weiter gegangen und dann nach rechts in den Feldweg abgebogen sind. Einen wunderschönen Rundblick über das Grießebachtal bietet uns dieser unterhalb des Bergs verlaufende, von ganz unterschiedlichen Bäumen gesäumte Weg. Er führt schließlich nach links zum Waldrand bei Schmidts Eiche.

Wir folgen dem Wegweiser zur Sennhütte, steigen auf der Forststraße an und halten uns an die Markierungen 4 und 5. Beim Aufstieg in abwechslungsreicher Landschaft kommen wir an mehreren nach früheren Forstleuten benannten Plätzen vorbei. Oben erwartet

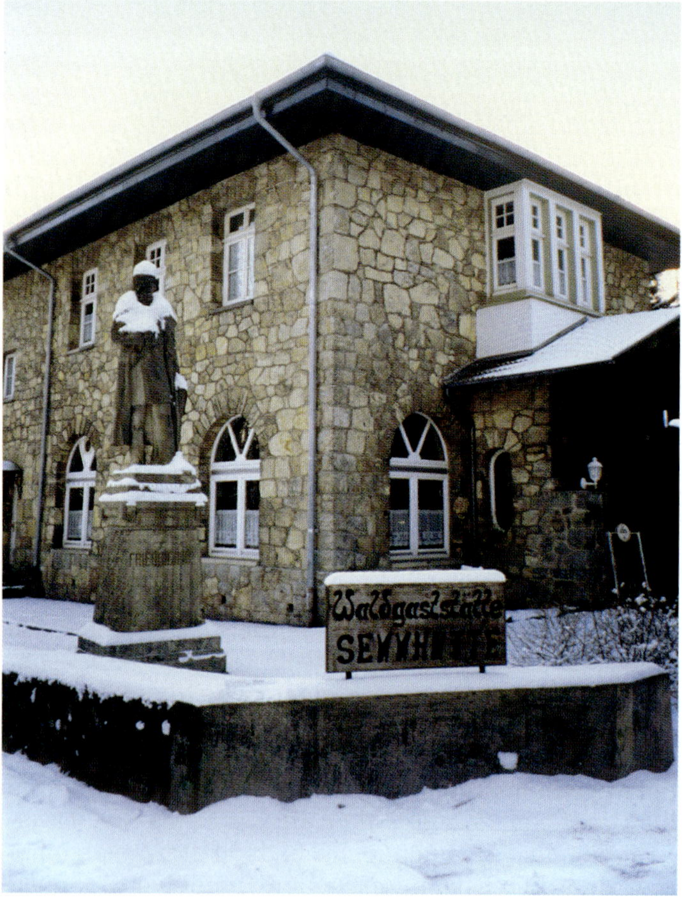

Ein Abstecher bringt uns zur Waldgaststätte Sennhütte

uns bei einer Wegegabelung ein Holzhäuschen mit einer Bank. Unsere Markierung weist uns nach links, dann aber sehr rasch auf einen vom breiteren Forstweg nach rechts ansteigenden Grasweg. Auf ihm geht es hinauf zur Jägerbuche, von der allerdings nur noch ein dekorativer, mit Pilzen bewachsener Baumstumpf steht. Hier beginnt zwar der mit 4 und 10 markierte Grenzweg nach links, empfehlenswerter aber ist es, zunächst weiter der 5 nach rechts zu folgen.

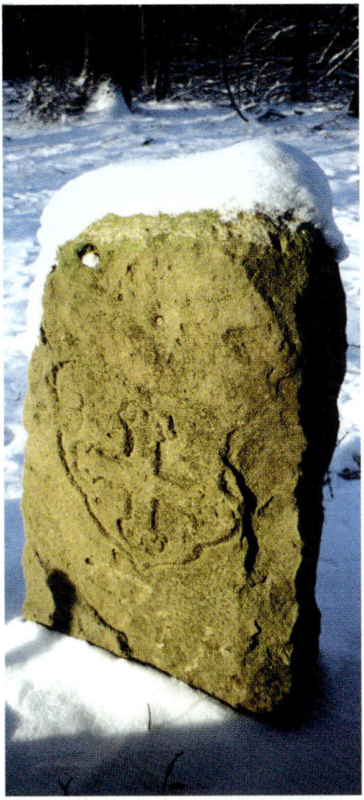

Das Pyrmonter Ankerkreuz auf einem der Grenzstein

Dieser Wanderweg bringt uns zu einem Sitzplatz mit Wandertafel an einem von drei größeren Wanderwegen gebildeten Platz. Der geradeaus verlaufende würde uns zu der etwa 600 Meter entfernten Waldgaststätte „Sennhütte“ führen, die sich für eine Stärkung anbietet. Sonst biegen wir nach links ab bis zum Ende des Platzes. Hier biegt ein schmaler, wiederum mit 4 und 10 markierter Weg nach links in den Wald, der bald auf einen anderen stößt. Wir halten uns rechts, biegen aber nach nur zehn Metern nun endgültig nach rechts auf den Grenzweg ab.

Es ist ein recht romantischer Weg mit ganz unterschiedlichen Abschnitten, einmal wie mit einem Baldachin überdacht von großen Buchenästen, später mit fast heideartigem Bewuchs. Innerhalb eines Wasserschutzgebietes ist der Weg schmal und gelegentlich schlecht. Unsere Aufmerksamkeit gilt den wenigen gut erhaltenen Grenzsteinen. An dem mit 360 Meter höchsten Punkt unseres Weges gibt es zwar eine Bank, die Aussicht von dort in den Langen Grund kann man jedoch nur genießen, wenn die Bäume unbelaubt sind. Schließlich erreichen wir einen Querweg, der uns nach links an einer Wiese vorbei abwärts führt. Bei einem als „Standort Alter Postweg" beschilderten Platz biegen wir nach links ab und wandern auf dem der Landschaft mit sanften Kurven angepassten Weg bergab bis zu einer Kreuzung, von der aus das letzte Wegstück bis zum Waldrand schnurgerade hinunter führt. Unten freuen wir uns abschließend noch einmal an dem Panorama, das wir vom Waldsaum aus genießen können, bis wir nach rechts wieder an unserem Ausgangspunkt angelangt sind.

Neun Kilometer lang ist diese Rundwanderung bei einem Höhenunterschied von 210 Metern. Wir sind fast drei Stunden unterwegs. Empfehlenswert ist ein Abstecher zur Sennhütte (Montag Ruhetag) zur verdienten Stärkung. Im übrigen gibt es Einkehrmöglichkeiten in Aerzen.

Wanderaufzeichnungen / Notizen

46 Am Südhang des Pyrmonter Bergs

Vom Schellen- zum Spelunkenturm

Wie ein Schutzwall umgibt eine Reihe von Höhenzügen den Talkessel, in dem die Städte Bad Pyrmont und Lüdge liegen. Nur beim Ein- und Austritt der Emmer ist diese Gebirgskette unterbrochen und ermöglicht eine ebene Zufahrt auf Straße oder Schiene. Das milde Klima mit der einzigen Palmenfreianlage nördlich des Mains verdankt der Badeort dabei in erster Linie dem bis auf 360 Meter ansteigenden Pyrmonter Berg im Norden des Tals. Einzelne ihm vor gelagerte Berge prägen das anmutige Landschaftsbild Pyrmonts. Zu ihnen gehören der Bomberg mit dem Spelunken- und der Schellenberg mit dem Schellenturm. Beide sind einen Ausflug wert, sowohl der Aussicht als auch ihrer Geschichte wegen. Wir wollen sie auf einem Rundweg erwandern, der uns am sonnenreichen Südhang des Pyrmonter Bergs entlang führen wird. Allerdings ist der Schellenturm zurzeit wegen Einsturzgefahr gesperrt.

Ausgangspunkt für die Rundwanderung ist der Parkplatz am Ende des Vogelreichswegs im Norden der Stadt oberhalb der hohen Gebäude des DAK-Sanatoriums. Bahnreisende benutzen vom Bahnhof Bad Pyrmont (S-Bahn-Strecke Hannover–Paderborn) die Pyrmonter Buslinie 62, steigen am Markt in die Linie 64 um und fahren bis zur Haltestelle Beethovenstraße am Ende des Vogelreichswegs. Zum Pyrmonter Markt fahren auch die Busse der Nahverkehrslinien 30 und 34 Hameln–Pyrmont. Beim Parkplatz gibt es am Waldrand eine Wanderkarte; hier beginnt auch unsere Wanderung geradeaus in den Wald hinein.

Recht einfallsreich ist die Forststraße zu einem Waldlehrpfad gestaltet. Die nach beiden Seiten abge-

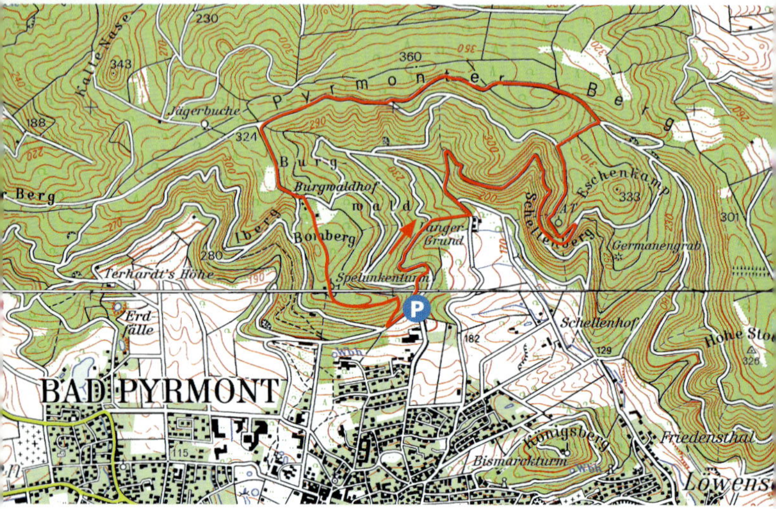

henden Wege benutzen wir nicht, sondern folgen den Zeichen P7 und P8 geradeaus. Erst bei der Tafel, die uns über Beispiele einer Lebensgemeinschaft im Laubmischwald informiert, folgen wir dem Andreaskreuz des Fernwanderwegs nach rechts und gelangen zu der Ausflugsgaststätte Langer Grund. In diesen wandern wir nun ein Stück nach links hinein. Nachdem wir an einem zu dem Forstlehrpfad gehörenden Wanderparkplatz vorbei gekommen sind, weisen uns die Markierungen X6 und P8 nach rechts. Ansteigende und fast eben verlaufende Wegstrecken wechseln sich auf dem kurvenreichen Weg zum Schellenturm ab, die Bergseite begrenzt von plattig anliegendem Kalkstein, während im Winterhalbjahr die dann unbelaubten Bäume talwärts den Blick freigeben bis hinüber zur Ottensteiner Hochfläche.

Dann sehen wir den Turm der Schellenburg über uns. Die wehrhafte Burg wurde 1183 als Grenzfeste gegen Braunschweig und Lüneburg erbaut, jene Besitzungen Heinrichs des Löwen, die ihm nach den politischen Auseinandersetzungen mit Friedrich Barbarossa geblieben waren. Das Herzogtum Westfalen hatte er dagegen an das Erzbistum Köln abtreten müssen. Erzbischof Philipp von Heinsberg ließ an der Grenze seines neuen Besitzes die Burg bauen, die später Schell-Pyrmont genannt wurde. Über den Namen der Burg – und damit den der Stadt – gibt es verschiedene Deutungen, die von „petri mons", also Petersberg, bis zu der germanischen Wortzusammensetzung „piremont" reichen, was als Sprudelquelle gedeutet und verständlicherweise von den Pyrmontern favorisiert wird. Herren der Schellenburg waren

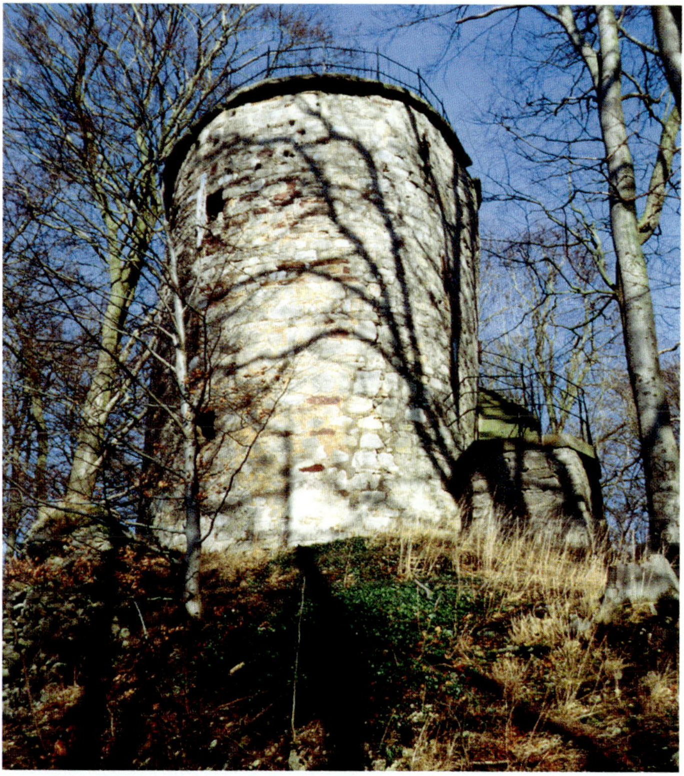

Gleichermaßen aussichtsreich wie geschichtsträchtig ist die Schellenburg

die von dem Erzbischof belehnten Grafen von Schwalenberg, die als Stammherren der Grafen von Pyrmont angesehen werden können. Etwa um 1280 wurde die Burg bereits zerstört, aus den verbliebenen Trümmern 1824 der heutige Turm errichtet.

Er kann leider zurzeit nicht bestiegen werden, da er baufällig und einsturzgefährdet ist. Eine rührige Bürgerinitiative hat bereits eine große Spendenaktion unter dem Motto „Rettet den Schellenturm" für die Sanierung gestartet, um das bei Wanderern und Spaziergängern äußerst beliebte Ausflugsziel zu erhalten.

Nachdem wir die Burg im Halbkreis umrundet haben, werden wir bei einem Querweg von den Markierungen P6 und P8 auf einen höheren Wanderweg geführt, auf dem wir nach links direkt unterhalb des Turmes zurückgehen. Bei einer Bank verlassen wir den abbiegenden Fernwanderweg und die Markierung P8 und folgen der P6 und dem Schild zur Bergstraße geradeaus. Auf dieser wandern wir am Südhang entlang bis zu einer Wegspinne mit einer Wandertafel. Hier biegen wir nach links zu einem weiteren Ausflugslokal, der Sennhütte, ab, vor der Friedrich III., jener 100-Tage-Kaiser des Drei-Kaiser-Jahres 1888, steinerne Wacht hält. Dann geht es weiter auf den Bomberg zu, wo sich in imposanter Lage der filigrane Spelunkenturm erhebt. Woher kommt sein eigenwilliger Name? Seit 1872 bestand in Pyrmont die Gesellschaft „Spelunke", deren Mitglieder sich „Halunken" nannten. Sie entwickelte sich rasch zu einer Vereinigung der honorigsten Bürger der Badestadt. Intern präsentierte sie sich als eine Gesellschaft, die sich den Ulk zum Ziel gesetzt hatte, auch wenn dieser Nonsens nach einem anspruchsvollen Zeremoniell verlief, vor allem bei der Aufnahme eines eingeführten neuen Mitglieds.

Da die Halunken während der Badesaison witzige Stammtische veranstalteten, erweiterte sich der Kreis um viele bedeutende Zeitgenossen mit Sinn für

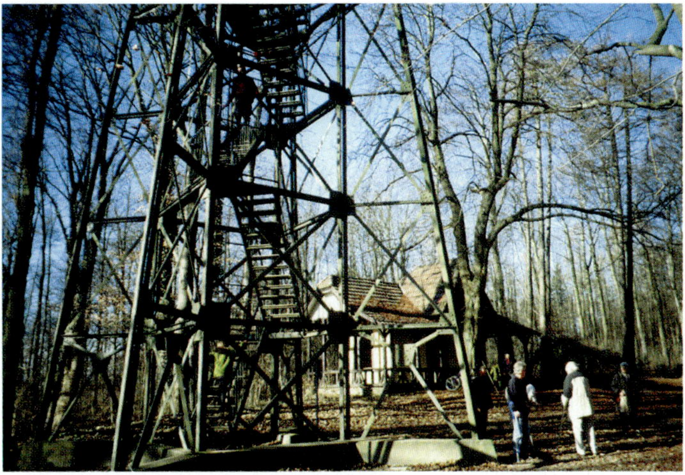

Der Spelunkenturm hoch über Bad Pyrmont zieht Spaziergänger und Wanderer an

Humor, darunter Schriftsteller, Schauspieler und andere Künstler, Gelehrte von Rang und Vertreter des Hochadels. Häufig waren es vermögende Leute, die von der Gesellschaft entsprechend „geschröpft" wurden nach dem auf dem Vereinsbanner eingestickten Motto „Sie brauchen uns nichts zu stiften, aber wir erwarten es bestimmt!" Zunächst flossen die Spenden ein Vierteljahrhundert lang einem Fond für Schiffbrüchige zu, bis sich die Halunken der eigenen Stadt zuwandten. Sie beteiligten sich maßgeblich am Bau des Lortzing-Denkmals vor dem Theater und des Bismarckturms auf dem Königsberg, setzten sich für die Ausgestaltung sportlicher Veranstaltungen ein und unterstützten zahlreiche soziale Einrichtungen.

In die Geschichte der Stadt aber sind sie eingegangen durch den Bau jenes 27 Meter hohen Eisenturms, der 1896 auf der Höhe des Bombergs genau auf dem 52. Breitengrad für 20000 Mark errichtet und von ihnen finanziert wurde. Wenige Jahre später ließen sie daneben den Fachwerkbau als Schutzhütte erbauen, der nach dem langjährigen Präsidenten Theodor Francke, einem Dresdner Hofschauspieler und begnadeten Kabarettisten, „Theodor-Hütte" benannt wurde. Auf einer Ehren-Tafel sind darin die Namen einiger verdienter Halunken zu lesen. In der Nazizeit wurden die Räume der Spelunke geplündert, die Mitglieder Repressionen ausgesetzt. Nur der Turm hoch über der Stadt hält die Erinnerung an diese im wahrsten Sinne des Wortes ehrenwerte Gesellschaft wach...

Schwindelfrei sollte man sein, wenn man ihn besteigt – aber der Blick ist großartig! Oberhalb des Turmsockels geht im rechten Winkel zum bisherigen Weg der mit P6 gekennzeichnete Abstiegsweg ab, der bis zu einem Bergsporn nahezu eben, dann etwas steiler hinunter führt. Wenn wir über den Langen Grund hinweg zur Schellenburg schauen und uns den Bogen betrachten, den wir erwandert haben, bekommen wir Hochachtung vor der eigenen Leistung. Lohnend ist jedoch auch der Blick zur anderen Seite über den Königsberg zur Ottensteiner Hochebene. Am Waldrand folgen wir der Forststraße nach links und den Hinweisen zum Langen Grund, um schließlich oberhalb einer Koppel zu unserem Ausgangspunkt zurück zu kehren.

Die gut zweieinhalbstündige Rundwanderung ist neun Kilometer lang bei einem Höhenunterschied von 140 Metern. Mit ihren auf guten Wanderwegen zu erreichenden Zielen und zwei attraktiven Gaststätten ist sie als Familienausflug zu empfehlen.

47 Rund um den Büsseberg nördlich von Thal

Der Bau der Bahnlinie ließ die Thaler Klippen entstehen

Ehe die aus Hameln kommenden Bahnreisenden Bad Pyrmont erreichen, fahren sie dicht an den steil über der Emmer aufragenden Thaler Klippen vorbei. Es sind keine natürlichen Felsformationen, sie entstanden erst im Zusammenhang mit dem Bau der 1872 fertig gestellten Bahnstrecke Hannover–Hameln–Altenbeken, als Platz geschaffen werden musste für die Schienentrasse. An keiner anderen Stelle schiebt sich der aus verschiedenen Bergen bestehende Gebirgszug, der den Pyrmonter Kessel nach Norden hin schützend umgibt, so nahe an das Flüsschen heran wie hier. Vor allem am Büsseberg jenseits des Pyrmonter Ortsteils Thal ist der Steilhang zur Emmer hin beeindruckend. Die Klippen am Sockel verstärken diesen Eindruck noch. Da der nur 247 Meter hohe Bergkegel aber auch nach den übrigen Seiten hin in tief eingeschnittene, zum Teil fast schluchtartig wirkende Täler abfällt, ist eine Umrundung recht reizvoll, zumal sich von den Wanderwegen aus streckenweise ein hübscher Blick über das liebliche Emmertal bietet.

Wir starten zu dieser Rundwanderung in Thal. Dorthin fährt der Bus der Linie 40 des Nahverkehrs Hameln-Pyrmont. Beim Festplatz am östlichen Ortseingang gibt es einen Parkplatz mit Wanderkarte. Schon von dort und noch mehr von der Hauptstraße aus, auf der wir das Dorf durchqueren, sehen wir die Klippen jenseits des Tals aufsteigen. Bei der Angerstraße biegen wir rechts ab und gehen hinunter zur Emmer und an ihr entlang bis zur Brücke. Dort können wir das muntere Gewässer und die unter Naturschutz gestellten Ufer betrachten. Drüben angekommen, halten wir uns

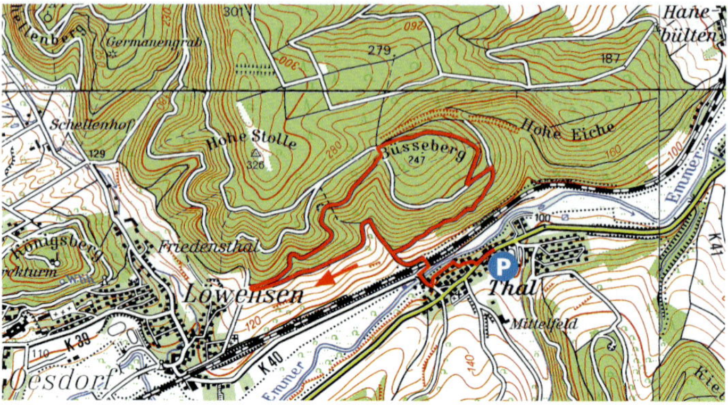

rechts und unterqueren die Bahnstrecke, um dann nach links weiterzugehen und schließlich auf diesem Weg zwischen Wald und Pferdekoppeln anzusteigen. Oben umlaufen wir die Wiese und wandern am Berghang weiter in westliche Richtung. Hier bietet sich uns, wenn wir die alleeartig aufgereihten Buchen zur Linken hinter uns gelassen haben, der Blick hinüber zur Ottensteiner Hochebene.

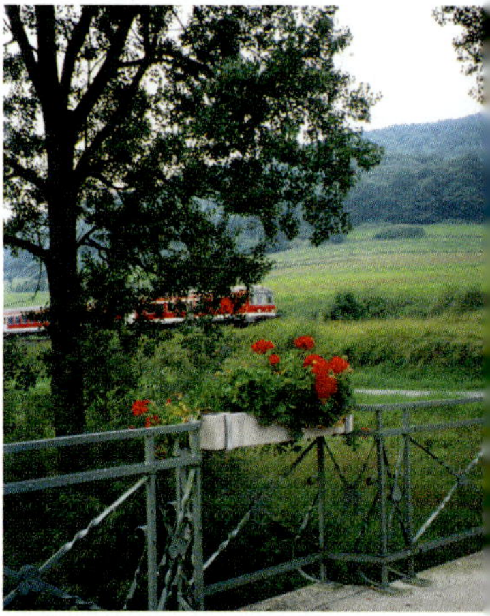

Über die Thaler Brücke führt unser Wanderweg

Nachdem wir die Bergspitze umlaufen haben, biegen wir bei dem einladend wirkenden Löwenser Grillplatz in den schräg zurück führenden geschotterten Forstweg ein, der mehrere Kennzeichen aufweist und uns bergan führt. Zweimal umgehen wir Seitentäler und stoßen dann auf den Rundweg um den Büsseberg, dem wir zunächst nach links, bei der nächsten Möglichkeit nach rechts

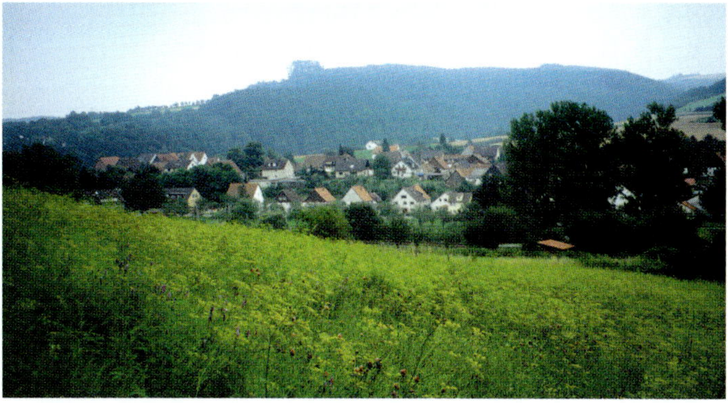

In das Emmertal eingebettet liegt der Pyrmonter Ortsteil Thal

folgen, von der Löwenser Markierung L6 geleitet. Oberhalb eines jener tiefen Täler, die den Berg umgeben, umrunden wir ihn im Norden und Osten und stoßen dann auf einen links abzweigenden Weg, der uns auf einen in halber Höhe verlaufenden weiteren Forstweg führt. Ihm folgen wir nach rechts und schauen durch die hohen Buchenstämme auf die Häuser von Thal. Geruhsam steigen wir ab bis zum Waldrand, wo wir noch einmal das gesamte Panorama genießen können. Über die Emmerbrücke und durch den Ort erreichen wir wieder unseren Ausgangspunkt.

Die Rundwanderung ist sieben Kilometer lang bei einem Höhenunterschied von rund 140 Metern und dauert knapp zwei Stunden. Sie ist recht bequem. Besonders reizvoll ist sie im Herbst, wenn am Südhang zahlreiche „Lampionblumen" ihre orangeroten Fruchtkelche tragen. Sie stehen auf der Roten Liste der vom Aussterben bedrohten Pflanzen und sind deshalb dem Schutz des Wanderers anempfohlen. Einkehrmöglichkeiten gibt es in Thal.

48 Rundweg oberhalb des Sievershagener Tals

Mühlen und ihre oft leidvolle Geschichte

Nicht nur im Solling steigen liebliche Bachtäler hinauf zur Gebirgskuppel. Auch die Ottensteiner Hochfläche hat solche Täler zu bieten, durch die sich das Hochland von den Rändern her erwandern lässt. Eins der schönsten ist das Sievershagener Tal, das zu jeder Jahreszeit einen Ausflug wert ist. Besonders reizvoll ist es dort im Frühling, wenn die Lärchen im jungen Grün stehen, und fast noch schöner, wenn ihre Nadeln im Herbst golden leuchten. Sogar im Winter macht das Wandern auf den Höhen dies- und jenseits des Tals Spaß, zumal der Schnee hier länger liegen bleibt als in den tiefer gelegenen Orten.

Einen zusätzlichen Anreiz für den hier vorgeschlagenen Rundweg bietet der kleine Ort Sievershagen mit seinen hübschen Fachwerkhäusern rund um die alte Wassermühle. „Sievershagener Mühle" heißt auch die Gaststätte gegenüber, deren Räume eine ehemalige Ölmühle mit einbeziehen. Viele Mühlen – Getreide-, Öl- und Papiermühlen – hat der Sievershagener Bach im Lauf der Jahrhunderte angetrieben, bis zu vier verschiedene zu gleicher Zeit. Wechselvoll war ihre Geschichte und oft leidvoll für die Besitzer, wenn Gewitter und Stürme die Deiche zum Einsturz brachten oder Brände die Gebäude vernichteten. Und häufig waren die Bewohner in die Fehden zwischen den Hehlener Grafen von der Schulenburg und den Amtmännern des Amtes Ottenstein, zu dem Sievershagen gehörte, verstrickt. Der Wirt der Gaststätte weiß manches Histörchen zu erzählen.

Wer vom Weserbogen bei Hehlen aus nach Sievershagen fahren will, biegt von der Bundesstraße 83 beim Hinweisschild nach Ottenstein ab und fährt bergwärts,

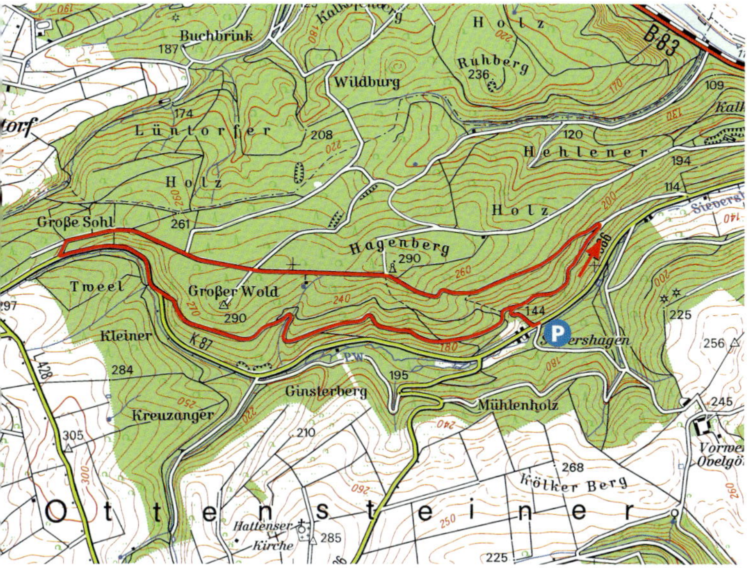

zunächst durch den Ort Hehlen und später durch das enger werdende Tal. Noch vor den Gebäuden von Sievershagen gibt es auf der linken Seite einen größeren Parkplatz. Eine Anbindung an den Öffentlichen Nahverkehr besteht leider nicht. Von dem Ort Hehlen, der von der Linie 520 Hameln–Holzminden der Regionalbus Braunschweig GmbH, Geschäftsstelle Holzminden, angefahren wird, liegt Sievershagen gut dreieinhalb Kilometer entfernt. – In Höhe des Parkplatzes steigt jenseits der Fahrstraße ein Forstweg an, auf dem unsere Rundwanderung beginnt. Sie führt uns im Rechtsbogen auf eine fast eben am Hang verlaufende Forststraße, der wir nach rechts folgen. Von links werden wir nach rund zwei Stunden zurückkommen. Abwechslungsreich mit prächtigen Buchen und Lärchen ist der Weg hier am Südhang des Hehlener Holzes. Auf der anderen Seite des Tals steigen die überwiegend von Nadelwald bewachsenen Hänge in Richtung Ottenstein an.

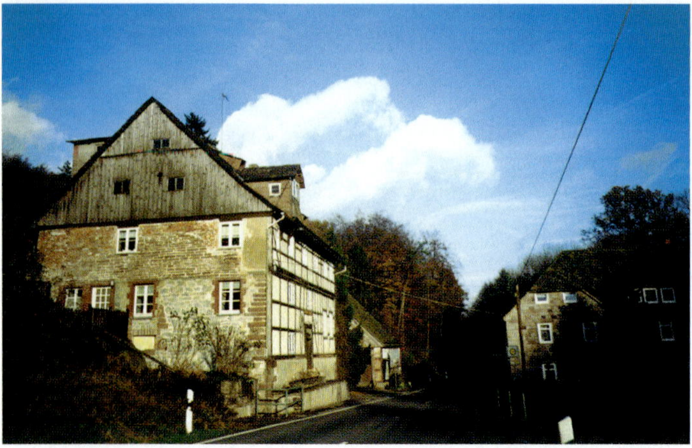

Die Sievershagener Mühle hat schon viel erlebt

Ehe unser Forstweg ins Tal führt, wenden wir uns scharf nach links und steigen jetzt zügig an. Dabei bleiben wir stets auf dem Hauptweg, der beständig bergauf verläuft. Schließlich erreichen wir den Hagenberg und damit in 290 Meter Höhe den höchsten Punkt unserer Wanderung. Hier stößt der mit XW gekennzeichnete Fernwanderweg Münden–Bremen, von Hehlen kommend, im rechten Winkel auf unseren Weg. Ein schöner dreikantiger Grenzstein von 1746 weist auf die Grenzen des Amtes Ottenstein (mit dem Kesselhaken) und der Grafen von der Schulenburg (mit der Wolfsangel) hin. Auf der anderen Wegseite gibt eine Waldschneise den Blick frei zur Ottensteiner Hochfläche mit der Hattenser Kirche bei Ottenstein. Wir behalten unsere Richtung bei und wandern nun hoch oberhalb des Tals fast eben weiter durch abwechslungsreichen Mischwald. Auf der linken Seite befinden sich größere Samenplantagen.

Nachdem wir mehrere Querwege unbeachtet ließen, treffen wir schließlich auf einen anscheinend in Vergessenheit geratenen Wanderparkplatz mit einer

Sitzgruppe. Hier sind wir schon fast am oberen Ende des Sievershagener Tals angelangt und wenden uns nach links hinunter zur nahe gelegenen Straße. Auf dieser müssen wir nun etwa 700 Meter nach links bergab wandern, ehe bei einem Holzplatz wieder eine

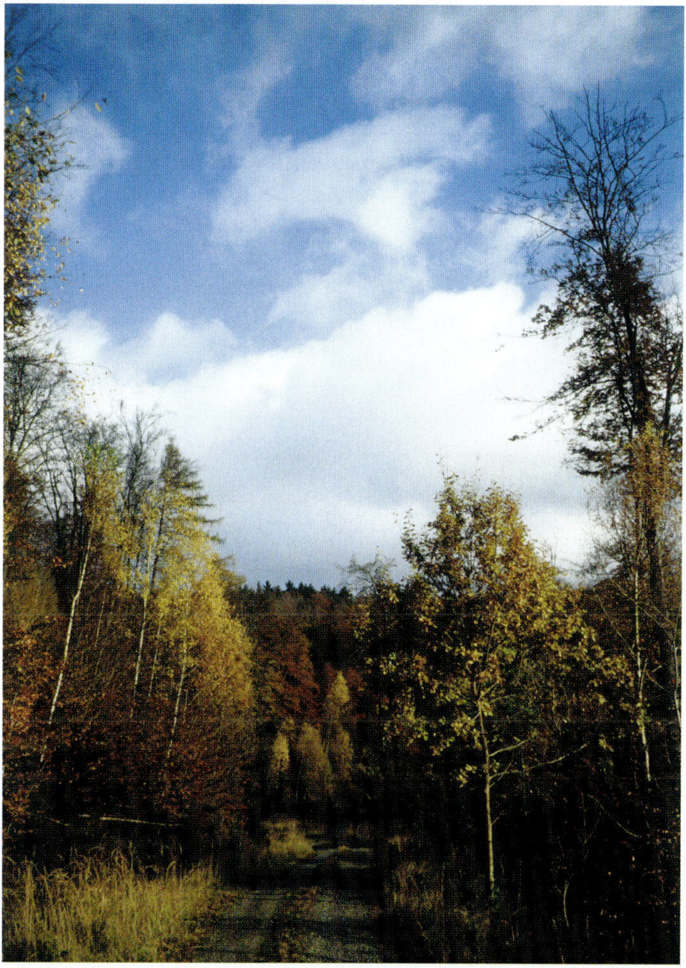

Prächtige Buchen und Lärchen prägen das Bild des Hehlener Holzes

Forststraße nach links in den Wald führt. Sie bringt uns nach kurzem Anstieg zu jenem Hangweg, den wir am Anfang der Wanderung benutzten. Er ist, vor allem auf dem ersten Stück, besonders reizvoll und führt uns kurvenreich am ebenfalls 290 Meter hohen Großen Wold und am Hagenberg entlang. Schließlich gelangen wir zu jener scharf nach rechts abbiegenden Forststraße, die uns wieder hinunter zur Sievershagener Mühle bringt.

Die zwei- bis zweieinhalbstündige Rundwanderung ist neun Kilometer lang bei einem Höhenunterschied von rund 140 Metern. Da wir Forststraßen benutzen, ist sie zu jeder Jahreszeit zu empfehlen. Zur Einkehr empfiehlt sich die Sievershagener Mühle, nicht zuletzt mit Forellen aus eigenen Teichen.

Wanderaufzeichnungen / Notizen

49 Über die Ottensteiner Hochfläche

Alles andere als eine Ebene

Ottensteiner Hochfläche heißt die ausgedehnte Landschaft südlich der Emmer und westlich der Weser nach der größten Ortschaft, dem Flecken Ottenstein. „Ottensteiner Hochebene“ wird sie oft fälschlicherweise tituliert, obwohl sie alles andere als eben ist. Denn gerade das macht ihren ganz besonderen Reiz aus, dass sie eine eigene hügelige Welt bildet mit Tälern, Wäldern und Feldern, mit den typischen Alleen und den vielen hübschen Orten. Deren ganz besonderer Charme liegt nicht zuletzt darin, dass in vielen Dörfern nahezu keine einzige Straße, kein kurzes Gässchen wirklich eben verläuft, sondern ihre Einwohner stets entweder hinauf oder herunter gehen müssen. Ein wenig zäher als die Leute im Tal sind sie wohl ohnehin, die Menschen hier oben. Denn das Klima ist deutlich rauer mit kürzerem Sommer, einem stürmischen Herbst und Schneeverwehungen im Winter, die nicht selten den Verkehr lahm legen. Und das Frühjahr kommt spät. Steinig sind die Äcker, und doch ist der Wanderer erstaunt, auf wie viel Landwirtschaft er stößt, auf Rinder und Pferde auf den Koppeln und auf funktionierende Bauernhöfe in den Dörfern, in denen noch die Misthaufen vor den Gehöften anscheinend voller Stolz präsentiert werden. Und noch etwas versetzt den Wanderer in Erstaunen: Ist er erst einmal oben angelangt auf der Hochfläche, so vergisst er angesichts der vielfältigen Landschaft, dass man hier mindestens 200 Meter höher ist als unten im Tal. Nur der immer wieder großartige Fernblick macht diese Tatsache deutlich.

Wir beginnen unsere Rundwanderung bereits in 330 Meter Höhe auf einem kleinen Platz an der von Lich-

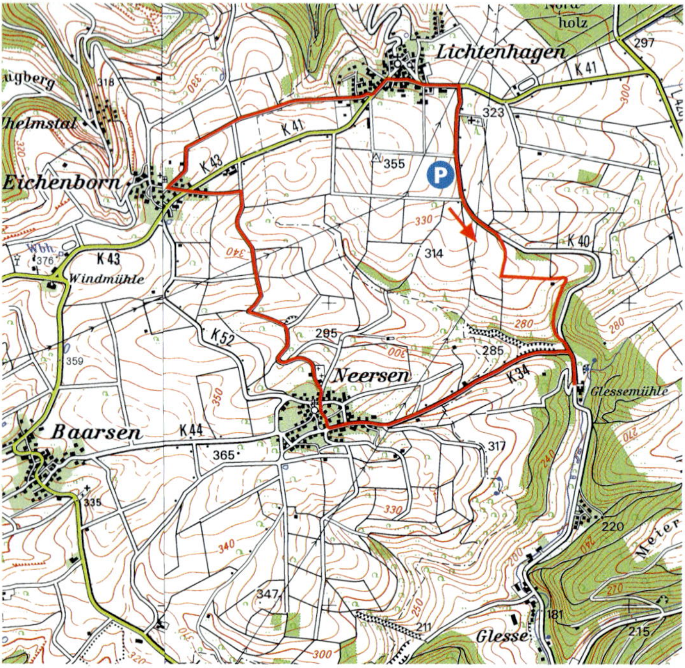

tenhagen nach Glesse führenden Straße. Lichtenhagen ist für Busbenutzer mit den Linien 40 Hameln–Ottenstein des Nahverkehrs Hameln-Pyrmont und 521 Holzminden–Bad Pyrmont der Regionalbus Braunschweig GmbH, Geschäftsstelle Holzminden, zu erreichen. Autofahrer haben die Wahl zwischen einer Anfahrt von der Weser aus über Grohnde und Lüntorf oder von der Emmer bei Welsede entweder über Deitlevsen oder ebenfalls über Lüntorf. Die Straße nach Glesse zweigt am östlichen Ortsausgang von der nach Ottenstein nach Süden ab. Etwa 500 Meter südlich dieser Abzweigung steht rechts der Straße in einer leichten Linkskurve eine Sitzgruppe, und eine Informationstafel beschreibt die Besonderheiten der dahinter neu angelegten Streuobstwiese. Auf diesem kleinen Platz kann das Auto abgestellt werden.

Zu Fuß geht es auf der Fahrstraße noch 300 Meter weiter. Dort verlassen wir die Straße, vorausgesetzt, wir nehmen später auf etwa 250 Meter Länge einen etwas „unwegsamen" Weg auf uns. Wer das nicht will, sollte auf der wenig befahrenen Straße weiter gehen, die zunächst in einer leichten Linkskurve, dann im deutlichen Rechtsbogen in das Glessetal führt. Wanderer mit robuster Kleidung laufen zu Beginn der Linkskurve dagegen geradeaus auf dem Feldweg weiter und halten sich dann bei der Gabelung links. Bis zu einem Grundstück ist dieser Weg befestigt. Doch dann

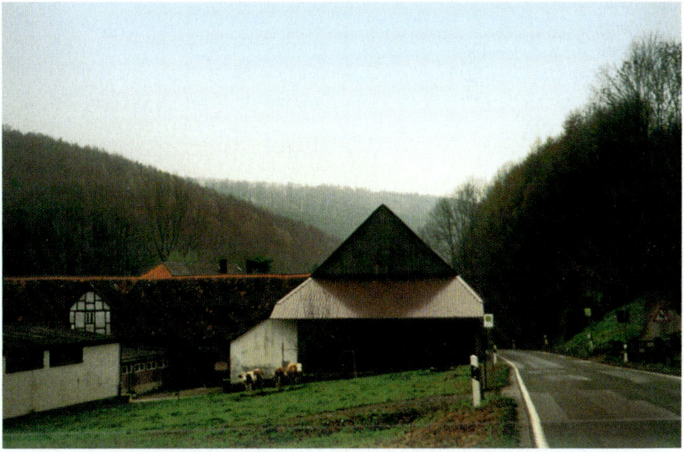

Am Anfang des Tals liegt die ehemalige Glessemühle

umgeht der Weg das Anwesen nach rechts und läuft nun oberhalb der Fahrstraße in einem etwas verwahrlosten Zustand weiter. Kurz vor der nach rechts abzweigenden Fahrstraße nach Neersen mündet unser Weg auf die von Lichtenhagen kommende Straße. Hier sind wir nun am Anfang des Glessetals, das inmitten der Hochfläche eine Besonderheit darstellt. Es lohnt sich, das Tal bis in den Ort Glesse hinein zu erwandern, allerdings ist dieser noch zwei Kilometer ent-

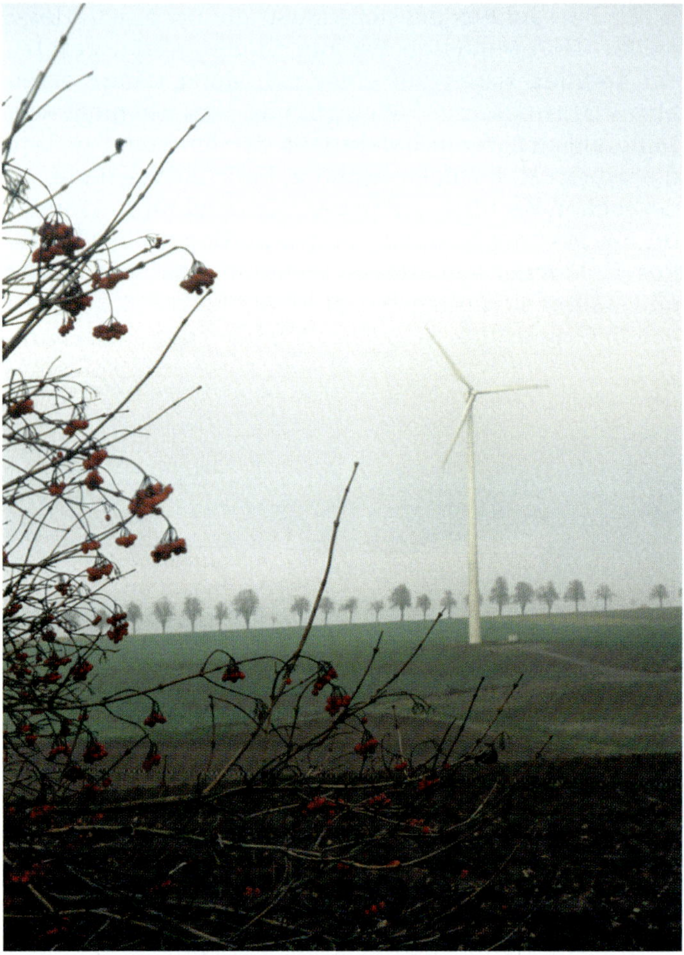

Alte Alleen und neue Windkraftanlagen setzen auf der Hochfläche optische Akzente

fernt. Aber wenigstens bis zur nahe gelegenen Glessemühle sollte man noch gehen, offenbart sich doch auf diesem Wegstück schon die Idylle des von Bergen eingerahmten Tals.

Auf der Fahrstraße steigen wir dann nach Neersen an. In dem gepflegten Ort biegen wir auf der zweiten Straße nach rechts zu der hoch oben liegenden, wehrhaft wirkenden Pauluskirche ab und gehen an ihr vorbei bis zum Friedhof. Dort teilt sich die Straße, nach rechts könnten wir direkt zu unserem Ausgangspunkt zurückkehren. Empfehlenswert ist es aber, nach links durch das Landschaftsschutzgebiet zu wandern, in dem die Windkraftanlagen optische Akzente setzen. Holzschilder weisen uns den Weg nach Eichenborn mit seinen weithin sichtbaren Silos. Noch vor Erreichen der Fahrstraße, die von Eichenborn nach Lichtenhagen führt, geht es für uns nach links in den Ort. Dort überqueren wir die Straße und biegen vor einem Spielplatz nach rechts ab, um nun parallel zur Fahrstraße nach Lichtenhagen zurück zu wandern. Es ist wohl der attraktivste Teil der Wanderung mit den Alleen rechts von uns und dem nahezu überwältigenden Blick nach links über die zur Emmer hin abfallenden Höhenzüge bis zu den Pyrmonter Bergen und später über Welsede und Amelgatzen bis zur Hämelschenburg. Wenn der Hauptweg talwärts nach links abbiegt, gehen wir auf dem Feldweg weiter geradeaus nach Lichtenhagen und durchlaufen den Ort bis zum Abzweig ins Glessetal und zu unserem Startpunkt.

Die Rundwanderung ist – bis zur Glessemühle – fünfzehn Kilometer lang bei einem Höhenunterschied von 170 Metern. Sie dauert immerhin vier Stunden. In Neersen und Eichenborn kann eingekehrt werden. Da wir kaum im Wald wandern, empfiehlt sich der Ausflug besonders an einem sonnigen und möglichst klaren Tag in der kühleren Jahreszeit.

50 Bergland zwischen Emmer und Eschenbach

Eine Burg, drei Mühlen und sieben Quellen

Die Herlingsburg westlich von Lügde gehört zu den markantesten Bergen unserer Wanderregion. Für den aus Richtung Bad Pyrmont kommenden Betrachter hebt sich ihr 335 Meter hoher Kegel deutlich vor dem dahinter liegenden Blomberger Wald mit dem noch fast 100 Meter höheren, nicht minder eindrucksvollen Winterberg ab. Interessant aber ist die Herlingsburg mit der noch immer erkennbaren Ringwallanlage wegen ihrer sagenumwobenen Vergangenheit. Es heißt, „Hermannsburg" sei der eigentliche Name des Berges – wie heute noch das Tal daneben Hermannstal genannt wird – , weil Hermann der Cherusker, der Held der Varusschlacht gegen die Römer im Jahr 9 nach Christi, hier mit seiner Frau Thusnelda gewohnt habe. Dass die Anlage tatsächlich bereits aus germanischer Zeit stammt, haben Grabungsfunde bewiesen. Eine bedeutende Rolle hat die Burg aber während der kriegerischen Auseinandersetzungen zwischen Sachsen und Franken im 8. Jahrhundert gespielt. 784 wird sie zum ersten Mal in den fränkischen Reichsannalen als Skidrioburg erwähnt, eine Bezeichnung, die im Namen des südwestlich gelegenen Städtchens Schieder erhalten blieb.

Unsere Wanderung wird am Fuß des Berges beginnen, uns aber auf einem abwechslungsreichen Rundweg auch zu einem ehemaligen Mühlenensemble am Eschenbach führen, der bei Lügde in die Emmer fließt, und schließlich zu den noch einmal von Mythen begleiteten „Sieben Quellen".

Wie so oft haben die Benutzer des Öffentlichen Nahverkehrs einen etwas weiteren Anmarsch, um in unsere Rundwanderung einzusteigen. Sie gehen vom

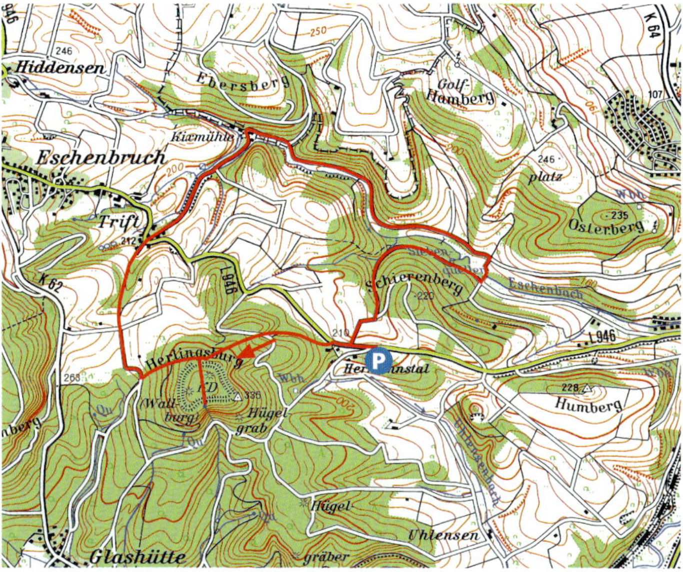

Bahnhof Lügde (S-Bahnstrecke Hannover–Paderborn) durch den Ort bis zur Emmerbrücke am südlichen Ortsausgang jenseits der Kilianskirche, wandern zunächst einen halben Kilometer auf der nach Eschenbruch führenden Fahrstraße und dann, nach rechts abbiegend, am Eschenbach entlang bis zur Hinweistafel auf die Sieben Quellen. Der Autofahrer benutzt ebenfalls die Emmerbrücke in Lügde und findet auf der Fahrt in Richtung Eschenbruch nach rund zweieinhalb Kilometer einen kleinen Wanderparkplatz. Schön ist von hier aus der Blick ins Hermannstal bis hin zum Köterberg. Das frühere Café, an dem wir auf dem kurzen Straßenstück zu Beginn der Wanderung vorbeikommen, ist leider geschlossen.

Direkt dahinter steigen wir im Fichtenwald der Herlingsburg an, vorbei an einer im Sommer von Blumen bewachsenen Lichtung. Bei einem Querweg halten wir uns rechts und gehen jetzt fast eben weiter in Richtung Waldrand. Doch ehe wir der fast rechtwinkli-

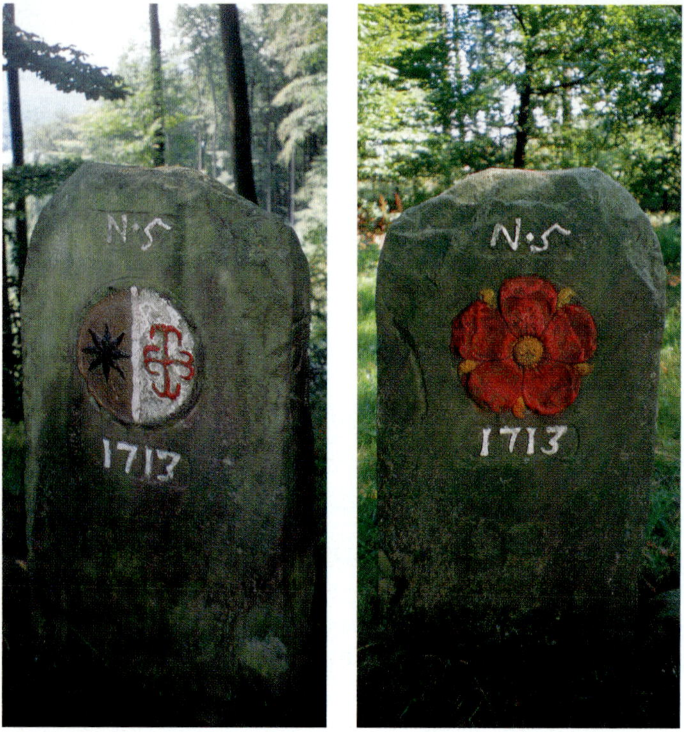

Die Grenzsteine auf der Herlingsburg zeigen das Wappen von Waldeck-Pyrmont (links) auf der einen, die lippische Rose auf der anderen Seite

gen Kurve des Wegs folgen, lassen wir uns von dem Zeichen X6 auf den schmalen Weg nach links führen, der ziemlich steil ansteigt. Oben werden wir noch einmal von einem X nach rechts gewiesen und kommen schließlich zum Eingang der ehemaligen Wallanlage mit einer Informationstafel und einem Grenzstein von 1713. Das Gegenstück zu ihm finden wir, nachdem wir das Plateau durchquert und uns beim jenseitigen Steilabhang am Ausblick auf den Emmerstausee erfreut haben. Die Grenzsteine zeigen auf der einen Seite das

Wappen von Waldeck-Pyrmont mit Stern und Ankerkreuz, auf der anderen die lippische Rose.

Zur Informationstafel zurückgekehrt, wandern wir jetzt nach links auf dem Hauptweg bergab, stoßen auf einen Querweg und folgen dem Wegweiser nach Eschenbruch nach rechts in die Feldflur. Bei der Kreuzung gehen wir weiter geradeaus auf dem jetzt schmaleren Weg in Richtung Kixmühle. Im Eschenbrucher Ortsteil Trift überqueren wir die Fahrstraße und gehen auf dem Kixmühlenweg weiter. Sehr hübsch ist dieser Wanderweg am Bächlein entlang, der uns zu den drei einsam gelegenen Mühlengebäuden führt, die zu unterschiedlichen Zeiten in Betrieb waren, das große Fachwerkhaus links noch bis in die Fünfziger Jahre des letzten Jahrhunderts. Dann geht es nach rechts

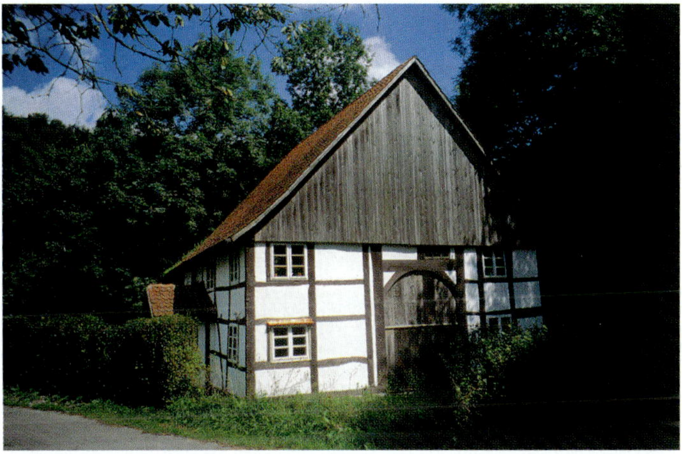

Das Fachwerkhaus ist das älteste Gebäude im Mühlenensemble am Eschenbach

weiter in das liebliche Eschenbachtal, vorbei an einer Reihe von Forellenteichen. Die Landschaft hier steht unter Naturschutz. Bei einer neuen Brücke über den Bach zweigt eine Straße von der unsrigen ab, auf ihr biegen wir nach rechts ein und kommen zu jener Wandertafel nahe den Sieben Quellen, bei der die aus Lügde kommenden Wanderer unseren Rundweg beginnen.

Die sieben Quellen der Meinte sind das letzte Ziel unseres Ausflugs. Auch sie sind von Sagen umgeben und sollen einst ein germanisches Heiligtum gewesen sein. Der Name des völlig unbedeutenden Zuflusses des Eschenbachs soll von „Munte“ im Sinn von Quellmund kommen. Beeindruckend ist es schon, wie hier dicht beieinander sieben Quellen dem Fels entspringen und sich zu einem kurzen Bächlein vereinen. Unser Wanderweg verläuft oberhalb der Quellen. Bei einer Gabelung gehen wir nach links bergan durch den Wald des Schierenbergs und dann noch ein kurzes Stück durch die Feldflur bis zu unserem Ausgangspunkt.

Etwa zweieinhalb Stunden sind wir bei dieser Rundwanderung unterwegs, die bei einer Steigung von 185 Metern acht Kilometer lang ist. Einkehrmöglichkeiten gibt es nur in Lügde.

Wanderaufzeichnungen / Notizen

51 Von Glashütte aus um den Kleinen Hainberg

Aus dem Dorf der Glasbläser wurde ein Kneippkurort

Das Bergland des Lippischen Südostens ist eine liebliche Landschaft, die viele Erholungssuchende anlockt. Der Emmerstausee mit seinen 90 Hektar Wasserfläche bildet eine zusätzliche Attraktion in diesem Landstrich. Von seiner Nähe profitieren auch die ohnehin reizvollen Bergdörfer ringsum, die zum Kneippkurort Schieder gehören. Sie liegen eingebettet in ausgedehnten Wäldern und eignen sich als Ausgangspunkte für kürzere oder längere Wanderungen. So auch Glashütte am Fuß der sagenumwobenen Herlingsburg. Seine Entstehung verdankt der idyllische kleine Ort Glasbläsern, die 1715 die Waldsiedlung gründeten. Bis 1784 wurde ausschließlich grünes Glas für Flaschen und Gläser hergestellt, später durfte auch Fensterglas produziert werden. Heute erinnert nur noch der Name an die handwerkliche Vergangenheit. 1980 wurde Glashütte zusammen mit Schieder als Kneippkurort anerkannt.

In Glashütte beginnen wir unsere Rundwanderung über den Kleinen Hainberg. Um dort hin zu gelangen, biegt der Autofahrer von der am Südrand des Emmerstausees entlang führenden Straße in Richtung Eschenbruch zur Staumauer hin ab. An deren Ende gibt es ausgedehnte Parkmöglichkeiten. Günstiger für unsere Wanderung ist es allerdings, den Wagen etwa 800 Meter weiter in Glashütte selbst abzustellen, beispielsweise auf dem kleinen Parkplatz in der Ortsmitte bei der Bushaltestelle Markt. Hier kommen auch die Busbenutzer an, die bis zum Bahnhof Schieder mit dem Zug (S-Bahnstrecke Hannover–Paderborn) und dann mit der Linie 770 Schieder–Siekholz des Ortsver-

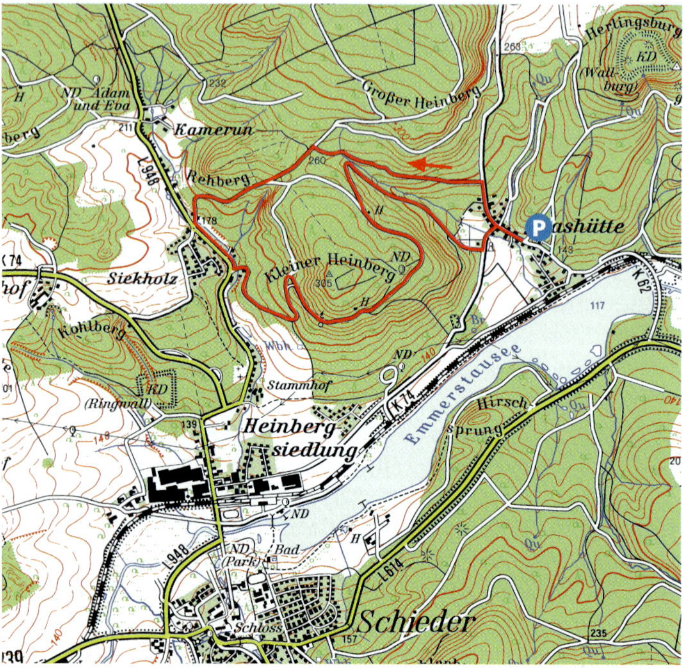

kehrs Schieder-Schwalenberg den Ort Glashütte erreicht haben. Diese Ortsverkehrs-Linie wird von der Busverkehr Ostwestfalen GmbH (BVO), RegioCenter Detmold, betrieben.

Bei dem kleinen Parkplatz gibt es eine recht anschauliche, handgemalte Wanderkarte. Etwas erstaunt stellt der Wanderer darauf fest, dass sein Ziel, der Kleine Heinberg, ebenso wie sein nördlich gelegener großer Bruder hier mit „ai" geschrieben ist, während alle verfügbaren Landkarten bis hin zu der neuen „Wanderkarte Bad Pyrmont, Lügde und Schieder-Schwalenberg im Maßstab 1:25.000" die beiden Erhebungen als den Kleinen und Großen Heinberg ausweisen. Auf ihrer eigenen Schreibweise beharren jedoch sowohl die Mitarbeiter der Tourist-Information in Schwalenberg als auch die der Forstverwaltung in Schieder. Und da der „Hain" als bewaldete Fläche schließlich auch Sinn macht, schließen wir uns dem an und ignorieren in diesem Fall einmal die gedruckte Wanderkarte...

Zunächst gehen wir auf der nach Eschenbruch führenden Straße bergan durch den Ort. Um die Forststraße nach links zum Kleinen Hainberg zu erreichen, müssten wir über das Ortsende hinaus noch etwa hundert Meter auf der Straße in den Wald hinein gehen. Doch bereits bei den letzten Häusern bietet sich auf dem Winterbergweg eine Abkürzung nach links an, die nach Siekholz und Kamerun, zwei Ortschaften jenseits des Kleinen Hainbergs, ausgeschildert ist. Zumindest bei trockenen Wegeverhältnissen laufen wir hier

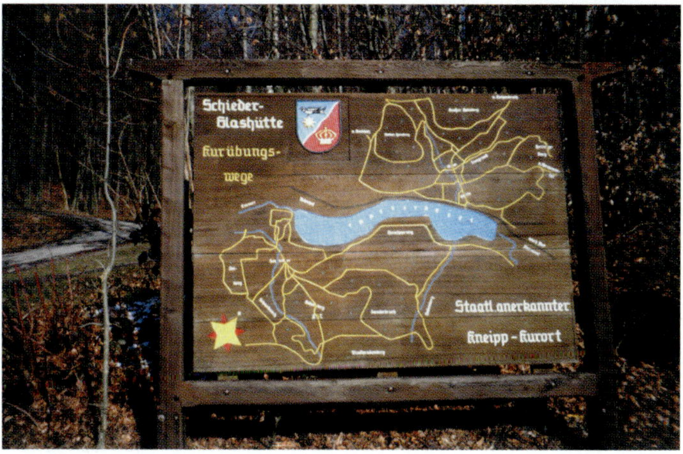

Der Kneippkurort Glashütte ist auf Wanderer eingestellt

zum Waldrand, wo wir uns über den Blick auf den See und den jenseits hoch ansteigenden Schwalenberger Wald freuen. Über einen Querweg hinweg steigen wir dann im Wald an, bis wir auf den eigentlichen, breiteren Forstweg stoßen und ihm nach links folgen. Wenn die Wege nass sind, empfiehlt sich die nur unwesentlich längere Variante.

Durch unterschiedliche Waldgebiete wandern wir nun auf der nördlichen Seite eines Tals entlang, das den Großen vom Kleinen Hainberg trennt. Bei einer Kreuzung sind die in verschiedene Richtungen führenden Wege beschildert, wie die Markierung in diesem Wandergebiet überhaupt recht zuverlässig ist (Häufig begegnen uns die Bezeichnungen A1 oder A2, sie weisen auf Rundwege hin, die in Glashütte oder Siekholz beginnen und enden). Wir halten uns bei dem Wegekreuz an das Schild, das uns nach links nach Siekholz weist. Auf dem weiterhin befestigten Weg gehen wir nun bergab und beachten den im spitzen Winkel nach

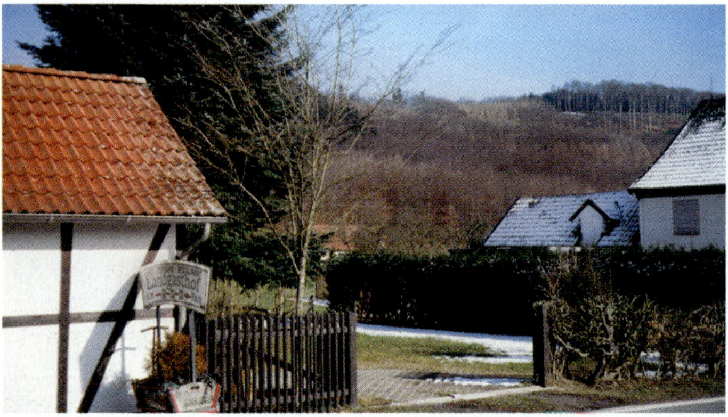

Hinter Siekholz steigt der Kleine Hainberg an

links abzweigenden Weg nach Glashütte nicht. So erreichen wir den Ort Siekholz, wiederum bei einer Wandertafel. Nach links durchqueren wir auf der Hauptstraße den gepflegten Ortsteil von Schieder und schauen hinauf zu dem hinter den Grundstücken ansteigenden Kleinen Hainberg. Am Ortsende, bereits in Sichtweite des Ortsausgangsschildes, biegt ein Weg im rechten Winkel nach links ab, der – allerdings erst beim zweiten Grundstück – als Wanderweg nach Glashütte beschildert ist.

Hier steigen wir an. In einer Linkskurve kommt von rechts ein anderer Weg hinauf, und uns bietet sich jetzt ein Blick über den südwestlichen Teil des Emmerstausees auf die Bergketten des Lipperlandes. Der weitere, allmählich ansteigende Wanderweg nach links ist wieder nach Glashütte beschildert. Auch bei der folgenden Haarnadelkurve – diesmal nach rechts – folgen wir dem Hinweis nach Glashütte und wandern auf der Forststraße weiter. Nachdem wir an einem hoch aufragenden Umsetzer vorbei gegangen sind, geht es fast eben weiter. Wir schauen hinunter zum See und später auf die Häuser von Glashütte. Bei einer lang gestreckten Kreuzung folgen wir der bergab führenden Forststraße und kommen noch einmal zu einer scharfen Kurve. Jetzt erwandern wir das Tal im Gegensatz zum Hinweg auf der südlichen Seite. Es ist ein besonders schöner und auch interessanter Waldabschnitt mit vielen kleinen Bächen und einem umzäunten Quellgebiet, das den Bewohnern von Glashütte das Trinkwasser liefert. Geradezu erstaunlich ist die Vielzahl der Nistkästen zu beiden Seiten des Forstwegs. Hier nisten neben den unterschiedlichsten Meisenarten auch Kleiber und Fliegenschnäpper. Beim hoch gelegenen, schön gestalteten Friedhof erreichen wir dann den kleinen Kneippkurort. Es lohnt sich, bei der weiß leuchtenden Kapelle neben der mächtigen Buche hinunter zu blicken auf den Stausee, ehe wir auf der Straße zurück zu unserem Ausgangspunkt gehen.

Unser Ausflug ist acht Kilometer lang bei einem Höhenunterschied von rund 110 Metern. Wir benutzen befestigte Wege, mit Ausnahme der Abkürzung am Anfang der Wanderung, und sind etwa zwei Stunden unterwegs. Einkehrmöglichkeiten bestehen in beiden Orten dies- und jenseits des Kleinen Hainbergs.

52 Von Schieder aus zum Seerosenteich

Ein Kleinod im Bergwald

Das Bergland des Lippischen Südostens besitzt nach dem Solling die höchsten Erhebungen des Weserberglands. Neben der Kuppe des Köterbergs gehört das ausgedehnte Gebiet des Schwalenberger Waldes dazu, der im so genannten Hohen Mörth auf 430 Meter ansteigt. Allerdings gibt es von dort keine Aussichtsmöglichkeit. Anders ist das bei dem Kahlenberg oberhalb von Schieder. Denn hier steht in 314 Meter Höhe ein Aussichtsturm, der das erste Ziel unserer Rundwanderung sein soll. Noch attraktiver, zumindest zur Zeit der hochsommerlichen Blüte, ist der Seerosenteich, ein Kleinod im Schwalenberger Wald. Auch ihn wollen wir erwandern.

Schieder liegt an der S-Bahn-Strecke Hannover–Paderborn. Vom Bahnhof kommend, überquert der Wan-

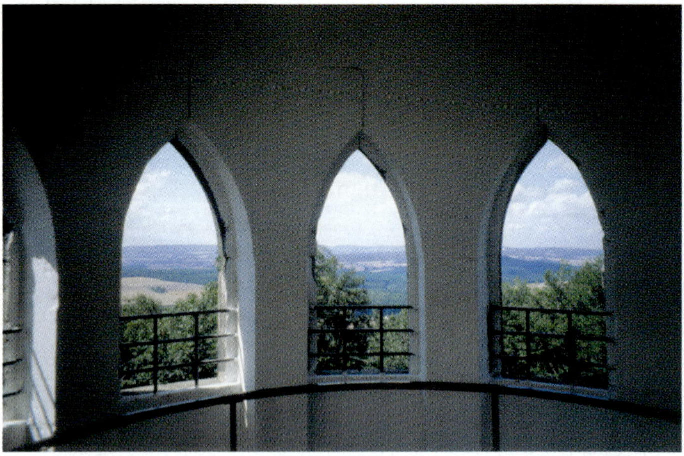

Reizvolle Aussichten vom Kahlenbergturm oberhalb von Schieder

derer die Emmer und gelangt, am Schwimmbad vorbei, in die Parkallee. Dort gibt es auch Stellplätze für den Pkw der Autofahrer. Die Parkallee biegt bei einer Ampel von der Pyrmonter Straße ab. Zu unserer Rundwanderung geht es dorthin zurück und auf der Pyrmonter Straße nach links. Vor dem zum Zentrum Kronenbruch am Emmerstausee weisenden großen Schild führt eine Forststraße rechts hinein in den Wald, an einem fast verdeckt liegenden Backsteingebäude vorbei. Nach 100 Metern geht links eine Forststraße nach

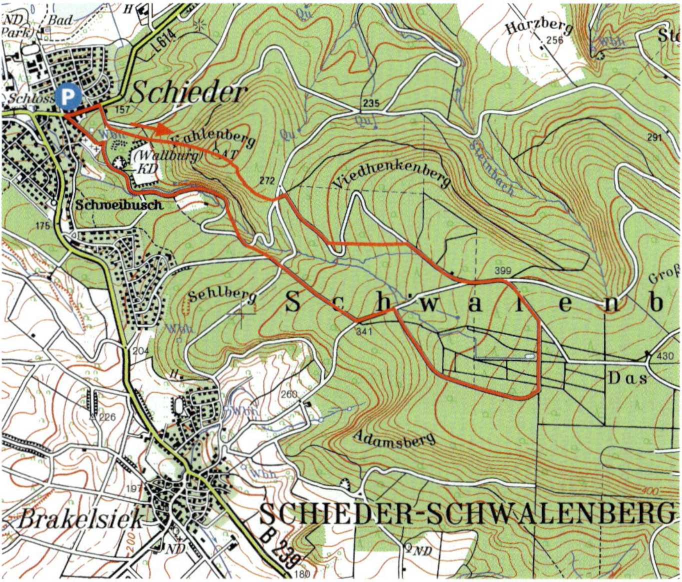

Glashütte ab, unmittelbar darauf steht rechts ein Verbotsschild und einer jener hölzernen Wegweiser, die uns bis hinauf zum Seerosenteich begleiten werden. Von dem Wegweiser und der Markierung X2 werden wir zum Kahlenbergturm geführt und wandern auf einem zunächst leicht, später steiler ansteigenden Weg hinauf zu dem kegelförmigen Berg im äußersten Westen des Schwalenberger Waldes.

Leider geben die den kreisförmigen Rasenplatz umgebenden Eschen nur nach Westen den Blick frei. Der reicht dann allerdings bis zum Hermannsdenkmal und lohnt den Aufstieg. Wünschenswert wäre dennoch

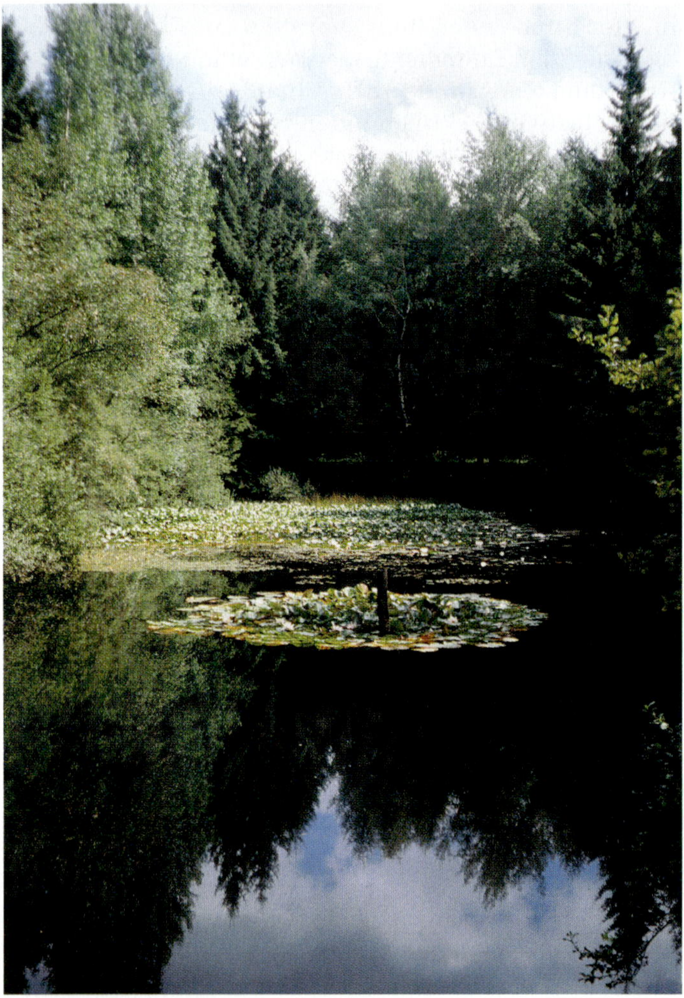

Ein Kleinod im Schwalenberger Wald ist der Seerosenteich

ein Kappen der Baumwipfel, wenn nicht sogar ein Aufstocken dieses einzigen Turms des Gebirgszugs. Auf der anderen Seite des Kahlenbergs geht es dann wieder bergab, zunächst zu einem idyllischen Rastplatz mit Schutzhütte. Hier kann bereits der Rückweg angetreten werden. Für den geplanten Rundweg bleiben wir jedoch auf dem mit X2 gekennzeichneten Fernwanderweg, der als „Burgensteig" von der Porta Westfalica kommt und über den Solling bis Kreiensen führt. Zweimal kürzen wir auf Wanderwegen die asphaltierte Forststraße ab, werden dann bei einem Straßendreieck von einem Wegweiser nach links und beim nächsten nach rechts gewiesen und verlassen nun unseren Fernwanderweg.

Nach 200 Metern erwartet uns auf der rechten Seite eine geschnitzte Tafel, die uns auf den Seerosenteich aufmerksam macht. Auch ein Wegweiser zeigt uns den Weg über ein Brückchen zu jenem kleinen Naturwunder in 415 Meter Höhe. Üppig blühen hier im Sommer die streng geschützten Seerosen. Geradezu königlich wirken die großen Blüten mit ihren weißen Kelchblättern und den gelben Staubgefäßen über den grünen Schwimmblättern. Ein Rundweg mit Bänken führt um den Teich, der weitgehend zugewachsen ist, an mehreren Stellen aber einen Blick auf das Blütenmeer ermöglicht.

Auf den eigentlichen Wanderweg zurückgekehrt, gehen wir nach rechts weiter zwischen dunklen Fichten. Sie wachsen nur hier oben, während uns bei unserem Rundweg sonst abwechslungsreicher Laubwald erfreut. Zunächst verläuft der Weg schnurgerade, um dann im Bogen nach rechts zurückzuführen. Jetzt folgen wir den Hinweisen nach Schieder und halten uns bei einem Querweg links, beim nächsten rechts. Wir befinden uns hier auf dem Fernwanderweg X5, dem Dingelstedtpfad von Polle über Rinteln nach Bad Oeynhausen. Nach einer Kreuzung führt uns diese Markierung nach rechts in den Wald auf einen schmalen, aber gut mit X5 gekennzeichneten Weg, auf dem wir wieder eine Forststraße erreichen. Ein weiterer, ebenfalls nach rechts abzweigender Pfad kürzt dann lediglich eine Schleife dieses Forstweges ab. Ehe wir beim Friedhof wieder den Ort Schieder erreichen, können wir uns rechts die Wälle eines karolingischen Königshofes und später einen recht eindrucksvollen Ehrenhain anschauen. Die Straße Unter den Eichen vom Friedhof hinunter zur Ortsmitte führt direkt zurück zur Parkallee.

Wir sind etwa drei Stunden unterwegs (ohne Aufenthalt an Turm und Teich) und rund neun Kilometer gelaufen bei einem Höhenunterschied von 270 Metern. Gaststätten gibt es in Schieder.

Wanderaufzeichnungen / Notizen

Quellenverzeichnis

Brasse, Gabriele;
Straße der Weserrenaissance.
CW Niemeyer Buchverlage Hameln

Czyppull, Birgit und Mitzkat, Jörg;
Über Land und Stein.
Verlag Jörg Mitzkat Holzminden

Feist, Werner;
Ottensteiner Chronik.
Druckerei Rothenburger Lichtenhagen

Friedrich, Ernst Andreas;
- Naturdenkmale Niedersachsens.
  Landbuch-Verlag GmbH Hannover;
- Gestaltete Naturdenkmale Niedersachsens.
  Landbuch-Verlag GmbH Hannover;
- Wenn Steine reden könnten, Band II.
  Landbuch Verlag GmbH Hannover

Garfs, Joachim;
- Begegnung mit Bad Pyrmont.
  Otto Uhlmann Verlag Bad Pyrmont
- Das Weserbergland zwischen Münden und Minden.
  CW Niemeyer Buchverlage Hameln

Gelderblom, Bernhard;
Die Reichserntedankfeste auf dem
Bückeberg 1933–1937.
CW Niemeyer Buchverlage Hameln

Georgi, Klaus-Henning;
Kreislauf der Gesteine, Rowohlt Taschenbuch-Verlag
GmbH Reinbek bei Hamburg

Groetzner, J.-P. und Mutterlose, J.;
Geologische Wanderwege in der Grafschaft Schaumburg.
Verlag Heimatbund der Grafschaft Schaumburg e.V.

Malms, Titus;
Die Pyrmonter Gesellschaft „Spelunke" und ihre ehrenwerten „Halunken".
Herausgeber Stadt Bad Pyrmont

Manthey, Ulrich, und Vohn-Fortagne, Klaus;
Industriegeschichte des Deister-Süntel-Raumes, Hallermunter Schriften 1.
Herausgeber Museum auf dem Burghof e.V. Springe

Mehrdorf, Wilhelm und Stemmler, Luise;
Chronik von Bad Pyrmont.
Herausgeber Stadt Bad Pyrmont

Paetow, Karl;
Die schönsten Wesersagen.
Adolf Sponholtz Verlag Hameln

Rein, Helmut;
Grenzsteine im Landkreis Hameln-Pyrmont.
Herausgeber Landkreis Hameln-Pyrmont

Rusch, Horst;
Die Landgemeinden im Hummetal aus „Landkreis Hameln-Pyrmont, Geschichte–Landschaft–Wirtschaft".
Gerhard Stalling AG, Wirtschaftsverlag Oldenburg

Seifert, Fritz; Das Weserberglandbuch.
CW Niemeyer Buchverlage Hameln

Spanuth, Heinrich;
Der Rattenfänger von Hameln.
CW Niemeyer Buchverlage Hameln

Spanuth, Heinrich / Feige, Rudolf / Seifert, Fritz; Geschichte der Stadt Hameln (Neuausgabe). Verlag der Bücherstube Fritz Seifert Hameln

Verein für Grenzbeziehung und Heimatpflege; Allet use. CW Niemeyer-Druck Hameln

Hessisch Oldendorf 750 Jahre. Herausgeber Stadt Hessisch Oldendorf

Das Hellental. Herausgeber Zweckverband Naturpark Solling-Vogler

Die Burgberghänge. Herausgeber Zweckverband Naturpark Solling-Vogler

Die Kiesgrube bei Reileifzen. Herausgeber Zweckverband Naturpark Solling-Vogler

Ulf Mauder/Tobias Wiethoff; Die neue Lust am Wandern, „Im Strom der Zeit", Magazin zum Wochenende, 22. März 2003

Neu bearbeitete Auflage erscheint im Herbst 2008

Ingeborg Müller

Unser Sonntagsausflug

52 neue Wanderungen
rechts und links der Weser
vom Extertal bis zu den Sieben Bergen

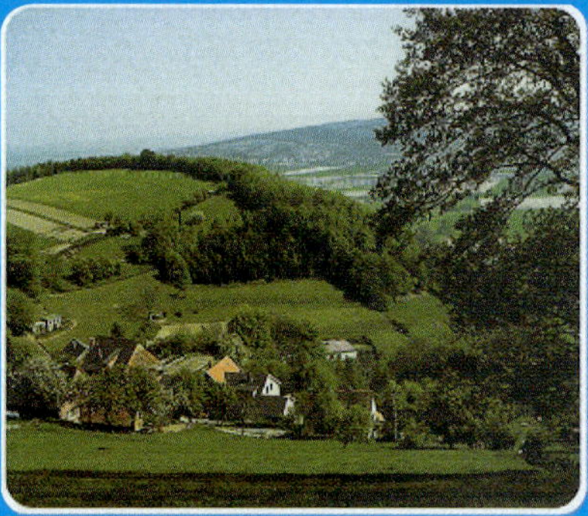

CW Niemeyer

52 neue Wanderungen

rechts und links der Weser vom Extertal bis zu den Sieben Bergen

52 mal Wanderlust garantiert Ingeborg Müller in allen drei Folgen ihrer beliebten Sonntagsausflüge. In bekannten und weniger bekannten Gebieten und auf immer neuen Routen führt sie durch Wald und Feld.

ca. 260 Seiten, Paperback, ca. € 12,90
52 topographische Kartenausschnitte,
zahlreiche Farb-Abbildungen,
ISBN 978-3-8271-9272-1

Neu bearbeitete Auflage mit neuen Touren

Vorschläge für 52 Wanderungen

im Weser-, Leine- und Lippischen Bergland

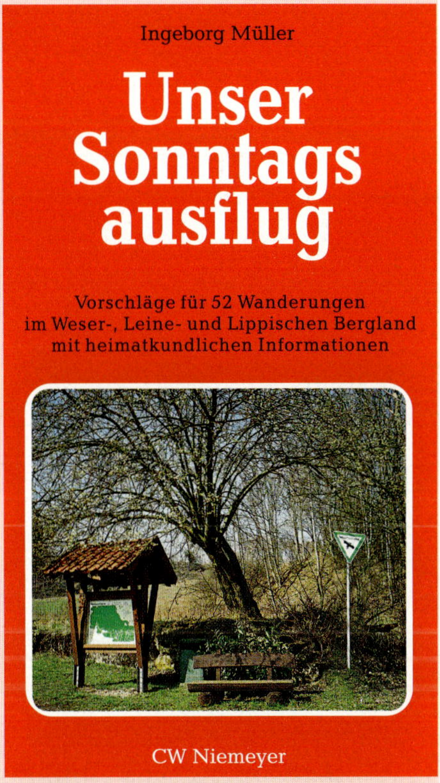

52 reizvolle Rundwanderwege, durchschnittlich zwischen sieben und zwölf Kilometer Länge, versprechen eindrucksvolle Landschaftserlebnisse.

328 Seiten, Paperback, € 12,90
52 topografische Kartenausschnitte,
110 Farbabbildungen,
ISBN 978-3-8271-9273-8

Wanderaufzeichnungen / Notizen